Michael S. Karg

Am Anfang war der Knoten

Michael S. Karg

Am Anfang war der Knoten

Die zentrale Bedeutung des Knotens
für die Menschheit

Eine Kulturgeschichte

zuKlampen!

Meinen Eltern

Die Kunst des Knotenknüpfens, Gipfel sowohl der geistigen Abstraktion wie der Fingerfertigkeit, könnte geradezu als das Hauptmerkmal des Menschen betrachtet werden, vielleicht noch mehr als die Sprache.

Italo Calvino

Dieses Werk wurde vermittelt durch
Schoneburg. Literaturagentur und Autorenberatung, Berlin.

Zweite und korrigierte Auflage 2023

Lektorat: Regina Derr und Miriam Hirschauer
unter Beratung von Robert Brosch
Umschlaggestaltung: Stefan Hilden · München · hildendesign.de
unter Verwendung mehrerer Motive von shutterstock.com
Satz: Germano Wallmann · Gronau · geisterwort.de
Druck: CPI – Clausen & Bosse, CPIdirekt · cpidirect.cpi-print.de

ISBN Printbuch 978-3-86674-990-0
ISBN E-Book-PDF 978-3-98737-365-7
ISBN E-Book-epub 978-3-98737-364-0

Bibliografische Information der Deutschen Nationalbibliothek
Die Deutsche Nationalbibliothek verzeichnet diese Publikation
in der Deutschen Nationalbibliografie; detaillierte bibliografische Daten
sind im Internet über ‹http://dnb.dnb.de› abrufbar.

MIX
Papier aus verantwortungsvollen Quellen
FSC® C083411

Inhalt

Abb. 1: Dieses Teppichseite genannte Deckblatt aus dem Book of Durrow, *einem illustrierten Evangeliar, steht am Anfang des Markusevangeliums, Entstehung ca. 660–680 n. Chr., Keltische Kunst Trinity College, Dublin, Irland.*

Durch die Knotenbrille

Wir leben in einer digitalisierten Welt mit Smartphones, selbstfahrenden Autos, Virtual Reality, Künstlicher Intelligenz, Kryptowährung und privater Raumfahrt. Gleichzeitig haben wir als Menschheit gewaltige Herausforderungen vor uns: Klimaerwärmung, Pandemien, Müllprobleme, Energiefragen, Wirtschaftskrisen, Artensterben, Überbevölkerung. Was sollen uns in dieser Welt Knoten noch zu sagen haben? Auf den ersten Blick scheint die archaische Methode, Dinge miteinander zu verbinden, völlig aus der Zeit gefallen.

Dabei handelt sich um das vielleicht älteste, womöglich sogar wichtigste, ganz sicherlich aber erstaunlichste Werkzeug unserer Menschheit.[1] Leinen und Knoten – im Folgenden wird über all das, was wir in der Hand halten und womit wir Knoten machen können, als Leine und Knoten gesprochen – sind das einzige Werkzeug der Prähistorie, das sich heute immer noch in jedem Haushalt befindet. Alles, was in irgendeiner Form verknotet werden kann, gehört dazu. Vielleicht besitzen Sie eine Hose, einen Kapuzenpulli oder eine Regenjacke mit einem Kordelbund? Oder in einem Schrank liegt irgendwo ein Rucksack oder eine Strandtasche mit einem Kordelzug? Im Garten oder auf dem Balkon findet sich womöglich

1 »Arguably, this is one of the most important tools ever used by man.« (zu Deutsch: »Dies ist wohl eines der wichtigsten Werkzeuge, die der Mensch je benutzt hat.«) Aström u. Aström (2018): *Art and Science of Rope*, in: Handbook of the Mathematics of the Arts and Sciences, S. 2; oder Jabr (2018): *The Long, Knotty, World-Spanning Story of String*, in: Hakai Magazine, o. S.: »String is far more important than the wheel in the pantheon of inventions.« (zu Deutsch: »Die Schnur ist im Pantheon der Erfindungen viel wichtiger als das Rad.«)

eine Bastschnur, in der Küche das Küchengarn oder irgendwo eine Wäscheleine? Mindestens ein paar Schuhe mit Schnürsenkeln werden wohl die meisten haben und in einer Schublade mehr Kabel zum Aufladen eines Handys, als man benötigt. In all diese Schnüre, Stricke, Kabel, Leinen lassen sich Knoten machen, und nicht selten verknoten sie sich zu unserem Ärgernis selbst. Dieses Ärgernis verweist bereits auf eines der rätselhaftesten Merkmale von Knoten: Sie existieren unabhängig von uns. Wir bedienen uns lediglich ihres Prinzips. Dabei sind sie so selbstverständlicher Teil unseres Lebens, dass wir die Einzigartigkeit ihrer Beschaffenheit und Möglichkeiten kaum mehr erkennen. Es lohnt sich daher, die Knotenbrille aufzusetzen, und mit ihr einen Blick auf die Vergangenheit (Teil 1) und die Gegenwart (Teil 2) zu werfen. Mit ihrer Hilfe erkennen wir überraschende Zusammenhänge von Altbekanntem, neue Bedeutungen von Selbstverständlichem und Verrücktes im Gewohnten. Lösen wir das Versprechen an dieser Stelle doch gleich mal ein und schauen auf ein kleines amüsantes Beispiel. Wussten Sie, dass die Schweizer Tennisikone Roger Federer kein Match spielte ohne die Gewissheit, mit sieben perfekten Knoten auf den Platz zu gehen? Federer selbst ist dieser Umstand wohl kaum bewusst, und dennoch legte er die höchste Sorgfalt darauf. Zwei Schnürsenkel, sein Bandana und die vier Knoten in der Schlägerbesaitung hatten alle die für ihn perfekte Festigkeit. Begann sich nur einer zu lösen, wurde entweder nachjustiert oder der Schläger gewechselt. Und in der Tat, am Ende seiner Karriere teilt er auf die Frage, wie es ihm vor seinem letzten Match gehe, mit, dass er ganz besonders das Ritual und das Gefühl des Schuhebindens und Bandanaanlegens vor einem Match vermissen werde, bevor er sich selbst im Spiegel eine letzte Anfeuerung zurief.[2] Der Knoten als kontrollierte Zündung seines Adrenalins.

2 Vgl. Slot (2022): *Roger Federer: Don't Ask Me If I'm OK – This Is a Celebration, Not a Commiseration*, in: The Times, o. S.

Würde man ihn fragen, ob Knoten in seinem Leben eine besondere Bedeutung haben, dann würde er dies wohl verdutzt verneinen – zumindest gibt es keine öffentliche Aussage von ihm, die auf ein besonderes Verhältnis zu Knoten im Speziellen hindeuten würde. Und das, obwohl sein ganzes Leben daraus bestand, seine Kunst innerhalb der erwähnten sieben Knoten auszuüben, in stetem Bemühen, die tausend Knoten des Netzes zu überwinden und seinen Gegner dazu zu zwingen, in selbige zu schlagen. Wie kann sich ein Leben noch stärker um Knoten drehen als dieses?

Die Gleichzeitigkeit der offensichtlichen Bedeutung von Knoten und ihrem Verschwinden hinter frageloser Selbstverständlichkeit wird uns noch in vielen Beispielen beschäftigen.

Eines der größten Wunder, die Knotenbinder früher oder später erleben, liegt in der Unendlichkeit von Anwendungen, die einer einfachen Leine innewohnen. Ein Stock und ein Stein waren für unsere Vorfahren jahrtausendelang ebenso wichtig, aber nur mit der Leine konnten sich unsere Vorfahren auf höhere Entwicklungsstufen begeben. Es gibt weit mehr als 3000 verschiedene Knoten zum Verschnüren und Verschließen, Abbinden, Abseilen, Anbinden, Aufhängen, Befestigen, Begrenzen, Bündeln, Dekorieren, Fangen, Fesseln, Flechten, Halten, Spannen, Stoppen, Ummanteln, Vernetzen und Ziehen. Wir sprechen wohlgemerkt immer noch von einer einfachen Leine. Und das sind nur die mechanischen Anwendungsbereiche. Knoten dienen seit Urzeiten auch als Mittel zur Darstellung abstrakter Werte wie Zahlen, Daten und Geschichten. Sie waren das erste Mittel zur Organisierung von Wissen. Mit ihnen wurde gerechnet, sie dienten als Messinstrument ebenso wie als Gedächtnisstütze und waren die ersten Dokumentationsmittel zur Überlieferung von Wissen. Vielleicht haben Sie schon mal von den Quipus gehört, den Knotendokumenten der alten Inkas, mit denen sie ihre Wirtschaft und Gesellschaft organisierten? Das Festhalten von Geschichten, Rechnen mit Zahlen und Erinnern an Ereignisse war keine exotische Verwendungsform des Andenvolkes, sondern in ähnlichen Formen gängige Praxis überall auf der Erde zu allen Zeiten. Menschen verwendeten kleine Leinen und Knoten als ihr persönliches Notizbuch, mit dem sie Daten festhielten oder sich an Ereignisse erinnerten. Leinen und Knoten weisen in ihrer Vielfältigkeit eine Qualität auf, die wir sonst nur noch von der Sprache und Schrift kennen, und die der Sprachphilosoph Wilhelm von Humboldt als den »unendlichen Gebrauch von endlichen Mitteln«[3] beschrieb. Angesichts der Fülle an Funktionen, die so eine Leine mit Knoten neben den bereits genannten noch erfüllen konnte, von einfachen, aber präzisen kommunikativen Handlungen bis hin zu kleinen Spielchen und Tricks, kann man dabei vom Smartphone der Vorzeit sprechen.

Wir definieren uns meist darüber, was wir heute anders machen als frühere Generationen. Dabei wird unser Alltag immer noch von uralten Praktiken bestimmt, die unsere Vorfahren ebenso verrichteten. Zugegeben, das Wischen auf dem Smartphone gibt es so erst seit 2007 mit Einführung des iPhones. Wenn wir telefonieren, dann geht diese Praxis immerhin schon hundert Jahre zurück. Das gedruckte Buch in Ihren Händen ist eine Erfindung aus dem 15. Jahrhundert, aber das Blättern in einem Buch geht noch einige Jahrhunderte weiter zurück. Die Notiz, die Sie sich mit einem Stift machen, unterscheidet sich kaum von der eines Römers, der vor 2000 Jahren mit den gleichen lateinischen Buchstaben geschrieben hat. Bestimmt kennen Sie den Brauch, sich einen Knoten zu machen, um sich selbst an etwas zu erinnern. Wir sprechen dabei von einer Praktik, die unsere Vorfahren wohl schon vor mehr als 40.000 Jahren gemacht haben. Diese Praktik,

3 Vgl. Humboldt (1968): *Über die Verschiedenheit des menschlichen Sprachbaues und ihren Einfluss auf die geistige Entwicklung des Menschengeschlechts*, S. 106.

Knoten als Erinnerungsmethode zu verwenden, geht zurück auf eine Zeit, als man Ausschau nach Mammutherden hielt. Wenn wir mit einem Knoten etwas festbinden, dann reicht diese Praxis sogar noch weiter zurück. Wir können es nicht datieren, aber sicher ist, dass die uns vorhergehenden Menschenspezies bereits geknotet haben.

Obwohl wir Menschen des 21. Jahrhunderts digital vernetzt und vermessen sind, ist ein einfacher Knoten für uns übrigens immer noch eines der wichtigsten Kriterien zur Beurteilung der Zurechnungsfähigkeit und des Gesundheitszustands eines Menschen. Können Sie sich noch an die Zeit erinnern, in der es von einem noch nicht erwartet wurde, sich selbst die Schuhe zu binden? Eine Zeit, die von Kindern mit untrüglichem Instinkt für die Belastbarkeit elterlicher Fürsorge gerne ein wenig ausgereizt wird? Spätestens wenn ein Spielkamerad mit provokanter Heiterkeit verkündet, sich seit gestern selbst die Schuhe binden zu können, wird der Lerndruck zu groß. Sich selbst die Schuhe binden zu können, ist vielleicht die Kompetenz schlechthin, die wir von einem Mitglied unserer Gesellschaft erwarten. Sie ist eine noch grundlegendere Kompetenz als Lesen. Nicht oder noch nicht lesen zu können, kann viele Ursachen haben. Es verbietet jegliche Rückschlüsse auf die Fähigkeiten oder Entwicklungsmöglichkeiten von Kindern. Sich ab einem bestimmten Alter nicht selbst die Schuhe binden zu können, ist dagegen bedenklich. Auch würden wir uns Sorgen um den Gesundheitszustand eines erwachsenen Menschen machen, der aus welchem Grund auch immer, von einem Tag auf den anderen nicht mehr in der Lage ist, sich seine Schuhe selbst zu binden. Weshalb das Bild, die Schuhe gebunden zu bekommen, sowohl Ausdruck von Unreife oder Hilflosigkeit ist als auch eine Metapher höchster Macht darstellt, ist nur eines von vielen Rätseln, denen wir noch begegnen werden.

Wir wissen zwar nicht, woher das Knoten kommt, aber wie wir noch erfahren werden, gäbe es ohne Knoten weder Wissenschaften noch Religion. Das erscheint zu weit gegriffen? Wissenschaftliches Forschen erfordert Beobachtung, Experiment und Analyse. Religiöses Leben organisiert Empfindungen wie Glaube, Vertrauen und Hoffnung. Bevor wir zu viel vorwegnehmen, führen wir lieber ein kleines Gedankenexperiment durch. Stellen wir uns vor, wir sind auf einer einsamen Insel gestrandet und zurückgeworfen in die Anfänge unserer Menschheit. Es geht ums nackte Überleben, aber einer der wenigen Gegenstände, die wir besitzen, ist glücklicherweise ein Seil. Wir beginnen, uns zu überlegen, wie wir an die hoch hängenden Früchte eines Baumes gelangen oder mit Schlingen Fallen stellen. Dazu müssen sehr nüchterne, rationale und analytische Überlegungen angestellt, Knoten ausprobiert und Konstruktionen ausgetüftelt werden. Beim Erkunden der Insel haben wir eine Süßwasserstelle entdeckt. Allerdings müssen wir uns abseilen, um sie zu erreichen, weil sie sich am Fuß einer Steilwand befindet. Wir befestigen also unseren Knoten an einem Baum, hängen uns vorsichtig an das Seil – und hoffen, dass beides hält. Wir würden das nicht machen, wenn wir dem Knoten und dem Seil nicht vertrauen würden und nicht an ihre Festigkeit glaubten. Ein Seil und ein Knoten sind zwar ohne Verstand und Kenntnis nicht herzustellen, aber ohne Glauben und Vertrauen nicht zu verwenden. Das Funktionieren von Knoten hatte für unsere Vorfahren existenzielle Bedeutung. Es verwundert nicht, dass Knotensymbole und Knotenornamentik gerade im sakral-spirituellen Bereich seit Tausenden von Jahren so weit verbreitet sind.

Noch heute sieht man symbolische Knoten bei Franziskanermönchen, die drei Knoten in ihre Kordel – das *Cingulum* – knüpfen. Sie stehen für die drei Tugenden Armut, Gehorsam und Keuschheit. Knotensymbolik kann auch eine Form der Kommunikation sein, beziehungsweise Kommunikation regeln. In weniger sakralen Umgebungen wie einem bayerischen Volksfest sollte die Position der Schlaufe am Dirndl, ob rechts oder links gebunden, Rückschlüsse über den

Ehestand der Trägerin ermöglichen. Damit wurde von vornherein geregelt, mit wem, über was und wie zu reden sei. Angesichts einer bierseligen und enthemmten Atmosphäre könnte man in diesen Knoten sogar ein Instrument zur Wahrung des sozialen Friedens sehen. Wo die einen mit der Stellung des Knotens die Familienplanung beginnen wollen, verwenden andere den Vornamen, um sie zu beenden. So bedeutet der Name Knut im Skandinavischen Knoten. Man nannte denjenigen Sohn Knut, mit dem man die Familienplanung abzuschließen – zuzuknoten – gedachte.[4]

Die Vorstellung, dass Knoten nicht nur physisch etwas festhalten, sondern auch gedanklich, ist nicht nur bei den Skandinaviern tief verwurzelt. Es gibt buddhistische Rituale, bei denen der Priester nur die Finger bewegt, als ob er einen Knoten machen würde, um den Raum der Zeremonie vor bösen Kräften zu feien.[5] Es muss nicht einmal ein echter Knoten geknüpft werden, damit ein Knoten etwas halten soll.

Die rätselhafte Geschichte von Leine und Knoten, der in diesem Buch nachgespürt wird, entpuppt sich als das transparente Deckblatt einer viel größeren Geschichte: der menschlichen Geistes- und Entwicklungsgeschichte. Nicht, weil die Menschheit Leine und Knoten immer in ihren Mittelpunkt genommen und sie bewusst als ihr wichtigstes Werkzeug stetig weiterentwickelt hätte. Sondern im Gegenteil, weil sie so selbstverständlicher Bestandteil des Lebens und Überlebens waren. Weil die Entwicklung von Leinen – vom Garn bis zum Tauwerk – und die Entdeckung von Knoten immer höherrangigeren Zielen dienten. Weil die Bedeutung von Leinen und Knoten sich aus tiefen Bewusstseinsebenen heraus in Symboliken, Zeichen und Ornamentik widerspiegelte. Weil sie so häufig wesentliche

4 Vgl. Öhrvall (1916): *Om knutar*, S. 200.

5 Vgl. Calvino (2016): *Sag's durch Knoten*, in: Gesammelter Sand. Essays, S. 69.

Aufgaben in zahllosen Menschheitserzählungen erfüllen. Weil sie für alle Menschen überall auf der Erde unabhängig voneinander gleich hohe Bedeutungen hatten. Aus ihnen entstanden die Schriftsysteme und sie bilden das Fundament für alles, was wir heute als Literatur, Geschichte und Wissenschaft kennen. Stock und Stein mögen dem Menschen unverzichtbare Begleiter während der Entwicklung zum aufrechten Gang und wichtige Instrumente zum Überleben in kleinen Gemeinschaften gewesen sein. Leine und Knoten aber sind das anthropologische Starterkit für Kulturen.

Menschen haben beispielsweise in allen Teilen der Welt unabhängig voneinander Seile auf dieselbe Art hergestellt, dieselben Knoten entdeckt und diese Knoten auf sehr ähnliche Weise verwendet.[6] Es gibt Hinweise darauf, dass Menschen schon vor mehr als 40.000 Jahren Seile selbst herstellten. Und als ob das nicht schon verblüffend genug wäre: Funde lassen darauf schließen, dass die Neandertaler die Seilerei schon 10.000 Jahre zuvor betrieben.

Wir Menschen haben eine spezielle anatomische Veranlagung bei Gaumen und Zunge zum Sprechen. Wir haben auch die spezielle Fingerfertigkeit und das Vorstellungsvermögen zur Herstellung von Seilen und Knoten. Wer sich mit Knoten auseinandersetzt, stellt fest, dass das Knotenlernen dem Sprachenlernen nicht unähnlich ist. In der Tat gibt es seit Längerem Studien, die zur Überzeugung gelangt sind, dass Sprachentwicklung und Werkzeugbau nicht nur

6 »These various evidence of cordage and their corresponding geographical finding sites indicates that it is plausible that the invention of rope and cordage is something that have [sic] happened at many locations independently.« (zu Deutsch: »Diese verschiedenen Belege für Tauwerk und die entsprechenden geografischen Fundorte zeigen, dass es plausibel ist, dass die Erfindung von Seilen und Tauwerk an vielen Orten unabhängig voneinander stattgefunden hat.«) Aström u. Aström (2018), S. 2.

parallel stattfanden, sondern sich mit steigender Komplexität in ihrer Systematik und der Entwicklung unseres Gehirns gegenseitig bedingt haben.

Wir können diesem Zusammenhang zwischen erweiterter Fingerfertigkeit, gedanklicher Reflexion und sprachlicher Abbildung heute noch am eigenen Leib – oder besser gesagt am eigenen Gehirn – nachspüren. Wer einige Knoten beherrscht und anwendet, beginnt, seine Umgebung anders zu betrachten und zu beschreiben. Man blickt ganz automatisch durch die Knotenbrille und erkennt auf einmal einfache Lösungen für Probleme des Alltags, wo wir uns ansonsten zahlreicher eigens für den einen Zweck hergestellter Hilfsmittel bedienen. Einfachheit, Eleganz, Raffinesse, Vielschichtigkeit und Nachhaltigkeit – all diese Qualitäten vereinen Leine und Knoten in ihren Anwendungsmöglichkeiten. Es ist nicht ausgeschlossen, dass das eigene Denken bei der Auseinandersetzung mit Leine und Knoten so stark verändert wird, dass man in vielen Dingen, die uns täglich mit dem Versprechen begegnen, unser Leben einfacher zu machen, auf einmal keine raffinierten Produkte mehr erkennt, sondern nur noch unsinnigen Müll. Und in den Prozessen zur Herstellung und Vermarktung dieses unsinnigen Mülls ein Sinnbild für – na, greifen wir nicht zu weit voraus. Wir werden beim Blick durch die Knotenbrille auf unsere Gegenwart noch auf industriell gefertigte Knotenmonster stoßen, die natürliche Lebensräume verwüsten, und auf alltägliche Knoten, die auf sehr dezente Weise soziale Ungleichheiten schaffen. Wir werden aber auch eine magische – oder besser gesagt technologische – Welt der cleveren Fäden kennenlernen, die eingewebt in Stoffen in der Lage sind, unterschiedlichste Energieformen der Natur und des menschlichen Körpers in Strom umzuwandeln, auf Veränderungen zu reagieren und darüber zu informieren oder sich dank Memory-Effekten selbständig in unterschiedliche Formen zu verwandeln. Die Möglichkeiten von diesen Fäden könnten unsere Zukunft genauso prägen wie die einfache und sehr alte Idee, mithilfe eines Seils die Weltraumfahrt zu revolutionieren. Aber dazu später mehr.

Vielleicht wird sich der eine oder andere nun fragen: Wenn Leine und Knoten in unserer Vergangenheit so bedeutend waren und für unser gegenwärtiges Denken so viel Potenzial bereithalten, warum weiß man dann so wenig davon, warum sind wir uns dessen kaum bewusst? Es liegt zum einen daran, dass es aufgrund von Verrottungsprozessen kaum archäologische Funde zu Knoten gibt und sie daher im Gegensatz zu Steinwerkzeugen im Rückblick kaum eine Rolle spielen. Es liegt aber auch daran, dass sich viele Anwendungsformen von Knoten schon vor Tausenden von Jahren verloren haben. Wie wir noch sehen werden, gibt es in der Bibel zahlreiche Stellen, die erst verständlich oder noch verständlicher werden, wenn wir sie durch die Knotenbrille betrachten. Unser Unverständnis alter Zusammenhänge müssen wir ausnahmsweise nicht auf unseren postmodernen entfremdeten Lebensstil schieben, denn selbst schreibkundige Bibelexegeten vor mehr als tausend Jahren konnten sich keinen rechten Reim mehr auf Schnüre in Textstellen machen, die dem Zweck des Dokumentierens dienten.

Das Prinzip des Knotens ist in seiner Anwendungsvielfalt, seinen Erscheinungsformen und Bedeutungen so anarchisch, dass es noch nicht mal eine eigene Wissenschaft dazu gibt. Obgleich Knoten dazu dienen, etwas festzuhalten, sind sie selbst sprachlich kaum zu fassen oder einem bestimmten Fach zuzuordnen. Knoten kommen zwar so gut wie überall vor und ohne sie wäre nichts entstanden. Trotzdem wurde die wissenschaftliche oder gesellschaftliche Relevanz von Knoten noch nie als förderungswürdig betrachtet. Die *Hammatologie*, wie man sie nennen könnte, vom griechischen *ἅμμα, ἅμματος* (*hamma, hammatos* – der Knoten, Gen. des Knotens), die allen Facetten von Knoten – als Werkzeug, Symbol, Ornament, Zeichen, Zierde, Fetisch, Magie – innerhalb einer Wissenschaft gerecht werden wollte, wäre ein im wahrsten

Sinne des Wortes spinöses Unterfangen, eine Fantasiewissenschaft, die vielleicht als Nebenfach in Hogwarts gelehrt wird, im Proseminar bei Prof. Dr. Indiana Jones oder sich als ledernes Konvolut in der Bibliothek von Sherlock Holmes befindet. Dabei wurde schon im 4. Jahrhundert nach Christus ein erster Versuch unternommen, Knoten zu kategorisieren – zumindest aus medizinischer Sicht. Der griechische Arzt Oreibasius war Leibarzt des römischen Kaisers Julian. In seinem Werk beschrieb er achtzehn verschiedene Knoten, die der Entlastung von Gliedmaßen, Fixierung von Brüchen und Unterstützung von Körperteilen, beispielsweise bei der Heilung eines Kieferbruchs, dienten.[7]

Am weitesten innerhalb einer Disziplin hat es der Knoten in der Mathematik geschafft. Der Vater der Knotentheorie ist kein Geringerer als der größte Mathematiker: Carl Friedrich von Gauss. Seither haben sich viele Mathematiker mit der Knotentheorie befasst, hierzu findet sich mehr Literatur als zu allen anderen Knotenbelangen, sie kann von mathematisch Interessierten ausgiebig nachgelesen und studiert werden. Allerdings interessieren die Mathematiker nur die ideellen Knoten, die in sich geschlossen keine Enden aufweisen und immer schon fertige Gebilde sind. Ihre Befunde zu Knoten als dreidimensionale Gebilde spielen mittlerweile eine wichtige Rolle in der Quantenphysik, der Genetik und Chemie.[8]

Die *Hammatologie* dagegen würde ein Dutzend bestehender Disziplinen umfassen: Kraft, Zug und Belastbarkeit sind Sache der Physik; die reiche Geschichte der bildlichen Darstellung von Knoten wären Gegenstand von Kunstgeschichte, Semiotik und Heraldik; die Ethnologie untersucht kulturelle Eigenheiten und Bedeutungen von Knoten; archäologische Funde geben uns Aufschluss über die Verwendung von Knoten bei unseren Ahnen, wobei man

7 Vgl. Öhrvall (1916), S. 207 f.

8 Vgl. Santos (2019): *The knowledge of knots*, in: Spatial Cognition & Computation, S. 334.

aufgrund der Vergänglichkeit von Knotenmedien auf Gegenstände angewiesen ist, die mit der Seilherstellung und Knoten zu tun haben. Mit Methoden der Experimentalarchäologie lassen sich dann Abläufe rekonstruieren; Knotendarstellungen als reine Zierde wären Sache der Mode- oder Architekturgeschichte; wo die Zierde Bedeutung für Rang und Macht erlangt, wäre der Knoten Gegenstand der Modesoziologie.

Kommen wir schließlich zu den Disziplinen der praktischen Anwendbarkeit: die Nautik, die Alpinistik und der Sport, die Baumpflege, die Mode- und Textilwirtschaft, die Wartungs- und Reinigungsbranche bei schwer zugänglichen Objekten wie Fassaden, Bohrtürmen oder Windrädern, die Berg- oder Höhenrettung, oder die als Rigging bezeichnete Seiltechnik bei Film, Fernsehen, Theater, Shows und Veranstaltungen bis hin zu Shibari und Bondage als kunstvolle Fesseltechniken. In der Medizin werden Nähte noch wie vor 2000 Jahren mit dem Kreuzknoten verschlossen.

Die sehr markante Eigenschaft einer Leine, auch tödlich sein zu können, ruft zuletzt noch Forensiker auf den Plan. Sie untersuchen bei Todesfällen durch Strangulation die Knoten nach ihrem Aufbau und ihrer Knüpfung (zum Beispiel: Wurden sie von einem Rechtshänder oder Linkshänder geknüpft?) sowie ihrer Wirkungsweise und damit die Frage, ob es sich um Selbstmord, Mord oder eine verunglückte sexuelle Praktik handelte.[9] Im Jahr 1994 konnte Lynne Herold, eine Expertin des FBI, anhand einer Knotenuntersuchung die Schuld des österreichischen Serienmörders Johann »Jack« Unterweger an drei in den USA ermordeten Prostituierten nachweisen. Es handelte sich um den Henkersknoten, derselbe, mit dem sich Unterweger nach der Urteilsverkündung in seiner Zelle erhängte.[10]

9 Vgl. Chisnall (2022): *Analysing knot evidence*, in: Scandinavian Journal of Forensic Science.

10 Vgl. Stockner (2022): *Unterweger vor Gericht*, in: Kronen-Zeitung, o. S.

Da Knoten wie gesagt nirgends in ihren Anwendungsbereichen erfasst sind, ist es nicht auszuschließen, dass es noch weitaus mehr Bereiche gibt, in denen sie relevant sind.

Genau in diesem anarchischen Wesen von Knoten, sich allen Kategorien und Schubladen zu entziehen, sich auf nichts festlegen zu lassen, mal Werkzeug zu sein, mal Symbol, mal beides, mal weder noch, immer wieder mit neuen Bedeutungen dem sprachlichen Zugriff entschlüpfend, liegt der ungeheure Reiz. Denn wir kommen ihnen mit unseren üblichen Denkmustern und Denkschubladen, in die wir ansonsten immer alles sortieren können, nicht bei. Knoten fordern uns heraus, über uns hinauszudenken. Dieses Buch widmet sich daher Knoten nicht nur in ihren unterschiedlichsten Erscheinungsformen, sondern auch in dem Versuch, das Wesen von Leine und Knoten zu ergründen (Teil 3).

Greifen wir daher noch einmal die eingangs gestellte Frage auf: Was können uns Knoten in unserer digitalisierten Welt heute noch sagen? Die Probleme dieser Welt lassen sich mit ein paar Knoten definitiv nicht lösen. Wenn wir uns aber einig sind, dass wir die künftigen Herausforderungen nicht dadurch bestehen, dass wir alles genauso machen wie immer, sondern dass wir uns Neues einfallen lassen müssen, neue Blickwinkel benötigen, Dinge neu bewerten müssen, ›out of the box‹ denken müssen – voilà! Dann bietet die Knotenbrille eine ebenso schöne wie bereichernde Methode, über die üblichen Bahnen und Strukturen hinauszublicken. Wir werden nicht nur unsere Vergangenheit und Entwicklung anders interpretieren können, sondern auch neue Blicke auf die Gegenwart und die Zukunft entwickeln.

Aber beginnen wir ganz vorn. Seilen wir uns zuerst in die Tiefen unserer menschlichen Geschichte hinab, wo wir auf die Anfänge des menschlichen Knotens, Begreifens und Denkens blicken.

Teil 1

Vergangenheit

Am Anfang war das Knoten

Die Anfänge vom Knoten, Flechten und Weben liegen streng genommen Hunderte von Millionen Jahren zurück, als Pflanzen das Prinzip der Verdrillung für sich erkannten, um an etwas hochzuwachsen. Sie erreichten damit Höhen, die ihnen ihre eigene Statik nie erlaubt hätte. Wir begegnen hier zum ersten Mal dem Motiv der List, auf das wir später noch kommen werden. Spinnen entwickelten vor Jahrmillionen bereits ihre geniale Jagdmethode und woben Netze. Pirole wurden dabei beobachtet, wie sie beim Nestbau mehrere unterschiedliche Knotenformen verwendeten. Beginnend mit einem einfachen Überhandknoten, festigen die Singvögel diesen entweder mit einem Altweiberknoten oder einem Kreuzknoten.[11] Gorillas verwenden einen einfachen Überhandknoten mit Zweigen beim Nestbau, und es gibt Geschichten von Orang-Utans, die sich selbst eine Leine flochten, um auf dieser zu schaukeln.

Eines der größten Rätsel, das Leine und Knoten umgibt, ist die Frage nach ihrem Ursprung. Der australische Forscher und Knotenliebhaber Charles Warner schreibt, dass der Beginn des Knotenbindens bei Hominiden irgendwo im Zeitraum zwischen 2,5 Millionen und 250.000 Jahren vor heute zu verorten sei. Genauer werde man es nie sagen können.[12] In der Tat wissen wir über Ursprünge des Lebens auf der Erde mehr als über die Ursprünge des Knotenbindens,

11 Henry North Grant Bushby berichtet davon in *Notes on Knots*, vgl. Bushby (2015): *Notes on Knots*, S. 296.

12 Vgl. Warner u. Bednarik (1996): *Pleistocene knotting*, in: History and Science of Knots, S. 4.

obwohl es die vielleicht älteste Technik ist, die wir Menschen kennen. Seil oder Strick, Lederriemen, Schnur, Darm, Baumwurzeln, Grashalme – was immer lang und schmal genug ist, um um sich selbst geschlungen werden zu können, um etwas zu befestigen, anzuziehen, zu spannen, zu bündeln, war neben Stock und Stein vermutlich das erste Werkzeug der Menschheit. Doch der Mensch hat Leine und Knoten nicht erfunden. Wie wir im Folgenden sehen werden, spielen Leine und Knoten vielmehr eine entscheidende, wenn nicht sogar die größte Rolle bei der Menschwerdung.

Es gibt nur sehr wenige Funde, die uns Aufschluss darüber geben, wann unsere Vorfahren wie geknotet haben, da die Materialien für Knoten vergänglich sind. Es bleiben hauptsächlich Artefakte, zu denen wir uns die Verwendung von Seilen und Knoten hinzudenken müssen. Es gibt perforierte Knochen oder Perlen, die bis zu 100.000 Jahre alt sind. Es ist naheliegend, dass die Löcher für Fäden gemacht wurden, die man hindurchziehen konnte. Weibliche Fruchtbarkeitsfiguren, etwa 20.000 bis 24.000 Jahre alt, werden bereits mit geflochtenen Gürteln dargestellt. Und in seltenen Fällen gibt es glückliche Funde, wo Klima und Erde eine Atmosphäre schufen, in der die Materialen nicht verrotteten. In Israel wurde so Anfang 2021 der bisher älteste geflochtene Korb entdeckt mit einem Alter von 10.500 Jahren. Er fasst 92 Liter und sieht so gut erhalten aus, dass niemandem sein Alter auffallen würde, stünde er heute bei einem Straßenhändler. Die Forscher konnten feststellen, dass er von zwei Menschen geflochten wurde, wobei eine Person Linkshänder war.[13] Die niederländische Archäologin Willemina Wendrich merkte einmal an, dass es weit treffender wäre, statt von Steinzeit von einer Korbzeit zu sprechen, da seit etwa 10.000 Jahren weitaus mehr Herausforderungen des Alltags mithilfe von geflochtenen

13 Vgl. Tercatin (2021): *Oldest woven basket in the world found in Israel, dates back 10,000 years*, in: The Jerusalem Post, o. S.

Körben oder anderen Flechtwerken gelöst wurden als mit Stein.[14] Allerdings, so wirft sie ein, ist diese Bezeichnung zu weit gegriffen, da das Korbzeitalter streng genommen bis ins 20. Jahrhundert hineinreicht, bevor der Kunststoff die Welt in kürzester Zeit neu erfand.

Im Alltag Tausender Generationen vor uns dürfte es nur wenige Herausforderungen gegeben haben, die man nicht mithilfe von Knoten zu lösen versuchte. Charles Warner geht davon aus, dass in der Frühzeit so ziemlich jeder Mensch jeden Tag etliche Knoten verwendete.[15] Unsere Vorfahren begriffen ihre Umwelt in ›Seilproblemen‹ und ›Knotenlösungen‹. Menschen lösten eine Vielzahl von Herausforderungen im Alltag, indem sie sprichwörtlich im Binden von Knoten dachten: Leinen und Knoten halfen dabei, Gegenstände zusammenzubinden, Brennholz zu bündeln, Felle oder Fleisch aufzuhängen, Sehnen über Bögen zu spannen; Schlingen und Schlaufen dienten dem Heben und Ziehen von Lasten sowie dem Fallenstellen; mit Steks verband man Balken für Flöße, Hütten und Dächer; einfache Knoten verschlossen Nähte an Kleidung; Netze erweiterten irgendwann die Jagdmethoden und Transportmöglichkeiten.[16]

Alle Bücher über die Anfänge der Menschheit können ebenso wie dieses nur spekulieren. Es ist dabei auffallend, dass die Spekulation auf Grundlage von Leinen und Knoten sich ausschließlich in der überschaubaren Knotenliteratur findet, der man entweder in Universitätsbibliotheken begegnet oder online auf Forschungsplattformen. Dort steht außer Zweifel, dass ohne Leinen und Knoten so gut wie nichts entstanden wäre und sie zu den ersten Werkzeugen der Menschheit gehörten. In anderen teils berühmten Büchern über die

14 Vgl. Wendrich (1996): *Ancient Egyptian rope and knots*, in: History and Science of Knots, S. 43.

15 Vgl. Warner (1996a): *Why knot?*, in: History and Science of Knots, S. 28.

16 Ein Stek verbindet eine Leine mit etwas anderem, z. B. einer Reling, einem Zaun oder auch einer anderen Leine. Allgemein spricht man aber auch bei ihnen von Knoten.

Anfänge der Menschheit, die in Bestsellerlisten und den Auslagen der Buchläden zu finden sind, sucht man vergeblich nach der Bedeutung von Leinen und Knoten für unsere Ahnen. Die Autoren sind offensichtlich keine Knotenbinder. Es handelt sich um einen erstaunlich blinden Fleck in der Populärwissenschaftsliteratur. Besonders kurios ist es, wenn man diese Literatur durch die Knotenbrille liest. Leinen und Knoten werden zwar erwähnt, aber es wird nicht über sie gesprochen. So wird beispielsweise von Fallen für Hasen gesprochen – oder von Netzen und Decken. Werkzeugbau wird erwähnt und in seiner Bedeutung hervorgehoben. Aber das Offensichtlichste, die Herstellung von Leinen und von Knoten, wird komplett übersehen.

Da die Bedeutung von Leinen und Knoten seit jeher ausgeblendet wurde, ist das Bild, das wir von unseren Urahnen haben, geprägt von Steinen, Feuer und Mammutjagd. Und irgendwann bemalten sie Felswände, schufen beeindruckende Skulpturen und wurden einige Tausend Jahre später auf einmal Ackerbauern. Erst ab dieser sogenannten neolithischen Revolution und der Sesshaftigkeit vor etwa 12.000 bis 10.000 Jahren sehen wir den Anfang einer logischen Entwicklung hin zu den heutigen Wirtschafts- und Gesellschaftssystemen. So richtig klar werden diese Sprünge in unserer Entwicklung nicht. Wir erkennen lediglich eine Fortentwicklung des menschlichen Geistes, die uns heute alle Annehmlichkeiten des modernen Lebens beschert. In der Literatur wird mittlerweile im Übergang vom Nomadentum zur Sesshaftigkeit keine geistige Fortentwicklung gesehen. Für den Historiker Yuval Noah Harari steht in seinem Bestseller *Eine kurze Geschichte der Menschheit* sogar außer Zweifel, dass unsere Nomadenvorfahren klüger waren als unsere Ackerbauvorfahren.[17] Die Aufgabe ›Mammut erlegen‹ ist in

17 »Als Kollektiv wissen wir heute natürlich viel mehr als diese Gruppen von Urmenschen. Aber für sich genommen waren die Jäger und Sammler die klügsten und geschicktesten Menschen der Geschichte.« Harari (2019): *Eine kurze Geschichte der Menschheit*, S. 68.

Bezug auf Zusammenarbeit, Interaktion und Auseinandersetzung mit Materialien sicherlich anspruchsvoller als die Aufgabe ›Bestellen eines Feldes‹. Es wurden viele Jäger benötigt, die untereinander gut organisiert und koordiniert werden mussten. Sie benötigten exzellente Waffen, zu deren Herstellung eine Menge an Erfahrungswerten nötig war. Wenn ein Mammut erfolgreich erlegt wurde, hatte man es mit einem riesigen Angebot aus schnell verderblicher Ware zu tun. Es musste rasch zerlegt werden, wiederum mit eigenen Werkzeugen. War es kalt genug, konnte es einige Zeit aufbewahrt werden. Vielleicht wurde das Fleisch auch getrocknet oder geräuchert. Dafür musste es an geeigneten Vorrichtungen aufgehängt werden. Alle anderen Teile des Tieres, Sehnen, Knochen, Felle, wurden selbstverständlich gesondert verarbeitet, wobei es sicherlich Experten für die jeweiligen Materialien und Verarbeitungen gab. Solch eine Aufgabe stemmt nicht eine Handvoll Leute. Es bedurfte einer großen Gemeinschaft, um so ein tonnenschweres Tier zeitnah zu verarbeiten und es in keiner Phase vom Erlegen bis zum Verzehr anderen Fressfeinden zu überlassen. Wir sprechen von einem kleinen mittelständischen Unternehmen mit Wissensunterschieden und klarer Aufgabenteilung. Doch das war nicht der Anfang unserer Menschheit. Das war Ergebnis jahrtausendelanger Entwicklung. Ein Entwicklungstreiber waren Leine und Knoten – Gegenstände, die für das oben erwähnte Unternehmen bereits selbstverständliche Hilfsmittel waren. Denn bevor der Mensch sich zu so einer gefährlichen und aufwändigen Großjagd aufschwang, liegt es nahe, dass er etliche Jahrtausende zuvor bereits die Kleinjagd verfolgte, indem er Fallen stellte. Kleines Getier wie Hasen, Kaninchen, Hühner, Murmeltiere, Füchse, Bisamratten, Rehe, Frischlinge kann mit Fallen aus Schlingen gefangen werden. Mit Netzen wiederum konnten größere Mengen an Fisch gefangen werden. Zeit war kein Problem. Das Fleisch war schnell komplett verarbeitet. Diese Jagdmethode war risikoarm, brachte relativ sichere Beute und erlaubte eine einfache Verwertung. Lange vor den Beilen und Bögen wusste der Frühmensch um Schlingen, Schlaufen, Netze und Knoten. In der Tat dauert es mehr als 1,6 Millionen Jahre seit dem ersten uns bekannten Faustkeil, bis der Innovationsschub eintrat, einen bearbeiteten Stein mithilfe eines Stiels in eine Axt zu verwandeln. Einen Stein so mit einem Stiel zu verbinden, dass er den heftigsten Schlägen und Erschütterungen standhält, ist alles andere als trivial. Ein funktionsfähiges und haltbares Beil eines Steinzeitmenschen beinhaltet Jahrtausende an Entwicklung. Die Überlegungen, wie Knoten in der Zwischenzeit gebunden wurden, mit welchen Materialien, zu welchen Zwecken, entziehen sich in dieser Zeitspanne (1,75 Millionen bis etwa 50.000 Jahre vor unserer Zeit) jeglicher wissenschaftlicher Überprüfung. Sicher ist nur, dass das Knotenbinden nicht erst zum Zwecke der Erstellung von Beilen und Speeren erfunden wurde.

Abb. 2: Ein Überhandknoten.

Charles Warner unterscheidet bei seinen Spekulationen über frühe Knoten zwischen »conglomerate knots« und »composite knots«[18]. Ersteres wäre zum Beispiel die Aneinanderreihung einfacher Überhandknoten. Also das, was jeder macht, der keine Knoten kennt. Letzteres sind die bewusst gebundenen Knoten mit ganz bestimmten Eigenschaften. Sie bedürfen vertieften Wissens des Knotenbindens. Der niederländische Mathematiker Pieter van de Griend zeichnet bereits in den 1990er Jahren ein allzu zeitgemäßes Bild für solche »composite knots«. Er verwendete den Begriff Algorithmus, um einen Knoten richtig zu binden. Es ist die genaue Abfolge von Schritten, die mit dem Knoten zur Lösung eines

18 Vgl. Warner (1996a), S. 21.

Problems führen. Und diese genaue Abfolge von Schritten ist bei den jahrtausendealten Algorithmen genauso wichtig wie bei den modernen digital programmierten. Es dürfte außer Frage stehen, dass die Beile und Speere und die Sehnen an Bögen mit »composite knots« gebunden wurden. Es musste sich um äußerst stabile Knoten handeln. Zu diesem Zwecke gibt es nicht beliebig viele taugliche Knoten, weshalb den richtigen zu entdecken zeitaufwändig und wohl manches Mal frustrierend gewesen sein dürfte. Am richtigen Knoten entscheidet sich in der Frühzeit die Chance auf das Überleben. Es fängt bereits mit einem Stein am Stiel an. Wer diese beiden Werkstücke gut zu verbinden weiß, erhöht seine Schlagkraft und zerstörerische Wirkung um eine Potenz, die ein Gegner ohne eine solche Waffe nur in seltensten Fällen mit reiner Geschicklichkeit und Kampfkunst auszugleichen im Stande gewesen sein dürfte. Speerspitzen mussten so stabil und balanciert an einen Stiel gebunden werden, dass sie mit hoher Krafteinwirkung und ohne zu knicken die dicke Haut von Mammuts durchbohren konnten. Das Wissen um das strapazierfähigste Medium, den besten Knoten, die effektivste Verwendung von Klebematerial aus Harz, den geeigneten Stein und das beste Holz für den Stiel: Dieses Wissen entschied darüber, wie erfolgreich und wie oft der Benutzer die Waffe verwenden konnte, ohne dass sie ihm ihre Dienste, vielleicht in entscheidenden Momenten, versagte. Der Vorteil des richtigen Knotens damals ist vergleichbar mit dem Vorteil in den heutigen gesellschaftlich domestizierten Bereichen des Kampfes, dem Sport. Bei Rennsportarten aller Art, ob auf Kufen oder Asphalt, ist der Erfolg in höchster Weise von der Güte des Materials abhängig. Diese entschied nicht nur vor Tausenden Jahren im Kampf über Leben und Tod, sondern auch in der Gegenwart wie dem Motorsport oder Skirennsport, wo kleinste Materialfehler den Unterschied zwischen Sieg und Niederlage oder sogar Leben und Tod ausmachen können.

Allerdings haben unsere Vorfahren irgendwann die Erfahrung gemacht, dass ein Knoten nur so gut ist wie die Leine, mit der er geknüpft wurde. Wer kennt nicht die Momente der Frustration, als die gewünschte Software – vielleicht das neueste Game – die Möglichkeit der Hardware unseres alten PCs überstieg? Ebenso wurde dem Frühmenschen die natürliche Hardware aus Lederriemen, Sehnen, Därmen oder Wurzeln seinen Knotenbedürfnissen und Knotenkenntnissen nicht mehr gerecht. Heutzutage schaffen wir uns einen neuen Computer an mit leistungsstärkerer Hardware, mehr Arbeitsspeicher und besserem Prozessor. Der Frühmensch beschloss, sich seine eigene Hardware herzustellen. Er probierte und studierte und fand mit dem Verdrillungsprinzip schließlich zu der Bauart, mit der bis heute Seile hergestellt werden. Die Antwort auf die Frage, wann denn unsere Vorfahren zu solch komplexer Bauart fanden, mag überraschen. Denn sie begann wohl schon vor mehr als 40.000 Jahren. Ergebnisse der Experimentalarchäologie und Gehirnforschung geben uns dabei erstaunliche Aufschlüsse über unsere Menschwerdung.

Der französische Experimentalarchäologe Toomaï Boucherat befasst sich seit Jahren mit der Seilherstellung in der Alt- und Neusteinzeit, also dem Zeitraum zwischen 50.000 und etwa 12.000 Jahren vor unserer Gegenwart. In der Experimentalarchäologe wird anhand von Funden versucht, den ursprünglichen Zweck von Gegenständen herauszufinden, indem mögliche Praktiken nachgeahmt werden, um anhand der Möglichkeiten und Schwierigkeiten, die sich daraus ergeben, mehr über den Alltag und die Arbeitsweise unserer Vorfahren zu erfahren. Gleichzeitig gibt sie Aufschluss über die Denkweise unserer Ahnen.

Die Seilherstellung aus pflanzlichen Materialien wie Flachs, Hanf oder Brennnessel ist dabei ein komplexer Vorgang mit so vielen Arbeitsschritten und Know-how, dass Toomaï Boucherat zufolge bis zu zwölf verschiedene Werkzeuge erforderlich waren. Für lange Zeit mag es der komplexeste Arbeitsprozess unserer Vorfahren gewesen sein.

Skulpturen oder Malereien waren zwar Ausdruck höchster Kunstfertigkeit, erforderten aber in ihrer Herstellung vergleichsweise direkte und unmittelbare Werkzeuge wie Asche oder Rötel zum Malen oder Steine zum Schnitzen. Für die Jagd wiederum war der Schritt vom Holzstock über den Faustkeil hin zu Äxten und Speeren zwar langwierig, aber sehr konsequent und naheliegend. Die Seilherstellung ist allerdings so komplex, dass zuerst Werkzeuge hergestellt werden mussten, mit denen man andere Werkzeuge herstellte, die erst in direkter Weise der Seilherstellung dienten. In der Tat war die Seilherstellung im Paläolithikum, also einem Zeitraum bis vor 10.000 Jahren, ein Rätsel, das die Wissenschaft jahrzehntelang beschäftigte.

Neben dem Wissen um die Werkzeuge war Wissen um den Aufbau der geeigneten Pflanzen und ihrer verwertbaren Teile nötig. Die Trennung der Fasern von der ganzen Pflanze erforderte die Kenntnis über chemische und biologische Abbauprozesse, denn sie erfolgte durch einen Gärungsprozess, bei dem die Pflanzenteile in einem Wasserloch einige Wochen lang in luftdichter Umgebung unter regelmäßiger Zugabe von Frischwasser gärten. Gärtner kennen diesen Vorgang vom Brennnesselsud, einem hochaktiven natürlichen Stickstoffdünger, der seine Wirkung nicht zuletzt durch einen intensiven Gestank verspricht. Diese aufgeweichten Pflanzenteile mussten anschließend getrocknet werden, bevor sie auf geeigneter Grundlage, etwa einem Baumstamm, mit einem Holzstock gedroschen werden konnten, wo sich die Fasern schließlich vom Rest lösen ließen. Toomaï Boucherat entdeckte bei seinen Experimenten, dass Muschelschalen, in deren Ränder winzige Einkerbungen gesägt wurden, als Kämme dienten,[19] um die freigedroschenen Fasern für den weiteren Arbeitsschritt zu kämmen.

19 Vgl. Boucherat (2009): *Threads and Ropes. Technical approaches and tools during the Upper Paleolithic and Mesolithic*, S. 2.

Und spätestens hier zeigt sich die Vielschichtigkeit des Denkens unserer Ahnen. Denn auch diese Muscheln mussten erst einmal als das geeignete Werkzeug für diesen wichtigen Prozess erkannt werden. Muschelschalen liegen ohne Zweifel angenehm zwischen Daumen und Zeigefinger. Aber sie benötigen noch tiefe Rillen, um die Fasern zu kämmen. Das Präparieren der Muschelschale gelingt nur mit einem scharfen Stein. Toomaï Boucherat fand heraus, dass das Sägen der Rillen am einfachsten bei einer lebenden Muschel gelingt, da sie sich aufgrund des Angriffs nicht nur fest zusammenzieht und somit mehr Stabilität ermöglicht.[20] Das eingeschlossene Meerwasser dient zudem als kühlende Schleifflüssigkeit und sorgt somit für eine besonders genaue und schonende Arbeitsweise.

Um noch einmal kurz zu rekapitulieren: Man benötigte ein Werkzeug (Stein) zur Herstellung eines Werkzeugs (Muschelkamm), mit dem man einen Rohstoff, den man zuvor durch gezielte biologische Abbauprozesse gewonnen hat (Pflanzenreste), zu einem Zwischenprodukt (Faser) verarbeiten konnte. Bis zum Endprodukt folgten noch eine Vielzahl weiterer Arbeitsschritte. Es dürfte nicht viele Menschen des 21. Jahrhunderts geben, die in komplexere Arbeitsprozesse eingebunden sind. Diese gewonnenen Fasern wurden nun zu Garnen verdrillt und somit zur Grundlage für die Seilherstellung. Toomaï Boucherat sieht in diesem Arbeitsschritt die »Magie« am Werk, da hier gedanklich vorweggenommene Arbeitsvorgänge zu dem ersten greifbaren und nutzbaren Ergebnis, dem Garn, führten.[21] Zur Seilherstellung mussten wiederum mehrere Garne zu einem Strick verdrillt werden. Die längste Zeit hatten Forscher kaum eine Ahnung, wie unsere Vorfahren Seile herstellten. Besonders viel geforscht wurde offenbar auch nicht, da das Feld

20 Vgl. ebd., S. 4.
21 Vgl. ebd., S. 13.

der verrottbaren prähistorischen Artefakte unter den Forschern als »extremely unsexy« gilt.[22]

Am 22. Juli 2016 versetzte allerdings eine Pressemitteilung der Universität Tübingen die Fachwelt in Aufregung. Darin wurde von einem Fund berichtet, den man in der weltberühmten Grabungsstätte Hohle Fels auf der Schwäbischen Alb entdeckte und der nach Ansicht der Wissenschaftler nichts weniger als eine »archäologische Sensation«[23] war. Es handelt sich um ein kleines Mammutelfenbeinstöckchen, etwa zwanzig Zentimeter lang, mit vier durchbohrten Löchern, deren Eingangsmulden wiederum halbrunde, sich zur Mitte hin verjüngende Einkerbungen haben, ein Schraubengewinde also. Die C14-Datierug ergab ein Alter von etwa 40.000 Jahren.

Laut Nicholas Conrad, Professor für prähistorische Archäologie an der Universität Tübingen und mit den Ausgrabungen betraut, stellt das Stöckchen ein steinzeitliches Hightechgerät dar, denn es sei »das erste Werkzeug in der Menschheitsgeschichte, von dem wir wissen, dass es zur Herstellung von Seilen verwendet wurde«.[24] In Zusammenarbeit mit einem Archäologenteam der Universität Lüttich in Belgien unter Leitung von Veerle Rots wurde diese Hypothese einem experimentalarchäologischen Versuch unterzogen. Rots kam zum Schluss: »Dieses Werkzeug beantwortet die Frage, wie im Paläolithikum Seile hergestellt wurden.«[25]

Die Funktionsweise des Stöckchens ist leicht ersichtlich. Mehrere Garne werden durch je ein Loch des Elfenbeinstöckchens gezogen.

22 Hardy (2007): *Where would we be without string? Ethnographic and prehistoric evidence for the use, manufacture and role of string in the Upper Palaeolithic and Mesolithic of Northern Europe,* in: Plant Processing from a Prehistoric and Ethnographic Perspective, o. S.

23 Vgl. Brauer (2016): *40 000 Jahre altes Werkzeug: Hightech-Fund aus der Steinzeit,* in: Stuttgarter Nachrichten, o. S.

24 Ebd.

25 Ebd.

Abb. 3: Lochstab, Werkzeug zur (mutmaßlichen) Herstellung von Seilen aus Mammutelfenbein. Dieses Objekt wurde mithilfe der C14-Datierung auf ein Alter von 34.000 bis 42.000 Jahre geschätzt.

Das Schraubengewinde sorgt dafür, die Garne beim Hindurchziehen in eine Ordnung zu zwingen, sodass sie auf der anderen Seite in gleiche Winkel verdrillt herauskommen.

Als Resultat hatte man vier zu Stricken verdrillte Garne an einem Stöckchen hängen. Diese separaten Stricke konnten nun selbst wieder verdrillt werden, indem die vier Enden festgehalten wurden und das Stöckchen rotiert wurde. Auf diese Weise sollen unsere Vorfahren Seile mit Zuglasten von bis zu tausend Kilogramm hergestellt haben, so Toomaï Boucherat, der die Verwendung in einem eigenen Versuch rekonstruierte.[26] So weit, so unfassbar spektakulär. Allerdings gibt es Zweifel an dieser Version.

Christoffer und Alexander Aström, zwei schwedische Brüder, beschäftigen sich seit Jahrzehnten mit Seilen, der Seilherstellung und der Archäologie von Seilen. In einem losen Forschungsverbund mit anderen Seilereispezialisten kamen sie zu dem Schluss, dass das Stöckchen kein Seilereiwerkzeug war. Ihr Haupteinwand

26 Vgl. Boucherat (2020): *Funktionelle Studie eines archäologischen Stückes aus Mammut-Elfenbein, das von vier Spirallöchern durchbohrt ist,* o. S.

folgt der berühmten Rasierklinge von Ockham, auch bekannt als Occam's razor. Es handelt sich dabei um ein Forschungsprinzip, bei dem von allen bestehenden Erklärungen die einfachste immer vorzuziehen sei.[27] Für die beiden Brüder ist der oben beschriebene Herstellungsprozess eines Seils viel zu kompliziert angesichts einfacherer Methoden der Seilherstellung. Beobachtungen in Urwaldstämmen Neuguineas, wo Fäden und Schnüre nahezu andauernd von Frauen und Kindern ohne Werkzeuge hergestellt werden, scheinen ihnen Recht zu geben.[28] Auch für die berühmte Grasbrücke der Inka, genannt Qeswachaka, werden jedes Jahr aufs Neue die langen Grashalme des Q'oya-Grases der peruanischen Hochebenen ausschließlich mit Händen und Körperkraft zu Schnüren, Stricken, Seilen und Tauen verdrillt.[29]

Außerdem argumentieren die Aström-Brüder, dass die Einkerbungen des Schraubengewindes nicht die ganze Eingangsmulde umfassen, sondern nur einen Teil davon, was ihre vermutete Zweckmäßigkeit zur Ausrichtung der Fäden relativiere. Weitaus schwerer noch wiegt allerdings die Tatsache, dass nicht alle Einkerbungen in dieselbe Richtung weisen. Dieser Umstand widerspricht den klaren Vorgaben der Seilherstellung, wonach alle Stränge in dieselbe Richtung verdrillt sein müssen, bevor sie im nächsten Schritt zusammen in die entgegengesetzte verdrillt werden. Die sehr enge Anordnung der Löcher erlaube, wenn überhaupt, nur eine Herstellung von sehr kurzen Seilen, wenn sich die einzelnen Stränge nicht bereits gegenseitig verhakt oder aufgetrennt haben.

Der Befund der Aström-Brüder und der Seilerei-Community reißt uns zugegebenermaßen aus unseren Vorstellungen der Hightech-

27 Die Aström-Brüder haben dies in einem persönlichen Gespräch und per E-Mail gegenüber dem Autor ausgeführt.

28 Vgl. Hardy (2007), S. 10.

29 Vgl. Schumacher (2022): *Das Erbe der Inka – Die Brücke aus Gras – Die ganze Doku*, in: Arte.

vorfahren. Warum sollten sich die Frühmenschen eine solche Mühe gemacht haben, wenn es doch viel einfacher ging? Vielleicht, so ließe sich an diesem Punkt einwenden, weil sie Zeit hatten.

Die Geschichte der Menschheit in den letzten 3000 Jahren ist selbst eine Geschichte voller technologischer Sackgassen. Einfache Lösungen werden zwar erdacht und setzen sich meist durch. Aber das bedeutet nicht, dass es nicht immer schon komplizierte Lösungen gab, die zwar funktionierten, aber auf Dauer zu teuer waren oder zu reparaturanfällig. Könnte es sein, dass das Elfenbeinstöckchen eine ebensolche technologische Sackgasse der Prähistorik war? Das wäre zumindest der Grund dafür, dass man keine weiteren ähnlichen Fundstücke mehr entdeckte. Hätte es sich um eine funktionierende Technologie gehandelt, dann gäbe es sicherlich noch andere Fundstücke gleicher Bauart in unterschiedlichen Größen, je nach Bedarf der Seilstärken. Das Bild, das wir von unseren Vorfahren haben, wird ausschließlich von den Funden bestimmt, die wir zum jeweiligen Zeitpunkt haben. Als man nur Steinwerkzeuge fand, hielt man sie für primitive Vormenschen ohne Geist und Talent. Als man schließlich die Höhlenmalereien entdeckte, wurden sie zu ersten Michelangelos erhoben. Auf einmal erkannte man auch in den Steinwerkzeugen Instrumente höchster Präzision. Mit jedem Fundstück erfahren wir mehr über ihre Lebensweise und erhalten glücklicherweise ein differenzierteres Bild unserer Vorfahren. Das Beispiel des Elfenbeinstöckchens zeigt womöglich einen Aspekt, der in der Betrachtung unserer Vorfahren so gut wie nicht stattfindet: das allzu menschliche Scheitern. Weshalb muss jeder archäologische Gegenstand ein perfektes Werkzeug sein?

Vielleicht haben beide Seiten Recht. Vielleicht erdachte sich ein findiger Vorfahre dieses Prinzip, schnitzte es säuberlich aus, präsentierte es stolz seinen Stammesgenossen, nur um dann von skeptischen Mienen umgeben zu sein, die nach einigen Versuchen grummelig feststellten, dass man das überhaupt nicht brauche, weil es doch viel einfacher gehe. Es wäre nur der Anfang einer langen Reihe zurückgewiesener Innovationen, die bis zum heutigen Tag in vielen Büros ambitionierte Menschen frustrieren.

Unabhängig davon, ob es das erste Seilereiwerkzeug der Menschheit war oder nicht, steht außer Frage, dass bereits der Frühmensch damit begonnen hat, Fasern zu Garnen zu verdrillen, diese wiederum zu Schnüren, weiter zu Stricken und Seilen. Selbst ohne das Stöckchen handelt es sich dabei um einen mehrstufigen Arbeitsprozess, bei dem über viele Stationen das Ziel vor Augen gehalten wird und jeder einzelne Schritt auf dem vorherigen aufbaut.

All dies erforderte eine genaue Kenntnis der Rohstoffe, ihres unterschiedlichen Aufbaus, der Werkzeuge und ihrer Funktionen, der zu erreichenden Resultate und ihrer Weiterverarbeitung und nicht zuletzt der jeweiligen Arbeitsvorgaben, die in einem Team erfolgten. Der Entstehungs- und Findungsprozess zur geeigneten Herstellungsmethode erforderte Diskussion, Erkenntnisaustausch und vor allem Ideen. Dinge konnten funktionieren oder scheitern. Freude über Gelungenes war sicherlich genauso Teil des Alltags wie Frustration über Nicht-Funktionierendes. Die entsprechenden vokalen Begleitungen von Jubel oder Fluch dürften auch zur Ausdrucks- und Kommunikationsart unserer Ahnen gehört haben. Das Vokabular und der Abstraktionsgrad ihres Denkens mussten weit stärker ausgeprägt sein, als unsere banalen Vorstellungen von Frühmenschen es erahnen lassen.

Sobald Menschen der Frühzeit das mehrstufige Verdrillungsprinzip der Seilherstellung verfolgten, mussten sie nicht nur eine klare analytische Vorstellung davon haben, was sie benötigten und wie sie es herstellen konnten, sondern diese auch untereinander artikulieren. Und wir sollten uns daran erinnern, dass all die beschriebenen Prozesse der Seilherstellung in letzter Konsequenz nur einem Produkt dienten, mit dem man erst die gewünschten Knotenlösungen des Alltags durchführen konnte. Wir erkennen bereits, dass

Werkzeugbau und Sprache zwei sich wechselseitig begünstigende Fähigkeiten des Menschen darstellen. Eine höhere Präzision auf einem Gebiet erweitert gleichzeitig den Spielraum auf dem anderen. Wo die Fingerfertigkeit und Vorstellungskraft ein besseres Ergebnis zeitigen, folgt die Sprache, um die Innovation mitzuteilen. Wo aber neue Ideen darauf angewiesen sind, sich mit neuen Begriffen zu artikulieren, kann das gemeinsame Verständnis sich in neuen Arbeitsschritten niederschlagen. Es gibt eine bestimmte kognitive Voraussetzung, die sowohl Sprache als auch Werkzeugbau teilen. Verhaltens- und Gehirnwissenschaftler verwenden in ihren Untersuchungen dafür den Begriff *Rekursion*. Er bedeutet, dass eine bestimmte Handlung für uns nur im Kontext der jeweils vorhergehenden Handlungen Sinn ergibt und sie selbst wiederum Voraussetzung ist für die weiteren Handlungen zur Erreichung eines bestimmten Ziels. Wir bedienen uns der Rekursion beim Sprechen andauernd. Nehmen wir als Beispiel den folgenden Satz: ›Ich bin heute Nachmittag beim Schwimmen.‹ Dieser Satz vermittelt uns eine eindeutige Information, wobei keines der sechs Wörter einzeln für uns den Sinn des ganzen Satzes ergibt. Erst im Kontext wird unsere Absicht verständlich. Im »Ich« wird klar, um wen es sich handelt, und dass man vermutlich allein sein wird. Mit dem »heute« datieren wir die Tätigkeit und stellen beim »Nachmittag« den genauen Zeitraum fest. Und das »Schwimmen« drückt aus, was wir tun werden. Jedes einzelne Wort ist abhängig von den vorherigen und selbst wieder Voraussetzung für die nachfolgenden, um den vollständigen Sinn des Satzes wiederzugeben. Wir verstehen wiederum den Satz nur deshalb, weil wir uns – so banal es klingt – die einzelnen aufeinanderfolgenden Wörter merken. Dieser kognitive Prozess der Rekursion findet beim Werkzeugbau ebenso statt, wenn wir uns noch einmal kurz die vorher beschriebenen Prozesse der Seilherstellung vergegenwärtigen. Das Verdrillen von Fasern zu Garnen bedarf vieler vorbereitender Arbeitsschritte, bevor das Garn selbst wieder zu dickeren Leinen weiterverarbeitet werden kann und schließlich erst als Knoten die eigentliche Aufgabe erfüllt. Bei der Bearbeitung des Rohstoffs zur Fasergewinnung, dem ersten Schritt der Seilherstellung, hat der Mensch bereits eine Knotenlösung vorweggenommen.[30] In dieser Rekursion erkennen die Forscher eine Eigenschaft, die wir Menschen besser als alle anderen Tiere zu nutzen wissen.

Es gibt zwei Theorien, die die Entwicklung von Werkzeugbau und Sprache in kausalen Zusammenhang setzen.[31] Die erste geht davon aus, dass der immer diffiziler werdende Werkzeugbau feinere Bewegungen von Händen und Armen bewirkte. Diese sich steigernde Geschicklichkeit schlug sich in einem höheren Gestenreichtum nieder, welcher vor allem zu kommunikativen Zwecken benutzt wurde, zum Beispiel, wenn man jemandem zeigte, wie etwas funktioniert. Darauf aufbauend entwickelte sich dann die Sprache. Die andere Theorie bezieht sich weniger auf die Motorik als Auslöser für Sprache als auf die geistige Reflexion. Werkzeugbau gab unseren Vorfahren ein Verständnis von der Kombination niederrangiger Elemente zu einer höherrangigen Einheit. Die Seilherstellung mit der Verdrillung von Fasern zu Garnen zu Stricken und zu Tauen ist wie ein Sinnbild für diesen kognitiven Prozess. Die für den Werkzeugbau entwickelten kognitiven Kapazitäten legten dann die neurologische Grundlage für die Sprachentwicklung, bei der die kleinste Einheit – der Laut – sich zu einem Wort formt, und dieses zu einem Satz, und der wiederum zu einer Geschichte. Was sich aus den Befunden moderner wissenschaftlicher Forschungen lesen lässt, findet sich bereits in uralten Erzählungen unserer Menschheit.

30 Vgl. Barceló-Coblijn u. Gomila (2012): *Evidence of Recursion in Tool Use,* in: Behavioral and Brain Sciences, S. 219.

31 Vgl. Vaesen (2012): *The Cognitive Bases of Human Tool Use*, in: Behavioral and Brain Sciences, S. 211.

Die Maori pflegten ihre Geschichten anhand von Knoten zu bewahren und zu überliefern. So wie sie die Knoten eines Bandes lösten, erzählten sie die damit verknüpften Geschichten ihrer Herkunft und ihres Stammes. Die Knoten nannten sie dabei »Ursprung des Wortes«.[32]

In der Tat belegen Funde, dass nicht erst unsere Menschengattung rekursiv dachte, sondern auch andere Hominiden wie die Neandertaler.[33] Bereits vor 50.000 Jahren haben sie Pflanzenfasern zu Garnen verdrillt.[34] Aus den vorhergehenden Betrachtungen lässt sich nicht nur darauf schließen, dass sie ein gehöriges Repertoire zur weiteren Verwendung von Garnen besaßen – von der Seilherstellung und all den Verwendungsformen bis möglicherweise zu Geweben –, sondern auch, dass Neandertaler über komplexe sprachliche Reflexionsfähigkeit verfügten, um all diese Schritte zu entwickeln und erdenken. In dieser Handhabung von endlichen Mitteln zu unendlichem Gebrauch erkennen Forscher eine kognitive Komplexität, die nur noch vergleichbar ist mit unserer menschlichen Fähigkeit zu sprechen. Die Anthropologen um den US-Amerikaner Bruce Hardy gehen in ihrem *Scientific Report* aus dem Jahre 2020 sogar so weit, dass sie anhand der Funde, die uns Aufschluss über Kreativität und Schaffen der Neandertaler geben, keine intellektuellen Unterschiede mehr zu uns heutigen Menschen feststellen können.[35]

Seit einigen Jahrzehnten erst wissen wir um die künstlerische Kreativität unseres direkten Vorfahren, des Homo sapiens. Neben den Höhlenmalereien prägen mittlerweile weitere Funde unser Bild

32 Calvino (2016), S. 68.

33 Vgl. Hardy et al. (2020): *Direct evidence of Neanderthal fibre technology and its cognitive and behavioral implications*, in: Scientific Reports, S. 7.

34 Vgl. Page (2020): *Oldest Ever Piece of String Was Made by Neanderthals 50,000 Years Ago,* in: New Scientist, o. S.

35 Vgl. Hardy et al. (2020), S. 7.

der Menschen von vor 30.000 bis 40.000 Jahren, einem Kulturzeitraum, der von Archäologen als *Aurignacien* bezeichnet wird. Kleinskulpturen wie die der Löwenmenschen, die Venus, ein Bär oder das perfekt gearbeitete Pferd aus der Vogelherdhöhle belegen Vielschichtigkeit, Kreativität, Erfindungsreichtum, Kalkül und Raffinesse. Bei unseren Vorfahren handelte es sich also um Menschen, die abstrakte Vorstellungen – Menschenkörper mit Löwenkopf – konkret realisierten. Sie hielten ihre Eindrücke auf Felswänden fest. Sie spielten auf Flöten und kannten vielleicht Formen der Muße. Sie benutzten und erdachten Werkzeuge zur Herstellung anderer Werkzeuge. Die Komplexität ihrer Welt und Gedanken geht weit über das hinaus, was wir unter einem Jäger-und-Sammler-Dasein subsummieren. Sie waren ebenso Künstler und Erfinder. Uns, die wir uns als Krone der Schöpfung und des Homo sapiens wähnen, muss es nachdenklich stimmen, dass in diesem Zeitraum das Gehirn des Menschen nach Jahrmillionen des Wachstums sein größtes Volumen erreicht hat, bevor es vor etwa 30.000 Jahren wieder begann, sich zu verkleinern.

Es scheint, als ob das Gehirn ob dieser Schaffenskraft vor 30.000 bis 50.000 Jahren geradezu in Vorleistung gegangen wäre für weitere Aufgaben. Da das Gehirn den höchsten Energiebedarf unter allen Organen hat, kann es sein, dass der menschliche Körper in der Verkleinerung seines Gehirns eine effektive Energieeinsparung ohne nennenswerte kognitive Verluste erkannte – jedenfalls keine, die wir uns jetzt noch vorstellen könnten. Oder mit welchen kognitiven Ressourcen sollte sich ein Schimpanse vorstellen, wie es wohl sei, ein Mensch zu sein?

Die Bedeutung des Knotens für die Welt unserer Vorfahren kann kaum hoch genug geschätzt werden angesichts des Aufwands, den sie betrieben, um möglichst knotentaugliche Leinen selbst herzustellen statt bloß die fast schon gebrauchsfertigen Sehnen aus den Körpern der Beutetiere als Schnüre zu verwenden. Das Knoten steht somit nicht nur am Anfang eines der bedeutendsten Entwicklungsschübe der Menschheit – es könnte sogar sein Auslöser gewesen sein. Denn nur die Beschäftigung mit Knoten, das Spielen, Probieren, Sich-Eindenken, Vorstellen, Scheitern und Gelingen von Knoten, löste jene kognitiven Impulse aus, die im menschlichen Gehirn das Bedürfnis und die Vorstellungen für bessere Knotenmedien – also Leinen – erzeugte. Die für die Seilherstellung notwendigen rekursiven Prozesse hatte der Mensch bereits durch das Knoten gelernt. Denn die genaue Abfolge des Drüber und Drunter und Durch-sich-Hindurch einer Leine, die zum richtigen Knoten führt, ist bereits ein rekursiver Prozess.

Die Verdrillung von Fasern zu Garnen und schließlich zu Seilen oder Tauen wird in der Knotenliteratur allgemein als eine der bedeutendsten technologischen und kulturellen Errungenschaften des Menschen angesehen. Der Schritt von der Faser zum Garn ist für die Entwicklung des Menschen vielleicht noch wichtiger als der vom Faustkeil zur Axt. Vielen Forschern gilt die Entdeckung des Verdrillungsprinzips zur Herstellung von Leinen daher als einer der wichtigsten Entwicklungsschritte der Menschheit.[36] Die Erkenntnis dieses Sachverhalts ist untrennbar mit dem Begreifen von Leinen und Knoten verbunden. Nur wer ein Interesse an Leinen und Knoten hat, sich mit ihren Möglichkeiten und Komplexitäten beschäftigt und dadurch die Probleme (bei der Seilherstellung) und Lösungen

36 Charles Warner bezeichnet es als »major invention«; Warner (1996a), S. 20. Pieter van de Griend sieht darin einen kulturellen Entwicklungsschritt; vgl. van de Griend (1996): *Knots at Sea*, S. 136. Auch für die Aström-Brüder kann die Entdeckung des Verdrillungsprinzips als eine der wichtigsten Erfindungen bzw. Entdeckungen angesehen werden, vgl. Aström u. Aström (2018), S. 2. Für Adovasio et al. markiert die Handhabung von Leinen und Knoten den Beginn menschlichen Verhaltens; vgl. Adovasio et al. (2014): *Perishable Fiber Artifacts and Paleoindians: New Implications*, in: North American Archaeologist, S. 344.

(bei der Knotenverwendung) begreift, wird diesen menschlichen Entwicklungsschritt überhaupt erst erkennen. Die Ethnobotanikerin Saskia Wolsak von der University of British Columbia stellt fest, dass das Garn nicht nur eines der wichtigsten und mächtigsten Werkzeuge der Menschheit war, sondern auch in unserer heutigen Wahrnehmung das am meisten übersehene.[37]

Der Grund, warum die genannten Forscher eine so große Bedeutung in der Verdrillung von Fasern sehen, ergibt sich aus den Möglichkeiten, die dadurch aus einem einfachen Garn erwachsen. Vergleichen wir das Beil mit dem Garn. Welche der beiden Innovationen war anschlussfähiger für weitere Ideen und Produkte? Der am Stock befestigte Stein vergrößert die Wirkung derselben Bewegung. Die zum Garn gesponnenen Fasern aber sind der Grundbaustein für eine Vielzahl von Produkten mit sprichwörtlich Abertausenden von Einsatzmöglichkeiten, es sind die endlichen Mittel zur unendlichen Verwendung. Das Garn ist eine wahre Zündschnur für Gedanken, denn mit ihm wurde ein Entwicklungscode geknackt, mit dem der Mensch eine Fläche unendlicher Entwicklungsmöglichkeiten betrat. Leinen und Seile boten zahllose Anwendungsmöglichkeiten bei allen Herausforderungen des Alltags und der Jagd: Netze entstanden zum Jagen und Sammeln; Flechtwerk für Körbe; Gewebe für Segel und Kleidung. Von der einzelnen Faser bis zum fertigen Knoten waren nicht nur unzählige gedankliche und planvolle Schritte nötig – dieser Prozess lässt kaum einen Aspekt menschlichen Tuns und Erlebens aus.

Blicken wir genauer auf diesen Prozess. Wie mögen die Gedankenschritte von der Faser zum Gewebe ausgesehen haben, und weshalb kann diese Entwicklung einen sehr schlüssigen Beitrag bei der Erklärung der Sesshaftigkeit liefern?

37 Vgl. Jabr (2018): »Everybody knows about fire and the wheel, but string is one of the most powerful tools and really the most overlooked.«

Die Entwicklungsschritte der Menschen, die uns zu dem machen, was wir heute sind, werden in manchen Theorien Genmutationen zugeschrieben.[38] Den Sprung vom Ausschaben des Knochenmarks mit Steinwerkzeugen hin zur meisterhaften Bemalung von Höhlenwänden innerhalb weniger Tausend Jahre scheinen sich viele nicht anders erklären zu können als mit einer spontan auftretenden Genmutation beim Homo sapiens. Abgesehen davon, dass es eine fantasielose Theorie ist, lässt sie den Entwicklungsprozess von der Faser zum Garn komplett außen vor. Dabei zeigt die Entwicklung von Seilen und Geweben, wie kleine Veränderungen der selbst geschaffenen Umwelt ständig neue Gedanken provozierten. Schauen wir einmal genauer darauf: Jede technologische Entwicklung ist ein Prozess vom Einfachen zum Komplizierten und vom Groben zum Feinen. Bei der Rekonstruktion der Gedankenfolgen und Ideenentwicklung beginnen wir bei dem Zeitpunkt vor 40.000 bis 50.000 Jahren, an dem der Mensch begann, seine eigene Hardware herzustellen. Es ist davon auszugehen, dass der Mensch aus den Garnen zuerst gröbere Medien wie Seile entwickelte, bevor er feinere Objekte wie Gewebe damit erstellte, da die Verdrillung einfacher ist als das Weben. Mit dem Prinzip der Verdrillung wurden Stricke und Seile hergestellt. Mit diesen Seilen konnte man Schlingen für die Jagd knüpfen. Aus den Schlingen entwickelte sich die Idee ›viele Schlingen‹, die der Frühmensch in der Form des Netzes umsetzen konnte. Die erwünschte Beute, die dem großmaschigen Netz gerade noch entschlüpft, sieht er durch engere Maschen gefangen. Das engmaschigere Netz wiederum eignet sich auch zum Sammeln von Früchten, Zapfen, Nüssen oder Pilzen. Kleine Beeren aber fallen hindurch, und so findet der Mensch von der Netzstruktur zur

38 Harari basiert seine Spekulationen auf die »Baum der Erkenntnis«-Mutation und geht davon aus, dass der Entwicklungssprung reiner Zufall war und nur beim Homo sapiens auftrat. Neandertaler seien davon nicht betroffen gewesen. Vgl. Harari (2019), S. 34.

Flechtstruktur. Erste Taschen, Körbe und grobe Webdecken mögen entstanden sein. Je enger und weicher das Gewebe, desto mehr eignen sich diese Objekte auch zum Wärmen des Körpers. Auf dem Weg zu immer feineren Strukturen überträgt der Mensch das Prinzip des Flechtens auf Garne und entdeckt damit die Technik des Webens. Höhlenfunde in Georgien aus dem Jahr 2008 lassen darauf schließen, dass bereits vor mehr als 30.000 Jahren Menschen Garne miteinander verwebt, sie gefärbt und sich damit bekleidet haben.[39] Zwischen dem Elfenbeinstöckchen zur mutmaßlichen Seilherstellung und diesen Geweben liegen gerade einmal 10.000 Jahre. Wir können keinesfalls darauf schließen, dass die jeweiligen Entwicklungen in genau diesem Zeitraum stattgefunden haben. Möglicherweise konnten Menschen schon einige Tausend Jahre zuvor Seile und Gewebe herstellen. Die Neandertaler-Funde lassen zumindest darauf schließen. Jeder Schritt dieses Prozesses – von der Faser zum Garn, vom Garn zum Strick, vom Strick zum Seil, vom Seil zum Netz, und vom Netz zum Gewebe – lud den menschlichen Geist förmlich auf und dazu ein, den nächsten Schritt gedanklich vorwegzunehmen, bevor er ihn in die Tat umsetzte. Mit jedem Schritt erweiterte sich der Handlungsspielraum. Und mit diesem Handlungsspielraum wuchsen die Optionen und damit auch unser Denkspielraum.

Was nun hat dies alles mit dem Ackerbau zu tun?

Wir gehen davon aus, dass der Übergang vom Jäger und Sammler zum Landwirt und Viehzüchter sowie der erste Ackeranbau von Feldfrüchten vor etwa 10.000 bis 12.000 Jahren im heutigen Mittleren Osten erfolgte. Dieser Zeitraum wird als Beginn der neolithischen Revolution bezeichnet, der unabhängig voneinander an mehreren Orten der Erde im Laufe der folgenden 6000 bis 8000 Jahre stattfinden sollte. Dem Sprung vom Jäger und Sammler, der seine

39 Vgl. Belfer-Cohen et al. (2011): *Dzudzuana: an Upper Palaeolithic cave site in the Caucasus foothills*, in: Antiquity Journal, S. 344.

Eindrücke noch auf Höhlenwände bannt (etwa 18.000 Jahre vor unserer Zeit), zum sesshaften Landwirt von Nahrungsprodukten wird in der Literatur ein paar Tausend Jahre eingeräumt. Ein paar Tausend Jahre, um sich alle Kenntnisse des Landbaus und der Sesshaftigkeit anzueignen. Verglichen mit den Entwicklungsstadien zuvor und auch danach wäre das eine Turboentwicklung. Vielleicht haben unsere Vorfahren gar nicht erst vor 10.000 Jahren begonnen, Landbau zu betreiben. Vielleicht taten sie es bereits als Nomaden viele Tausende von Jahren zuvor und sammelten dabei Wissen um Anbau, Saat und Ernte, das sie später auf andere Früchte anwandten.

Wer mit den beschriebenen Vorkenntnissen der Flachsverarbeitung zu Schnüren, Seilen, Netzen, Knoten auf einmal beginnt, Stoffe zu weben und sogar zu färben, wie die Funde aus Georgien belegen – wie wahrscheinlich ist es, dass derjenige es planlos seinem Sammlerglück überlässt, den Rohstoff für ein so feines Produkt wie einen gewebten Stoff zu finden und zu ernten? Es ist schwer vorstellbar, dass unsere Vorfahren, die solch aufwändige Fertigungsmethoden wie die Seilherstellung erdachten, nicht in der Lage dazu gewesen sein sollen, durch bloße Beobachtung der Natur zu erkennen, wo, wie und wann Pflanzen keimen, wachsen und zu ernten sind. Wir stellen uns vor, dass erst mit dem Ackerbau vor 12.000 Jahren der gezielte Anbau von Feldfrüchten erfolgte. Diesen Übergang bezeichnen wir als neolithische Revolution. Ein gezielter Anbau erfolgt aber nicht erst mit einem Pflug, einer Harke und einem abgesteckten Feld, das man sein Eigen nennt. Die komplexen Herstellungsmethoden von Seilen und Geweben könnten bedeuten, dass Menschen schon weitaus früher um Stellen und Orte wussten, wo die Pflanzen gut wuchsen, und dort sogar systematischen Anbau betrieben.[40] Nur eben

40 Vgl. Budworth (2009): *Knoten: das Praxishandbuch,* S. 14. Geoffrey Budworth behauptet in der Einleitung seines Handbuchs für Knoten, dass

nicht für Ackerfrüchte und Nahrungsmittel, sondern für Flachs oder Hanf, welcher für die Weiterverarbeitung zu Leinen, Seilen und Geweben benutzt wurde. Hinter dem einschneidenden Übergang von einer Jäger- und Sammlergesellschaft in eine sesshafte, ackerbaubetreibende Gesellschaft verbirgt sich vielleicht nur eine fließende Weiterentwicklung von Anbaumethoden und eine Erweiterung von Feldfrüchten.

Die Entwicklung erfolgt auch hier vom Einfachen zum Komplizierten. Der Anbau und die Verarbeitung von Flachs ist aus folgenden Gründen einfach: Flachs ist nicht nur haltbar, sondern bedarf auch keiner sonderlichen Aufbewahrungsform. Er ist ungenießbar, weshalb keine Fressfeinde zu fürchten sind. Und er ist leicht und kann zu mobilen Produkten weiterverarbeitet werden. Man benötigt, sobald er verarbeitet ist, noch nicht einmal spezielle Transportmittel, um ihn von einem Ort an den anderen zu bringen, da seine Produkte buchstäblich am Leib getragen werden. Flachs ist die Ackerfrucht der Nomaden. Hanf wiederum verbindet tragbare und essbare Rohstoffe und könnte daher das Bindeglied zwischen dem Nomadentum und der Sesshaftigkeit sein. Ein Schweizer Forschungsteam hat herausgefunden, dass im heutigen China bereits vor 12.000 Jahren Hanf zur Textil- und Ölverarbeitung angebaut wurde.[41] Das Öl der Hanfpflanze bedarf erster Gefäße. Man entwickelte Aufbewahrungstechniken wie zum Beispiel Tontöpfe oder

der Ackerbau mit Flachs begann und nicht mit Weizen, leider ohne jede Quellenangabe. Tatsächlich geht Ofer Bar-Yosef, Archäologe der Harvard-Universität, davon aus, dass die Funde der Gewebereste in Georgien von wildem Flachs stammen und die modernen Menschen diesen »intensiv oder extensiv« verarbeitet haben. Vgl. Harvard-University (2009): *Archaeologists discover oldest-known fiber materials used by early humans*, in: EurekAlert! Science News, o. S.

41 Vgl. Ren et al. (2021): *Large-scale whole-genome resequencing unravels the domestication history of Cannabis sativa*, in: Science Advances, S. 3.

Krüge, wozu man wiederum Kenntnisse und Vorrichtungen für das Töpfern und später das Brennen der Keramik benötigte. Selbst diese Methoden erlaubten noch Zwischenformen aus Nomadentum und ersten einfachen Formen der Sesshaftigkeit. Die Ernte und Verarbeitung von Lebensmitteln wie Weizen oder Mais ist weitaus anspruchsvoller und voraussetzungsreicher als der Anbau von Flachs oder Hanf. Die Aufbewahrung von Weizen bedarf besonderer Sorgfalt, es gibt jede Menge Fressfeinde wie Mäuse und andere Nagetiere. Große Gefäße mussten untergestellt und am besten abgesperrt werden. Dafür benötigte man entsprechend haltbare bauliche Strukturen, nicht nur für die Aufbewahrung, sondern auch für die Menschen, die dort nun dauerhaft lebten. Die Weiterverarbeitung von Weizen zu Brot oder Alkohol erfordert eigene Werkstätten und Zeit. Man brauchte Verbindungswege vom Feld zu Orten der Aufbewahrung und Verarbeitung und schließlich geeignete Fortbewegungs- und Transportmittel. Anbau und Verwendung reiner Nahrungsmittel wie Weizen trieben durch ihre Ortsgebundenheit die Entwicklung verschiedener Technologien entscheidend voran. Kurzum: Zum Anbau von Nahrungsmitteln bedarf es eines komplexen Set-ups.

Der Anbau von Flachs dagegen konnte von einem Nomadenvolk bewerkstelligt werden. Sie mussten nur um die Wachstumsflächen und Reifezeiten der Pflanzen wissen, um zur Ernte zurückzukehren. In der Zwischenzeit konnten sie das genügsame Grasgewächs sich selbst überlassen. Die Geschichte von Leine und Knoten lässt den Schluss zu, dass der Mensch, noch bevor er den ersten Weizen anbaute, bereits Wissen um Saat, Wachstum und Ernte besaß, welches er durch den Flachs- und Hanfanbau Tausende Jahre lang gelernt hatte. Der Ackerbau mit Feldfrüchten zur Ernährung entstand, weil der Mensch ihn beherrschte. Es musste nicht extra etwas erfunden werden. Bestehende Kenntnisse wurden für andere Bedürfnisse genutzt. Die gängigen Erklärungen für die neolithische

Revolution vom Nomadentum zur Sesshaftigkeit beruhen auf klimatischen Veränderungen vor etwa 12.000 Jahren, leergejagten Regionen in der Levante, dem Domestizieren von Tieren oder dem Bau von größeren Kultstätten wie Göbekli Tepe in der heutigen Türkei, was größere Gruppen dazu zwang, längere Zeit an einem Ort zu verweilen. Sie beruhen auf Forschungsergebnissen verschiedener Disziplinen und liefern mehr oder weniger schlüssige Erklärungen. Eine interessante Theorie stammt vom deutschen Biologen Josef H. Reichholf, demzufolge der Weizen nicht in erster Linie der Herstellung von Nahrung diente, sondern der Vergärung zu Alkohol.[42] In den rauschhaften Zuständen könnten unsere Vorfahren in der Tat einen höheren Anreiz zur Sesshaftigkeit erkannt haben. Die Verarbeitung von Weizenkörnern zu Brot ist aufwändig und langwierig und am Ende hat man, na ja, ein Stück Brot in der Hand.

Die *eine* Erklärung kann es bei einem so komplexen Umbruch ohnehin nicht geben. Entwicklungen geschahen nicht unbedingt aus Zwang durch veränderte äußere Umstände, sondern vielleicht nur aus der Entscheidung zwischen zwei möglichen Wegen, zu denen der Mensch gleichermaßen fähig war. Weshalb sollte die Domestizierung von Tieren eine erzwungene Folge leergejagter Jagdgründe sein, wenn der Mensch nicht auch durch Leine und Knoten das Fangen, Festbinden, Halten und Leben mit Tieren so gelernt haben könnte? Wir haben schließlich nicht überlebt, weil unsere Vorfahren immer das größte Risiko suchten, sondern weil sie dank des rekursiven Denkens Methoden entdeckten, mit denen sich das Risiko minimieren ließ. Das Domestizieren von Tieren durch Leine und Knoten war langfristig gesehen weitaus sicherer als die Jagd auf Großwild. Der Blick durch die Knotenbrille erweitert nicht nur unser Verständnis von Intellekt und Denkweise unserer

42 Vgl. Merkel (2008): *Am Anfang war das Bier – und nicht der Hunger*, in: Die Welt, o. S.

Vorfahren, sondern bereichert unsere Sicht auf ihre Optionen, die ihnen zur Verfügung standen. Wir sehen zwar nichts mehr von all den Leinen und Knoten, die die Menschen über Jahrtausende verwendeten, es gibt kaum Funde, und nur wenige Artefakte, zu denen wir uns die Verwendung von Leinen und Knoten hinzudenken können. Aber wir können uns die Fragen stellen, die kaum ein Werk zur Menschheitsgeschichte jenseits der Knotenliteratur je kümmerte: Wie haben unsere Vorfahren gejagt, bevor sie ihr Arsenal mit Speeren und Pfeilen und Bögen erweitert haben? Wie wurden diese Waffen gebaut? Wie haben unsere Vorfahren wohl ihre ersten Behausungen gebaut, und wie wurden Holzstämme für Dächer und Flöße zusammengehalten? Worin sammelten Menschen ihr Essen? Wie haben sich Menschen gekleidet? Wie wurden Tiere davon abgehalten wegzulaufen, um sie domestizieren zu können? Wie wurden die Monolithen nach Stonehenge transportiert und dort aufgerichtet? Wie wurden die Steine zu den Pyramiden gebracht? Wie wurde das Kolosseum in Rom gebaut? Wie hielten Gerüste zum Bau von Kirchen und Kathedralen? Diese Liste an rhetorischen Fragen ließe sich endlos weiterspinnen. Nichts wäre entstanden ohne Fäden, Leinen, Seile und Tauwerk. Ebenso wie in allen anderen Büchern über die Anfänge der Menschheit konnte auch hier oft nur spekuliert werden. Aber die Geschichte der Menschheit zu erzählen, ohne die Bedeutung von Leinen und Knoten für unsere Vorfahren anzusprechen, ist so, als ob man die Geschichte der Globalisierung erzählt, ohne Strom-, Telefon- oder Glasfaserkabel zu erwähnen.

Begreifen der Welt

Bewegen wir uns nun von den Theorien, die auf Funden, Untersuchungen und Analysen beruhen, hin zu den ältesten *Quellen*, die uns zur Verfügung stehen. Den vorherigen Befunden zufolge müssten sich auch in den Schöpfungsgeschichten und Mythen Hinweise auf die Bedeutung von Leinen und Knoten finden. Kommen Leinen und Knoten überhaupt vor, werden sie so genannt, oder gibt es Metaphern, hinter denen sie sich verstecken?

Schöpfungsgeschichten sind urmythologische Erzählungen reich an Bildern, Allegorien und Metaphern. Einem Tier werden wir dabei immer wieder begegnen, quer durch alle Geschichten der unterschiedlichsten Kulturen: der Schlange. Die Schlange ist nicht nur zoologisch gesehen ein Tier, das so gut wie auf der ganzen Erde verbreitet ist. Sie ist auch mythologisch gesehen eine Gestalt, die in wohl jeder Mythologie der Menschheit auftaucht. Sie gehört in der Tat zu den bedeutungsschwersten Symbolen, die wir kennen, denn in den alten Überlieferungen aus Kulturkreisen des ganzen Erdballs weist sie immer wieder unterschiedliche, sich geradezu widersprechende Eigenschaften auf. Sie wird als klug angesehen, aber auch als heimtückisch. Sie steht für Gesundheit wie für Unheil. Mal wird ihre Weisheit geschätzt, dann wieder ihre Doppelzüngigkeit gefürchtet. Sie symbolisiert die Gefahr genauso wie den Schutz. Im schlimmsten Fall symbolisiert sie das Teuflisch-Tödliche, aber dann, aufgrund ihrer Häutung, auch die Wiedergeburt. Und als *Uroborus*, also die Schlange, die sich in den eigenen Schwanz beißt, ist sie Symbol des ewigen Kreislaufs. Als sei dies nicht verwirrend genug, stammen gegensätzliche Bilder zum

Teil aus denselben Kulturkreisen. Unter anderem hatten weder die ägyptische Götterwelt noch die griechische Mythologie, die chinesischen Mythen oder auch die Bibel eine eindeutige Haltung zur Schlange.

Uns modernen Menschen erscheint dies alles widersprüchlich. Ja was denn nun? Ist die Schlange gut oder böse? Unser Verstand, der nach Eindeutigkeiten sucht, empfindet es als widersinnig, wie ein Tier Symbol für solch unterschiedliche, sich widersprechende Eigenschaften sein kann. Wir können die Schlange nicht verstehen, wenn wir sie nicht als eine Metapher begreifen. Daher müssen wir zuerst ergründen, was unsere Vorfahren mit einer Schlange assoziierten. Stellen wir uns daher eine Leine vor und legen diese um einen Baum, sodass beide Enden vor uns liegen. Wenn wir nun an einem Ende ziehen, dann bewegt sich das andere Ende der Leine in entgegengesetzter Richtung und verschwindet hinter dem Stamm. Kleinkinder und Katzen sind damit zu beeindrucken und lassen sich von dieser scheinbar unberührten Leine täuschen. Der Mensch der Frühzeit – und sicherlich auch der Postmoderne – kann nur eine einzige Assoziation mit diesem gliederlosen Bewegungsablauf haben: die Schlange. Sie ist die Zoomorphisierung der Leine, also das Erkennen einer tierischen Gestalt in einem Gegenstand.

Im Gegensatz zu Knoten in der Mythologie füllt die Auseinandersetzung mit Schlangen in ihrer Form als mythische Wesen problemlos ganze Bibliotheken. Für unsere Zwecke sollen nur einige Beispiele herangezogen werden, um einerseits das widersprüchliche Wesen der Schlange für den Menschen, unabhängig von den Landschaften, die er bewohnte, den Kulturen, die er schuf, den Göttern, zu denen er betete, und den Zeiten, in denen er lebte, zu illustrieren. Andererseits soll die assoziative Nähe von Schlangen, Leinen und Knoten gezeigt werden. Im Bewusstsein völliger Unvollständigkeit der Beispiele können wir anschließend dennoch den tieferen Zusammenhang von Schlangen und Leinen ergründen und versuchen, die Frage nach dem widersprüchlichen Wesen der Schlange zu beantworten.

Die alten Ägypter hatten eine große Vorliebe für Tierdarstellungen und für Götter mit Menschenkörpern und Tierköpfen. In ihrem Verhältnis zu Schlangen zeigen sich die gegensätzlichen Wirkungen vielleicht am stärksten. Die fürchterlichste Gottheit der Ägypter, ein dunkles, unheilvolles, gefährliches und unbesiegbares Wesen, war der Schlangengott Apep. Er war der Erzfeind der Sonne und Anführer von Dämonen. Gleichzeitig huldigten die Ägypter in der Göttin Renenutet einem Schlangenwesen, das durchweg positiv besetzt war und für Fruchtbarkeit, Nahrung und Gedeihen von Mensch und Natur stand. Sie mag das Vorbild für die Uräusschlange sein, die man sehr häufig in Form der Kobra auf den Kopfbedeckungen der Pharaonen sieht. Die Uräusschlangen hatten auch einen sogenannten *apotropäischen* Charakter, man sprach ihnen also eine unheilabwendende und vor Übel bewahrende Wirkung zu. Im Laufe der Zeiten verschmolz Renenutet mit der Hauptgöttin Isis. Es gibt Figuren dieses schlangenförmigen Wesens mit weiblichem Oberkörper und schlangenhaftem Unterleib. Isis war lange vor der Verschmelzung schon eine der wichtigsten Gottheiten des alten Ägyptens. Sie stand für Geburt, Wiedergeburt und Magie. Eines der Hauptattribute von Isis war der Knoten, den sie zwischen den Brüsten trug, den sogenannten Knoten der Isis oder auch Tjet, Tet oder Tat genannt, als Zeichen der Unsterblichkeit.

Einem Halb-Mensch-halb-Schlange-Wesen begegnen wir auch in der chinesischen Mythologie mit der chinesischen Göttin Nu-Wa, die ebenfalls den Unterleib einer Schlange hatte. In der chinesischen Schöpfungsgeschichte ist sie es, die Menschen aus gelbem Lehm schafft. Zuerst hatte sie Spaß daran, kleine Figuren zu kneten, die fröhlich um sie herumtanzten. Irgendwann setzte bei der Göttin ein nur allzu menschliches Gefühl ein: die Langeweile. Die Erde war groß, und sie hatte erst wenige Figuren erschaffen, es war also noch einiges

Abb. 4: Die chinesischen Gottheiten Nu-Wa und Fuxi.

zu tun. Weil ihr die Kneterei zu mühselig war, nahm sie sich eine Leine zu Hilfe, die sie durch den Lehm zog. Die kleinen Lehmbatzen, die dabei herunterflogen, wurden zu Menschen. Während aus den geformten Lehmmenschen die noblen und reichen Menschen entstanden, waren die kleinen Lehmbatzen die Vorfahren der Armen und des niederen Volkes. Die Leine ist hier ein Mittel der List, um sich Zeit zu sparen, und Menschen ›am Fließband‹ zu erschaffen.[43] In Darstellungen sieht man Nu-Wa verschlungen mit einem anderen schlangenartigen Wesen: Fuxi. Fuxi wiederum war der Sage nach Lehrmeister der Menschheit, der ihnen unter anderem das Fischen mit Netzen beibrachte sowie die Webkunst. In dieser Geschichte überschlagen sich förmlich die Leinen-Schlangen-Assoziationen. In China war die Schlange seit jeher sowohl Symbol der Weisheit und Intelligenz als auch Symbol der Furcht.

In der griechischen Mythologie begegnen wir einem ganz ähnlichen Bild. Ihr zufolge beginnt unsere Welt mit zwei ineinander verknoteten Schlangen, der alterslosen

43 Vgl. Chen (1996): *The art of Chinese Knotwork: a short story*, in: World Scientific, S. 89.

Zeit und Ananke, der Notwendigkeit. Dieser kosmo-chaotische Urzustand jenseits von Raum und Zeit, in dem sich Wesen selbst befruchten, um wieder andere Schlangen zu gebären, und andere Ur-Götter zeugen, die eigentlich vor ihnen schon da waren, ist so gigantisch, wirr, überirdisch, abgefahren, dass sich die spektakulärste Marvel-Verfilmung dagegen ausnimmt wie ein Standbild auf einen wachsenden Grashalm.[44] Schlangen sollten bei den alten Griechen eine noch viel wichtigere Rollen spielen: Apollon erschlug die große Schlange Pythia, deren Namen künftig die Priesterinnen trugen, durch die die Weissagungen des berühmten Orakels von Delphi erfolgten. Wir kennen die Schlangen vom Haupt der Medusa. Dem kleinen Herakles legte die Göttin Hera zwei Schlangen in die Wiege, um ihn zu töten. Bis heute ist der Asklepios-Stab, um den sich eine Schlange schlängelt, Symbol von Ärzten und Apotheken und steht für Heilung und Gesundheit.

Natürlich findet sich auch in den griechischen Sagen ein Mischwesen mit dem Oberkörper eines Menschen und einem Schlangenfuß. Angesichts dieser urmythologischen Erscheinung erfüllte dieses Wesen einen vergleichsweise administrativen Job, nämlich das Königsamt von Athen. Sein Name war Erichthonios, und er war der Sohn der ewigen Jungfrau Athene. Die Umstände seiner Zeugung sind dabei durch die Knotenbrille betrachtet äußerst aufschlussreich. Der Gott des Feuers und der Schmiedekunst, Hephaistos, war der Überzeugung, dass ihm Athene als Frau zustünde. Athene, selbst das Sinnbild der Schönheit und Weisheit, war ganz anderer Ansicht. Der kleine unansehnliche Hephaist war sicherlich nicht der gesprächigste unter den Göttern, und sein Charme hielt sich offenbar auch in Grenzen, sodass er sich zum letzten Mittel genötigt sah und Athene mit Gewalt nehmen wollte. Nach einer wilden Jagd hatte er die Göttin wohl endlich in eine Ecke gedrängt, sodass sie

44 Vgl. Calasso (2001): *Die Hochzeit von Kadmos und Harmonia*, S. 218.

sich zu ihm umdrehte und dabei ihr Kleid für einen Moment den Blick auf den nackten Schenkel freigab. Die Mythen kennen viele Grausamkeiten. Diese Szene allerdings entbehrt nicht einer gewissen Komik. Für Hephaist, dessen Lust sich während der Verfolgung bereits unerträglich steigerte, war der Anblick nackter Haut zu viel und er – ejakulierte. Und zwar mitten auf Athenes Schenkel. Noch während Hephaist um seine Sinne rang, blickte Athene angewidert auf die Sauerei, wischte mit spitzen Fingern, in denen sie ein Wollknäuel hielt, das Ejakulat weg und warf es voller Ekel zu Boden. Dort kam es dann mit der Erde Gaia zur Zeugung. Und das Resultat war der schlangenbeinige Erichthonios. Er ist das Schlangenwesen, das aus einem Wollknäuel (*ἔριον, erion*: Wolle; daher auch sein Name Eri-chthonios), göttlichem Samen und der Erde entstand. Würde man die Eigenschaften der Eltern betrachten, dann müsste man ihm eine gewisse Handwerkskunst von Hephaist sowie die Weisheit von Athene unterstellen. Und in der Tat verdanken wir dem Erichthonios eine Erfindung, in der sich beide Qualitäten auf das Beste vereinen: Da er selbst nicht gehen konnte, erfand er das Rad. An diesem Punkt nun wird es geradezu metaphysisch, und es ist ein Beispiel dafür, wie sich in den Mythen eine Wahrheit spiegelt, die sich sogar über die vierte Dimension, die Zeit, erhebt. Denn das Rad verbinden wir zwar immer mit der Möglichkeit der Fortbewegung. Dabei sollte es aber noch eine andere wichtige Funktion erfüllen, die selbst den alten Griechen zu der Zeit noch unbekannt war, denn es tauchte nach allem, was wir wissen, erst vor etwa 1500 Jahren in China und Indien auf und verbreitete sich ab dem 13. Jahrhundert in Europa: das Spinnrad, mit dem Wolle zu Garnen gesponnen wird.

In der nordischen Sagenwelt begegnen wir der finsteren Midgardschlange. Sie umschlingt die ganze Welt, bis sie sich wieder in den eigenen Schwanz beißt. Im großen Gefecht der Götterwelt, *Ragnarök*, kommt es zum Showdown zwischen Thor und der Midgardschlange, bei dem beide zugrunde gehen.

Wenn wir an Bibel und Schlange denken, dann fällt den meisten zuerst der Sündenfall ein. Dieses negative Image sollte das Bild der Schlange im Christentum maßgeblich prägen. Dabei gibt es auch Stellen, aus denen ein mehrschichtiger und sogar positiver Charakter der Schlangen herauszulesen ist. Im vierten Buch Mose schickt Gott feurige Schlangen auf das sündige Volk. Moses betet zu ihm, davon abzulassen. Gott erhört ihn unter einer Bedingung: »Mache dir eine eherne Schlange und richte sie zum Zeichen auf; wer gebissen ist und sieht sie an, der soll leben.« (4. Mose 21,8) Die Schlange wird zum Heilsbringer. Der Evangelist Johannes vergleicht sie sogar mit Jesus: »Und wie Mose in der Wüste die Schlange erhöht hat, so muss der Menschensohn erhöht werden, auf dass alle, die an ihn glauben, das ewige Leben haben.« (Johannes 3,14–15)

Als sich im frühen Christentum noch keine einheitliche Organisationsform durchgesetzt hatte und Dogmen nicht vorschrieben, woran und wie zu glauben sei, gab es noch einen positiven Bezug zu den schlangenartigen Verschlingungen von Knotendarstellungen. Bis in die Romanik des 13. Jahrhunderts zierten Knotenfriese und Knotendarstellungen Eingänge zu Kirchen, den Rand von Kelchen, die Kapitelle von Säulen oder sogar die Säule selbst und nicht zuletzt die Illustrationen auf Pergament. Man schrieb den Knoten wohl auch hier noch den *apotropäischen* Charakter zu.[45] In dieser Anfangszeit sieht man auch noch häufig den Salomonsknoten. Dieser besteht aus zwei zu einem Kreuz verschlungenen Schlaufen ohne Anfang und Ende. Man kannte ihn im mesopotamischen Raum seit mindestens 4500 Jahren. Eine kleine Steinplatte aus der Zeit 2600 bis 2400 vor Christus, die sich im Louvre mit der Inventarnummer SB 2724 befindet, zeigt den Salomonsknoten, wobei die beiden Schlaufen jeweils sich in den Schwanz beißende Schlangen sind.[46]

45 Vgl. Zischka (1977), S. 39.

46 Siehe dazu: https://collections.louvre.fr/en/ark:/53355/cl010128002.

Er war also lange vor den Christen ein bekanntes Symbol. Da er im christlichen Kontext der Frühzeit so oft auftaucht, hält die Volkskundlerin Ulrike Zischka es für ausgeschlossen, dass es sich hierbei um einen Zufall handele.[47] Er diente vielmehr den ersten Christen als Symbol ihres Glaubens, zurückreichend bis ins 3. Jahrhundert, also keine fünf Generationen nach Jesus, und ist heute noch auf den Mosaikböden der Basilika von Aquileia zu finden.

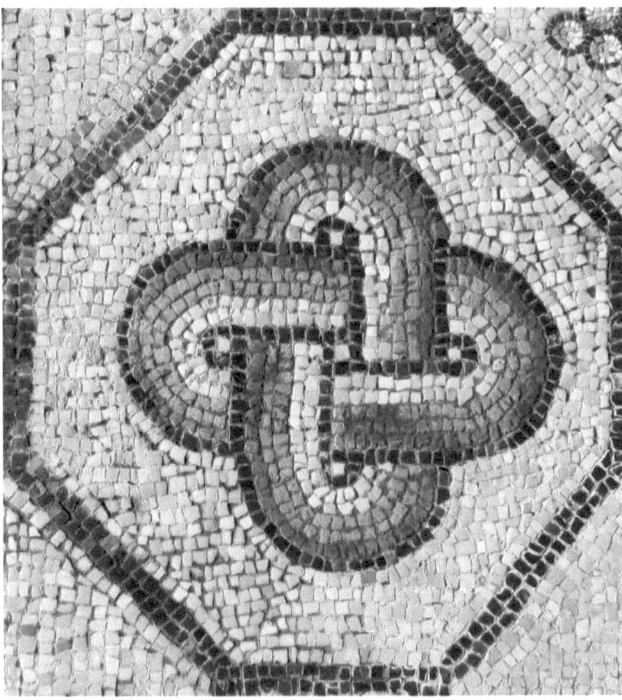

Abb. 5: Salomonsknoten auf dem Mosaikboden der Basilika von Aquileia, etwa 4. Jahrhundert nach Christus.

47 Vgl. Zischka (1977): *Zur sakralen und profanen Anwendung des Knotenmotivs*, S. 44 f.

Die Mehrdeutigkeit dieses Knotens und seine Abstraktion vom Kreuz Christi bewirken eine spirituelle Rätselhaftigkeit. Die unmissverständliche Eindeutigkeit eines mit Nägeln ans Kreuz geschlagenen blutenden Schmerzensmannes sollte als Machtsymbol für eine hierarchische Organisation wie die Kirche in den folgenden Jahrhunderten allerdings weit besser funktionieren. Noch bis ins frühe Mittelalter war die Knotenornamentik eindeutig positiv besetzt. Vollständig gelöst von der frühmittelalterlichen Knotenornamentik im sakralen Kontext hat sich die Renaissance mit ihrer sich auf die Antike beziehenden Geradlinigkeit. Knoten wurden nun sinnbildlich als Probleme angesehen, die es zu lösen galt. Dabei entstand die Vorstellung der Maria Mutter Gottes als Knotenmadonna. Es gibt eine Textstelle bei Irenäus von Lyon aus dem 2. Jahrhundert nach Christus, wonach der Ungehorsam Evas, gleichsam einem Knoten, vom Gehorsam Marias wieder gelöst wurde. Auf einem Bild um 1700 in der Kirche St. Peter am Perlach in Augsburg wird Maria als Knotenlöserin dargestellt. Und wieder begegnen wir der altbekannten Assoziation aus Leine und Schlange: Mit den Händen löst sie dort verknotete Bänder. Mit den Füßen zertritt sie eine verknotete Schlange. Die Wandlung beider Symbole, der Schlange wie auch der verknoteten Leine, zur Metapher für Unheil und Problem ist vollends vollzogen. Dieses Bild hat auf Papst Franziskus, als er es während seiner Zeit in Deutschland entdeckte, einen tiefen Eindruck gemacht. Seine Begeisterung löste eine Verehrung der ›Knotenlöserin‹ in Argentinien und ganz Südamerika aus. In Europa eher unbekannt ist sie in Südamerika in den letzten drei Jahrzehnten zu einem der populärsten Marienbildnisse geworden – in diesem Zeitraum wurden ihr viele Kirchen geweiht.

Schönheit und kunstvolle Verschlingungen bei Schlangen und Lindwürmern waren gerade für keltische Völker zentrale Motive. Unter den Schätzen von Sutton Hoo, angelsächsische Relikte aus dem 7. Jahrhundert nach Christus, befinden sich Gegenstände mit atemberaubenden Verzierungen, unter anderem die Gürtelschnalle, in der ein kleine Dose verborgen ist. Die Knoten und Verflechtungen, die sich bei genauerem Hinsehen unter anderem als Lindwürmer und Wyvern, also heraldische Drachen, entpuppen, sollten vermutlich den kostbaren Inhalt bewachen (eine Abbildung dazu findet sich im Kapitel *Knoten in der Kunst*, S. 120, Abb. 8).

In vielen volkstümlichen Sagen und Märchen genossen Schlangen hohes Ansehen und Respekt und galten als glücksbringende Hausgeister. Bei den alten Balten schätzte man sich glücklich, wenn eine Schlange sich um das Haus niederließ, und man fütterte sie sogar wie ein Haustier. Die Schlange wird in anderen Teilen der Welt zum Vorbild für ein kunstvolles Band und sogar Symbol der Liebe. Michel de Montaigne berichtet in seinem Essay *Über die Menschenfresser* von den südamerikanischen Tupinambá.[48] Er erkannte in ihnen eine Art Idealzustand: »Menschen, frisch aus Götter Hand. Dies sind Geschlechter, die fürwahr Natur am Urbeginn gebar.« Er war so fasziniert von dem indigenen Volk, dass er einige Gegenstände in seinem Turm sammelte, wo er ebenfalls seine Bibliothek beherbergte. In der Aufzählung erwähnt er neben Holzschwertern und Armbändern auch Schnüre. Leider geht Montaigne nicht weiter darauf ein, was es damit auf sich hatte. Mit dem Wissen um die Knotenschrift Quipus bei den Mayas lässt sich zumindest vermuten, dass es sich dabei um kleine persönliche Notizbücher gehandelt haben mag, mit denen sie Ereignisse und Daten festhielten. Doch kehren wir zurück zum Thema des Kapitels, der Assoziation zwischen Schlange und Leine. Montaigne berichtet nämlich auch von einem Liebeslied der Tupinambá, dessen Verskunst er auf Augenhöhe mit der klassischen Dichtkunst sah. Wie Sarah Bakewell in ihrem Buch über Montaigne zeigte, hatte dieses *Liebeslied eines Kannibalen* eine große Wirkung auf die deutschen

48 Vgl. Montaigne (2011): *Essais*, S. 109–115.

Romantiker.[49] Es wurde von Ewald Christian von Kleist, Johann Gottfried Herder und Johann Wolfgang von Goethe übersetzt. Bei Montaigne, in der Übersetzung von Hans Stilett, heißt es:

> Schlange, halt ein, halt ein, Schlange, damit meine Schwester nach dem Muster deiner Farbenpracht Form und Flechtart eines gleich prächtigen Bandes gestalte, das ich meiner Liebsten schenken will; so sollst du mit der Schönheit deiner Ornamente für alle Zeiten alle andern Schlangen übertreffen![50]

Halten wir noch einmal fest: Den Assoziationen zwischen Schlangen, Leinen, Knoten und Flechten und der Zoomorphisierung von Leinen zu Schlangen begegnen wir immer wieder an allen Orten dieser Welt unabhängig voneinander. In den oben genannten Beispielen wird die Schlange mit folgenden Qualitäten assoziiert: Weisheit, Klugheit, Listigkeit, Heimtücke, Schönheit sowie die Verbreitung von Furcht, Tod und Unheil, aber auch Glück, Gesundheit, Erkenntnis, Liebe und das Gewähren von Schutz. Wenn wir die anfangs gestellte Frage beantworten wollen, wie ein Tier solch eine Fülle an kräftigen, aber sich widersprechenden Eigenschaften in sich vereinen kann, müssen wir von der Schlange noch einmal zurückgehen zur Leine und versuchen, uns die Bedeutung einer Leine für Menschen der Vorzeit vorzustellen. Was stellte dieser Gegenstand für sie dar?

Zuerst einmal handelte es sich für sie um keinen schnöden unbelebten Gegenstand, den unsere aufgeklärte, postmoderne Wahrnehmung darin sieht. Auch wenn wir es nicht mit Sicherheit sagen können, liegt es nahe, dass es für unsere Jäger-und-Sammler-Vorfahren

49 Vgl. Bakewell (2013): *Wie soll ich leben? oder Das Leben Montaignes in einer Frage und zwanzig Antworten*, S. 210.
50 Vgl. Montaigne (2011), S. 115.

keine unbelebten Gegenstände gab. Zumindest nicht in dem Sinn, wie unsere Wegwerfkultur das kennt. Von Naturvölkern rund um den Erdball weiß man, dass für sie alles beseelt ist oder, anders gesagt, animiert (von Latein: *animus* für Geist oder Seele). Der Animismus erkennt in allen Dingen, sogar Steinen, eine Seele. Aus diesem Grund gehen viele davon aus, dass unsere Vorfahren lange vor den Religionen eine animistische Weltsicht pflegten. Unsere Vorfahren waren die ersten Hochseilartisten, wenn es darum ging, Flüsse oder Schluchten zu überqueren. Wir können sie leider nicht mehr befragen, um ihr Verhältnis zu den Seilen nachzuempfinden. Aber wir können einen Zeitgenossen befragen, dessen Leben und Überleben sich heute noch so stark um das Seil dreht wie das unserer Vorfahren – womöglich sogar noch stärker. Es handelt sich dabei um einen verrückten Franzosen namens Philippe Petit, der in den 1970er Jahren mit einem der waghalsigsten Hochseilakte, die die Menschheit jemals gesehen hat, weltweite Berühmtheit erlangte: Er überquerte die Distanz zwischen den beiden Türmen des World Trade Centers in New York auf einem Drahtseil. Zahlreiche weitere schwindelerregende Hochseilakte sollten noch folgen. Sein Blick auf den Raum ist dabei vergleichbar mit dem Blick unserer Vorfahren auf ihre Umwelt. Genauso wie sie Wege und Möglichkeiten der Überquerung finden mussten, sieht auch Petit Wege im urbanen Raum, die sonst keiner sieht – oder an die niemand nur im Traum denken würde. Er durchbricht mit seinen kühnen Verbindungen die klare Ordnung zementierter und geteerter Mobilitätsangebote postmoderner urbaner Orte. Er schafft einen Weg, wo zuvor keiner war. Sein Fühlen gibt uns daher einen Einblick in die tiefen Schichten der menschlichen Psyche zu den Zeiten, als ein Leben sich größtenteils um die Herstellung und Verwendung von Schnüren, Stricken oder Seilen drehte und um die Suche nach Wegen. In seinem hinreißenden Knotenbuch *Why knot?* (ein beliebter Titel unter englischsprachigen Knotenenthusiasten, da auch Charles Warner seinen Artikel so nannte und Carol Strohecker ihre Dissertation) deklariert er bereits im Einleitungskapitel: »I am of the opinion that all ropes – fiber ropes, wire ropes – are alive.«[51] Seiner Ansicht nach steckt in einem Faserseil noch das Leben der Pflanze, von der es stammt.[52] Es zieht sich bei Nässe zusammen, gefriert bei Eiseskälte und verrottet bei Nicht-Benutzung.

Auf einen animistisch fühlenden Menschen vor Tausenden von Jahren hat nicht nur der Strick oder das Seil bereits eine lebendige Ausstrahlung. Es muss eine tiefe Wirkung gehabt haben, einen einfachen losen Strick mit wenigen Handgriffen in unterschiedliche Werkzeuge verwandeln zu können, ihn wieder aufzulösen und ihm innerhalb weniger Sekunden eine neue Bestimmung zu geben. Die Verwandlung einer Leine schließlich hat etwas Magisches. Magie bedeutet die Umkehrung von Ursache und Wirkung, wie auch im Denken unserer Vorfahren das Prinzip von Ursache und Wirkung oftmals entgegengesetzt wahrgenommen wurde. Nur durch den Sonnentanz war für manche Naturvölker gewährleistet, dass die Sonne am nächsten Tag wieder aufgeht. Ein Mensch der Vorzeit, der einen neuen Knoten entdeckte, entweder durch Probieren oder Abschauen, empfand sich selbst nicht als Erfinder oder Entdecker des Knotens. Vielmehr gab die Leine etwas preis, das ohnehin schon in ihr angelegt war. Wenn die Leine nämlich diesen Knoten, der immer eine Lösung für ein Problem darstellte, und alle bereits bekannten Knoten in sich trägt, wie viele andere Knoten mag sie noch enthüllen, um wie viel mehr Lösungen mag sie noch *wissen*?

Eine solche Leine erscheint vielmehr wie ein Gegenstand voll unentdeckter Weisheit. Wo Menschen dank einer Leine unwegsames

51 Petit (2013): *Why knot? How to tie more than sixty ingenious, useful, beautiful, lifesaving, and secure knots!*, S. 23. (zu Deutsch: »Ich bin der Meinung, dass alle Leinen – Faserseile, Drahtseile – lebendig sind.«)
52 Vgl. ebd., S. 25.

Gelände durch- oder überqueren konnten, bot sie Schutz und Sicherheit. Mit ihr ließen sich die Naturmächte austricksen, sie war ein Mittel der List, wie wir im nächsten Kapitel noch sehen werden. Leinen und Knoten spielten seit Urzeiten im Totenkult eine große Rolle. In prähistorischen Grabstätten fand man Leichen in sehr enger gehockter Position. Man band sie noch vor der Leichenstarre zusammen, aus Angst, dass sie sonst noch einmal aus dem Grab steigen könnten. Knoten finden sich bei vielen Kulturen als Grabbeigaben, um böse Mächte zu bannen. Und in der Einheit von Menschen, sei es durch Freundschaft, Verwandtschaft oder Ehe, dürfte ein verbindendes Band oder ein dekorativer Knoten schon sehr lange ein Symbol der Treue gewesen sein. Gleichzeitig waren Leinen schon zu Urzeiten den Gesetzen des Verschleißes unterworfen. Sie gingen kaputt. Das wiegt umso schwerer, als eine Leine nur dann kaputtgeht, wenn man sie gerade benutzt. Auf einmal reißt sie, ohne dass man zuvor etwas geahnt hätte. Diese Eigenschaft, die nicht selten von tödlicher Konsequenz gewesen sein dürfte, ließ eine Leine unberechenbar und heimtückisch erscheinen. Viele wichtige Knoten der Vorzeit dürften daher nicht ohne Spuren von Furcht oder Ehrfurcht gebunden worden sein. Es gibt also so gut wie keine Eigenschaft einer Leine, die sich nicht auf die Schlange übertragen hätte. Wenn wir in der Schlange eine Zoomorphisierung der Leine erkennen, dann ist ihr so scheinbar widersprüchliches Bild auf einmal plausibel.[53]

Kommen wir noch einmal auf die biblische Schöpfungsgeschichte zurück, wo wir dem Motiv der Schlange begegnen. Werfen wir

53 Das soll nicht bedeuten, dass die Schlange nicht noch weitere Assoziationen weckte, die mit Leinen wenig oder nichts zu tun haben. Aufgrund ihres phallischen Charakters stand sie auch für Erotik und Fruchtbarkeit; vgl. Chao (1979): *The Snake in Chinese Belief*, in: Folklore, S. 197. Ihre Anwesenheit auf Feldern war für Bauern ein Zeichen günstiger Witterung (vgl. ebd., S. 201).

einen Blick auf die Stelle des Sündenfalls, dieses Mal aber durch die Knotenbrille:

> 1 Und die Schlange war listiger als alle Tiere auf dem Felde, die Gott
> der HERR gemacht hatte, und sprach zu der Frau: Ja, sollte Gott
> gesagt haben: Ihr sollt nicht essen von allen Bäumen im Garten? 2 Da
> sprach die Frau zu der Schlange: Wir essen von den Früchten der
> Bäume im Garten; 3 aber von den Früchten des Baumes mitten im
> Garten hat Gott gesagt: Esset nicht davon, rühret sie auch nicht an,
> dass ihr nicht sterbet! 4 Da sprach die Schlange zur Frau: Ihr werdet
> keineswegs des Todes sterben, 5 sondern Gott weiß: an dem Tage, da
> ihr davon esst, werden eure Augen aufgetan, und ihr werdet sein wie
> Gott und wissen, was gut und böse ist. 6 Und die Frau sah, dass von
> dem Baum gut zu essen wäre und dass er eine Lust für die Augen
> wäre und verlockend, weil er klug machte. Und sie nahm von seiner
> Frucht und aß und gab ihrem Mann, der bei ihr war, auch davon und
> er aß.
> (1. Mose 3,1–6)

Es beginnt damit, dass die Schlange, die ebenso von Gott geschaffen war, listiger war als alle Tiere auf dem Felde. In der Antike war die List noch positiv besetzt im Sinne der Schlauheit, Klugheit und sogar Weisheit. Die List hat erst im Laufe der letzten Jahrhunderte eine zweischneidige Bedeutung bekommen. Sie hat etwas mit Trickserei zu tun, im schlimmeren Falle sogar mit ›Betrügen‹ oder ›Hintergehen‹, »das hinterhaltige rechnen zu gunsten eines eigenen vortheils«,[54] wie es im Grimm'schen Wörterbuch zu lesen ist. Jedenfalls steckt in ihr keine moralisch einwandfreie Motivation mehr.

54 Deutsches Wörterbuch von Jacob Grimm und Wilhelm Grimm, digitalisierte Fassung im Wörterbuchnetz des Trier Center for Digital Humanities, Version 01/23, Bd. 12, Sp. 1065.

In neueren Übersetzungen wird statt ›listiger‹ der weniger verfängliche Begriff ›schlauer‹ verwendet, der wohl eher dem antiken Verständnis von List entspricht. Durch das Essen des Apfels bekommen Adam und Eva einen Begriff von Gut und Böse. Dabei ist es augenfällig, dass das eindimensionale Bild der Schlange, das nur das Böse in ihr hervorhebt, schwer aufrechterhalten werden kann, wenn man bedenkt, dass durch sie erst die Erkenntnis des Guten ermöglicht wurde. Die Bibel definiert an diesem Punkt Erkenntnis als das Wissen um zwei Gegensätze. Nur wenn man um das eine weiß, bekommt man einen Begriff vom anderen (auf dieses Prinzip des Dualismus kommen wir später noch genauer zu sprechen). Die Verwendung von Leinen und Knoten erzeugen dualistische Situationen. Selten handelt es sich um eine in sich geschlossene Aktion mit einer klaren Motivation am Anfang und dem gewünschten Ergebnis am Ende. Sie schafft über die eigentliche Aktion hinaus immer einen *unbeabsichtigten Bedeutungsüberschuss.* Ein Beispiel: In der Verwendung von Leine und Knoten zur Jagd verfolgte der Mensch das Ziel zu überleben. Um sich selbst mit dem durch Leine und Knoten gefangenen Tier am Leben zu erhalten, muss er es gleichzeitig töten. Er kann in Leine und Knoten nie ausschließlich ein Mittel zum eigenen Überleben sehen, ohne ihre tödliche Wirkung auf andere Wesen mitzudenken. Damit gewinnt er einen Begriff von Leben und Töten. Indem Tiere angebunden wurden, konnten sie domestiziert werden. Was ursprünglich der Sicherstellung von Nahrung und kostbaren Materialien wie Horn und Leder diente, gab dem Mensch, der das Tier eigentlich nur am Weglaufen hindern wollte, gleichzeitig einen Begriff von Kontrolle und Herrschaft. In Leine und Knoten erkennt er auf einmal ein Kontroll- und Herrschaftsinstrument. Das übertrug sich früher oder später auf den Menschen, wo durch eine Leine in derselben Situation sowohl Ohnmacht als auch Kontrolle spürbar wird. In der Fesselung erkannten die Philosophen Theodor W. Adorno und Max

Horkheimer entsprechend die Praxis einer höheren Entwicklungsstufe, bei der man einen Gefangenen nicht gleich totschlägt.[55]

Wenn die Schlange die Zoomorphisierung der Leine ist, für was steht dann der kleine, runde, harte Apfel? Das erste Menschenpaar kostet damit vom Baum der Erkenntnis und ist somit in der Lage, zwischen Gut und Böse zu unterscheiden. Gut und Böse sind aber nur dann sinnvolle Kategorien, wenn wir zwischen einem Vorher und Nachher unterscheiden können und den Ablauf von Dingen nach ihren Konsequenzen beurteilen. Oder kurz gesagt: wenn wir in der Lage sind, rekursiv zu denken. Mit dem Essen des Apfels betreten Adam und Eva das endlose Feld des unbeabsichtigten Bedeutungsüberschusses der eigenen Handlungen. Wir wissen, wie die Geschichte von Adam und Eva weitergeht. Sie erkennen, dass sie nackt sind, und bedecken ihre Blöße mit den Blättern des Feigenbaums. Das ist ein Paradebeispiel für die bereits angesprochene archaische Denkweise, die ihre Welt vielmehr in Verbindungen wahrnimmt als in zeitlich geradlinigen Kausalketten. Denn in Wirklichkeit hat es sich genau andersherum abgespielt. Die Ursache war Kleidung in Form vernähter Felle oder gewobener Umhänge, um sich vor Kälte zu schützen. Die Wirkung bestand darin, dass der Mensch mit der Kleidung – oder besser gesagt ohne Kleidung – erst einen Begriff von Nacktheit bekam und im Weiteren von Blöße und Scham.

Wenn wir in der Schlange eine Metapher für die Leine und im Apfel eine Metapher für den Knoten erkennen, dann erzählt die Bibel in chronologischer Folge die Entwicklung des Menschen so, wie wir sie eingangs aufgrund der archäologischen Funde rekonstruierten. Aus dem vormenschlichen Zustand der Unkenntnis, dem tierischen Bewusstsein jenseits von Gut und Böse, erwacht der

55 Vgl. Adorno u. Horkheimer (1994): *Odysseus oder Mythos und Aufklärung*, in: Dialektik der Aufklärung: philosophische Fragmente, S. 66.

Mensch dank Leine und Knoten – Schlange und Apfel – zu neuem Bewusstsein. Der Mensch konnte mit Leinen und Knoten seinen Zugriff auf die Umwelt erweitern. Wie im Kapitel *Am Anfang war das Knoten* gezeigt, schuf er damit neue Situationen, die ihm dank des rekursiven Denkens neue Möglichkeiten eröffneten. Man könnte auch sagen, dass die Verwendung von Leinen und Knoten ihn immer wieder dazu zwangen, den unbeabsichtigten Bedeutungsüberschuss aufzufüllen. Alles, was er mit Leinen und Knoten, Maschen und Netzen, Geweben und Kleidung tun konnte, erweiterte seinen Begriff von der Umwelt und von sich selbst. Der geistes- und gedankenerweiternde Knoten gab den Menschen einen Begriff von Ohnmacht und Kontrolle, von Nacktheit und Bekleidetsein, von Leben und Tod, von Gut und Böse.

Die Veränderung der Umwelt hatte Folgen für das menschliche Leben, die der Mensch sich vielleicht nicht bewusst ausgesucht hat – zum Beispiel die Entwicklung vom Jäger und Sammler zum Ackerbauern. Diese unbeabsichtigten Nebeneffekte des eigenen Handelns sind letztlich die Kehrseite aller menschlichen Entwicklung. Die älteste Geschichte der Welt erzählt von diesen allerersten unbeabsichtigten Nebeneffekten, von der Vertreibung aus dem Paradies hin zum Dasein als Ackerbauer. Wir haben zuvor bereits festgestellt, dass nicht der Mensch das Knoten *erfunden* hat, sondern ihn die *Verwendung und Herstellung* von Leinen und Knoten bei seiner Menschwerdung begleitete. Nichts anderes erzählen uns die ältesten Schöpfungsgeschichten, in denen wir durch Schlangen – also genauer gesagt durch Leinen – zu Menschen wurden. Da für uns Menschen, die wir nun klug wurden, eine einfache Leine erst durch einen Knoten Sinn ergibt, müsste am Anfang unseres Daseins laut den Überlieferungen auch der Knoten eine wichtige Rolle spielen. Lesen wir daher zum Schluss des Kapitels noch einmal kurz weiter in der Erzählung, und schauen uns an, was im Vers 7 geschieht, also dem Moment, als die Menschen gerade vom Baum der Erkenntnis gekostet haben: 7 *Da wurden ihnen beiden die Augen aufgetan und sie wurden gewahr, dass sie nackt waren, und flochten Feigenblätter zusammen und machten sich Schurze.* (1. Mose 3,7) Die erste Handlung von sterblichen Menschen, die die Bibel uns berichtet, ist das *Flechten eines Schurzes.* Es ist bemerkenswert, dass die erste Handlung nicht darin bestand, ein Haus zu bauen, ein Tier zu jagen, oder sich der Lust hinzugeben. Das Flechten, laut Duden das Ineinanderschlingen von biegsamem Material, ist letztlich nichts anderes als die Aneinanderreihung von einfachen Knoten. Die erste überlegte Handlung von uns Menschen war laut Bibel also das Knoten. Die eigentliche Bedeutung dessen erschließt sich aber erst, wenn wir ein weiteres Mal das archaische, prähistorische Verständnis von Ursache und Wirkung spiegeln. Dann nämlich gibt uns die Bibel folgende Antwort: Nicht, weil der Mensch Erkenntnis erlangte, begann er zu knoten. Sondern, weil er knotete, gewann er Erkenntnis.

Wir können dieses Kapitel nicht beschließen, ohne auf den Schöpfungsmythos der Japaner geschaut zu haben. Kaum ein Volk hat das Knoten zu so hoher Kulturpraxis erhoben wie die Japaner. Mit der ihnen eigenen Achtsamkeit, mit der sie noch die gewöhnlichsten Verrichtungen in zeremonielle Handlungen verwandeln, finden sie auch im symbolkräftigen Knoten ein Objekt, das der höchsten Aufmerksamkeit bedarf. Knoten unterliegen den strengsten Regeln, da sie klare Botschaften signalisieren. Laurence Caillet erkennt in ihnen einen ähnlich kodifizierten Umgang wie bei den Stempeln.[56] George Russel Shaw wiederum verglich sie mit der Teezeremonie.[57] Knoten auf Geschenken sollen den Wert des Inhalts widerspiegeln. Knoten auf Kleidungsstücken entsprechen in ihrer Farbe, Form und Lage dem Alter, Geschlecht und der Klasse. Diese

56 Vgl. Caillet (1983): *Nœuds japonaise,* in: Noeuds & ligatures, S. 48.
57 Vgl. Shaw (1924): *Knots: Useful and ornamental,* S. V.

hohe Bedeutung der Knoten für die Japaner erschließt sich leicht beim Blick auf ihre Mythen. In wohl kaum einer Sprache ist der Knoten als Begriff näher am Ursprung der Welt. Denn das japanische Wort für Knoten, *Musubi*, steckt auch im *Musubi no kami*, was Geister bezeichnet, die alles zu erschaffen fähig sind, indem sie binden oder zwei träge Materialien miteinander verbinden. In einem der wichtigsten japanischen Texte, der *Kojiki*, einer Schrift aus dem 8. Jahrhundert, ist nachzulesen, dass die Entstehung Japans auf drei Gottheiten zurückgeht: einen Gott in der Mitte des Himmels (No minaka nushi no kami), dann den Gott des Knotens der edlen Erschaffung (Takami musubi no kami) und den Gott des Knotens der göttlichen Erschaffung (Kami musubi no kami). Durch das Binden erweckten die Götter die Energien des Universums. Sie verbanden den Himmel mit der Erde, den Geist mit der Materie und das Leben mit dem Körper.[58] Im Knoten – *musubi* – ist der Geist allen Erschaffens.

An diesem Punkt darf die Frage gestellt werden: Braucht es überhaupt noch die Knotenbrille, um das alles zu sehen? In den aufgezählten Schöpfungsgeschichten und Mythen gibt es einen gemeinsamen Nenner: Knoten und Leine, entweder direkt oder indirekt.

Das ist höchst bemerkenswert, denn es bedeutet, dass unsere Vorfahren in allen Erdteilen unabhängig voneinander ein klares Bewusstsein für den Unterschied entwickelten, den ein Knoten für ihre Entwicklung machte. Im Knoten und im Umgang mit Knoten unterschieden sie sich von der Tierwelt. Wenn man die Schöpfungsgeschichten liest, ist es nicht abwegig zu behaupten, dass das Knoten die erste Handlung war, bei der der Mensch sich seiner selbst bewusst wurde. Der Mensch ist das Mängelwesen, das nichts von Natur aus perfekt beherrscht. Alles muss sich der Mensch beibringen – Laufen, Klettern, Schwimmen, Jagen, Sammeln, Bekleiden.

58 Vgl. Calvino (2016), S. 68 f.

Erst in der Fingerfertigkeit erkennt der Mensch eine Überlegenheit gegenüber allen Tieren. Nicht in der Sprache, denn Kommunikation gibt es, wie wir seit Kurzem wissen, im Tier- und Pflanzenreich schon sehr viel länger. Diese grundlegende Qualität spiegelt sich in dem vorangestellten Zitat von Italo Calvino, der nach dem Besuch der Ausstellung *Nœud et ligatures* 1983 in Paris zu dieser Feststellung kam: »Die Kunst des Knotenknüpfens, Gipfel sowohl der geistigen Abstraktion wie der Fingerfertigkeit, könnte geradezu als das Hauptmerkmal des Menschen betrachtet werden, vielleicht noch mehr als die Sprache.«[59] Als der Mensch zum ersten Mal mit einem Knoten zwei an sich untaugliche oder nur bedingt taugliche Dinge miteinander verknüpfte und damit etwas völlig Neues schuf, muss ihn ein Gedanke oder Gefühl durchströmt haben, dass er nicht nur in der Lage war, etwas zu tun, das bisher noch kein Tier geschafft hatte, sondern dass ihm dank eines Knotens völlig neue Möglichkeiten offenstanden. Er war anders als der Rest. Diese gesammelten Vorerfahrungen tausender Generationen destillierten sich irgendwann zu Geschichten und wurden von Generation zu Generation weitererzählt. Selbst als der Mensch die Schrift schon entwickelt hatte, war es übrigens der oralen Tradition vorbehalten, die heiligen Inhalte zu überliefern. Die Einführung der Schrift war ein langwieriger Prozess und diente anfangs nur der Dokumentation profaner Dinge wie der Buchhaltung. Leblose Zeichen in Stein oder Tontafeln konnten es sehr lange nicht mit der unmittelbaren Erfahrung inszenierter mündlicher Überlieferung von professionellen Geschichtenerzählern, den Barden, aufnehmen mit ihrer Wucht an Gestik, Mimik, Stimme, Klang, Intonation und der freien Wiedergabe tausender Verse. Ihr Wert als Bewahrer und Übermittler der eigenen Geschichte und Kultur war für prähistorische Stämme von so großer Bedeutung, dass sie, so vermutet man, nicht selten

59 Calvino (2016), S. 71.

geblendet wurden, um sie an den Stamm zu binden.[60] Eine frühe Methode in vielen Kulturen der Welt, die Geschichten der Vergangenheit festzuhalten und die Erinnerungen zu sortieren, waren dabei, wie könnte es anders sein, Knoten.

60 Vgl. Gandz (1939): *The dawn of literature*, in: Osiris, S. 334, wo er H. G. Wells zitiert.

Mythologie und die Vergrößerung des Raums

Leine und Knoten erweiterten nicht nur die gedanklichen – inneren – Räume des Menschen. Sie erweiterten vor allen Dingen die äußeren Räume.

Unsere Vorfahren haben erst vor ein paar Tausend Jahren die Sesshaftigkeit für sich entdeckt. In den Jahrtausenden davor zogen sie umher und erschlossen sich neue Lebensräume. Wir wissen um die Bewegungen unserer Vorfahren aus Afrika hinaus in die Tiefen Asiens und Europas. Dass diese Bewegungen ohne Leine und Knoten nie hätten stattfinden können, wird kaum bedacht. Niemand wusste, was hinter dem Horizont lag, bevor man ihn erreichte. Der Mensch durchstreifte dabei unwirtliche Regionen, überquerte Flüsse und überwand Berge. Auf der Suche nach sicheren Räumen entdeckte er Höhlen. Nur wer betritt eine dunkle Höhle? Wer wagt sich über einen hohen Berg? Wie überquert man einen Fluss? Der Raum endet dort, wo man sich nicht weitertraut. Leine und Knoten aber erlaubten Schritte und Blicke in Bereiche, die dem Menschen sonst verwehrt geblieben wären.

Sie öffnen den Weg in das Unbekannte und halten Verbindung zum Bekannten. Wir begegnen darin dem dualistischen Wesen einer Leine. In der Philosophie verwendet man den Begriff Dualismus, um das Spannungsverhältnis zweier Elemente zu beschreiben, die im Gegensatz zueinander stehen. Leben und Tod, Materie und Geist, Chaos und Ordnung, Gut und Böse. Ebenso begegnen wir in weniger philosophischen Bereichen Dualismen wie Sieg oder Niederlage, Recht oder Unrecht. Letztlich bezeichnet Dualismus eine Erkenntnismethode, denn wenn man um das eine weiß, dann gewinnt man einen Begriff vom anderen. Das Erstaunliche an der Leine ist aber, dass hier der Dualismus in einem Gegenstand gleichzeitig wirkt. Und zwar in vielfacher Form, wie wir später noch im Kapitel *Der unbeschreibliche Charakter von Leine und Knoten* sehen werden. Kommen wir aber zuerst noch einmal auf den eben erwähnten Dualismus zurück. Weil ich ein Seil in der Hand halte, wage ich es, eine Höhle zu betreten. Denn sie ist das Ticket in die Höhle und gleichzeitig wieder zurück. Sie lässt mich das Unvertraute erkunden, und ich halte mit ihr gleichzeitig am Vertrauten fest.

Dank dieser Eigenschaft wurden Leine und Knoten überall dort zum wichtigsten Werkzeug, wo der Mensch in unbekannte Gefilde aufbrach und sich den Elementen stellte. In der Seefahrt erlangten sie ihre höchste Bedeutung – hauptsächlich zu den Zeiten der Entdeckungen, als sich Menschen immer ins Ungewisse aufmachten. Am stärksten in diesem Bild bleiben heute noch Bergsteiger, Kletterer und Höhlenforscher, die ihr Leben an eine Leine knüpfen. Die Bilder in unserem Kopf, bei denen Leinen und Knoten eine unverzichtbare Rolle spielen, zeigen tiefblaues endloses Meer, Gipfellandschaften mit steilen Wänden und einsamen Höhen oder erinnern an die Weiten der Prärie mit ihren Cowboys. Leinen und Knoten lassen den Menschen seit jeher die Extreme der Freiheit erleben. Wo der Mensch frei ist von allen Gütern, von Gesellschaft, von einem Dach über dem Kopf oder festem Boden unter den Füßen, hängt er sein Schicksal und Überleben an die Leine. Eine festgeknotete Leine erlaubt also Schritte, die man ohne sie nicht wagen würde. Damit vergrößert sie den Raum. Diese freiheitsverschaffende Eigenschaft einer Leine bestätigt sich auch in der Bedeutung, die sie an Orten der vollständigen Kontrolle und Unfreiheit hat: in Gefängnissen. Dort nämlich ist der Besitz einer Leine strengstens verboten. Zu viel Macht über das Leben anderer und das eigene steckt in ihr. Zu viele Möglichkeiten bietet sie, dem unfreien Zustand zu entfliehen, ob tot oder lebendig. Eine Leine verleiht unmittelbar Macht, etwas zu tun, das man ohne sie nie tun, erleben, entdecken und letztlich beanspruchen könnte.

Wenn Leine und Knoten eine so existentielle Rolle für unsere Vorfahren spielten, dann müssten sie sich auch konkret – nicht nur als Metaphern, wie bereits gesehen – in den alten Erzählungen und Mythologien wiederfinden und dort entscheidende Funktionen übernehmen oder tiefe Bedeutungen widerspiegeln. Das tun sie auch, doch genauso unscheinbar und indirekt wie Leinen und Knoten in der Archäologie vorkommen, so verbergen sie sich in den Erzählungen – und sind dann bei genauerer Betrachtung völlig offensichtlich und das bestimmende Element der ganzen Erzählung.

Eine der berühmtesten griechischen Sagen handelt von der eingangs erwähnten raumerweiternden Eigenschaft eines Knotens und einer Leine: in Form eines Fadens. Jeder kennt den Minotauros, den stierköpfigen Menschen.[61] Der Minotauros Asterios war der Sohn der Pasiphae. Weil ihr unsympathischer Mann, der König Minos, einen edlen weißen Stier dem Zeus nicht opfern wollte, rächte sich Zeus auf entsetzliche Art: Er erfüllte Pasiphae mit Wollust auf diesen Stier. Der große Erfinder und erste Wissenschaftler Daidalos half Pasiphae mit einer pfiffigen Konstruktion, ihr heißes Verlangen zu stillen. Er baute eine hölzerne Kuh, in die Pasiphae schlüpfen und mit der sie den Stier verführen konnte. Daraufhin gebar sie einen Sohn, bei dem es keines Vaterschaftstests bedurfte. Entsprechend trug dieser Minotauros wenig zum Ansehen des Minos bei. Aus diesem Grund wurde der Stierkopfjunge in das berühmte Labyrinth gesperrt, welches wiederum von niemand Geringerem als Daidalos entworfen wurde, und zwar so gut, dass er bald selbst nicht mehr herausgefunden hätte. Von da an traf Minos regelmäßig

61 Vgl. Tetzner u. Wittmeyer (2003): *Griechische Götter- und Heldensagen*, S. 97 f. und S. 312 f.

eine Auswahl von jungen Männern und Frauen, die in das Labyrinth geschickt wurden, um sie dem Minotauros zu opfern. Wer einmal dieses verhängnisvolle Labyrinth betrat, fand nie mehr heraus und landete irgendwann in der Mitte beim stierköpfigen Ungeheuer. Man kann sich vorstellen, welche große Tragödie das für alle Eltern dieser Kinder war. Bis eines Tages der Held Theseus kam, um das Ungeheuer zu töten. Genauso entscheidend wie die Tötung des Minotauros war es, dass Theseus überhaupt wieder herausfinden konnte. Was sind schon Heldentaten wert, von denen keiner erfährt? Dies gelang ihm dank eines kleinen Wollknäuels, das ihm Ariadne, die Tochter des Minos, mit auf den Weg gab. Sie selbst hatte dieses Knäuel einst von Daidalos erhalten. Sie knüpften es an den Eingang des Labyrinths, und auf dem Weg zum Minotauros sollte Theseus es immer weiter entflechten und nachziehen. Inmitten des Labyrinths bräuchte er es nur wieder aufzuwickeln und gelangte somit wieder hinaus. Eine geniale Idee, den verhängnisvollen Weg in dieses Labyrinth zu einem Spaziergang zu gestalten. Der angeknotete Faden, an dem sich Theseus festhält, ist somit eine List gegen das Labyrinth, gegen das tödliche Verschwinden und für die unbeschadete Rückkehr. Gleichzeitig ist er auch die Möglichkeit, sich in das Dunkel vorzuwagen und das Unbekannte zu betreten. Es eröffnet den Zugang zu einer Zwischenwelt von Leben und Tod. Man ist an einem Ort, der eigentlich schon in eine andere Welt deutet, aber solange man die Leine oder den Faden in der Hand hält, so lange steht man in Verbindung mit der eigenen Welt. In dieser Sage spiegelt sich daher eine jahrtausendealte Erfahrung unseres Menschengeschlechts, die bis in das 21. Jahrhundert reicht, wo sich Astronauten beim Verlassen der Raumstation anleinen, und die Leine zur einzigen Verbindung eines Menschen zum Heimatplaneten wird vor der endlosen Tiefe des Weltalls.

Es gibt noch eine weitere Erzählung in den griechischen Sagen, in der ein Seil eine mächtige Rolle spielt. Die griechische Mythologie kennt keine Eindeutigkeit, und so ist die Rolle des Seils in dieser Erzählung auch eine ambivalente, denn sie fesselt den Helden zwar bis an den Rand des Irrsinns, erhält ihm aber so das Leben. Sie schränkt den Bewegungsraum des Einzelnen rigoros ein, aber ermöglicht so den Raumgewinn für alle. Wir befinden uns im zwölften Gesang der *Odyssee*, in der Odysseus und seine Gefährten an der Insel der Sirenen vorbeifahren. Während seine Gefährten sich die Ohren mit Wachs verstopften, um nichts von den verführerischen Sirenengesängen zu hören und ungestört vorbeirudern zu können, ließ sich Odysseus an den Mast fesseln, um den einzigartigen und betörenden Gesängen zu lauschen. Kurz vorm Wahnsinn der unerträglichen Lust, die sie in ihm auslösten, verlangte er, endlich freigelassen zu werden, woraufhin seine Gefährten ihn noch einmal fester an den Mast banden. Homer ging bezüglich der Knoten leider nicht ins Detail, aber es müssen gute Knoten gewesen sein, die dem Helden sein Leben bewahrten, gerade indem sie eine so grausame Festigkeit über ihn ausübten. In dieser Sage bewegt sich Odysseus in der Welt der Naturgewalten, denn keiner, der die Sirenen je hörte, vermochte, ihnen zu widerstehen. Das Seil, das ihn festhält, wird somit wie bei Theseus zum Mittel der List. Die List wiederum, so schreiben Adorno und Horkheimer in *Odysseus oder Mythos und Aufklärung*, dem Exkurs zu ihrer *Dialektik der Aufklärung*, ist der rational gewordene Trotz.[62] In ihrer philosophischen Auseinandersetzung mit der *Odyssee* liefern uns die beiden Begründer der Kritischen Theorie indirekt eine wunderschöne Definition für eine Leine: eine Leine ist immer eine List gegenüber der Natur, ein rational gewordener Trotz.

In der *Odyssee* spiegelt sich die Dämmerung der Mythologien, da ein einzelner Sterblicher es durch List vermag, die ehernen Naturgesetze zu brechen und sich – auch dank eines Seils – seinem

62 Vgl. Horkheimer u. Adorno (1994), S. 66.

mythischen Schicksal zu entziehen. Mythisches Schicksal war es seit jeher, dass, wer die Sirenen hört, ihnen sogleich verfällt. Nirgends aber stand geschrieben, wie man an ihnen vorbeizufahren hatte, ob gefesselt oder nicht gefesselt. Laut Adorno und Horkheimer habe Odysseus eine »Lücke im Vertrag aufgespürt«[63], indem er sich fesseln ließ. Gerade weil Odysseus sich fesseln lässt, erkennt er die Macht der Sirenen an. Weil er ihnen aber durch seine List nicht verfällt, bricht er auch ihre Macht. Odysseus trotzt damit nicht nur der Natur, den Sirenen, sondern sich selbst – seiner eigenen Natur. Weil er sich selbst überlistet und seine eigene Natur besiegt, erkennen Adorno und Horkheimer in ihm den Vorläufer des bürgerlichen Charakters. Genau wie der bürgerliche Charakter ist Odysseus davon geprägt zu entsagen, sich zurückzuhalten, sich zu gedulden. Er darf weder vom Lotos essen noch von den Rindern des heiligen Hyperion, er muss die Opfer einkalkulieren, sowohl beim Zyklopen Polyphem als auch in der Meerenge zwischen Skylla und Charybdis. Das Seil wird ihm bei den Sirenen zum Mittel der Selbsterhaltung, aber eben auch um den Preis der Selbstunterdrückung. Adorno und Horkheimer erkannten in der Naturbeherrschung die Voraussetzung für die Selbstbeherrschung. Und in der rationalen Selbstbeherrschung schließlich die Voraussetzung zur Beherrschung der Massen. Leine und Knoten waren von Anfang an ein listiges Mittel zum Zweck der Naturbeherrschung. Obwohl das Seil in dieser Geschichte fesselt, öffnete es so den Raum und ermöglichte endlich die gefahrlose Vorbeifahrt an der Insel der Sirenen, da nach diesem Vorfall nie wieder ihre lockenden Stimmen erklangen.

Laut Homer war es übrigens nicht Odysseus selbst, der auf die Idee kam, sich an den Mast fesseln zu lassen. Er erhielt den Tipp von Circe, Göttin der Zauberei, bei der er ein Jahr lebte und die seine Gefährten anfangs in Schweine verwandelte. Die List und schließlich

63 Ebd.

das Ende der Macht einer Naturgottheit wie den Sirenen waren also die Idee einer weiblichen Gottheit. Das wirft jede Menge weiterer Fragen auf: Welche dialektische Bedeutung hat es, dass die Götter sich selbst abschafften? Warum wird eine der bekanntesten Listen des Odysseus immer noch *seiner* Intelligenz zugeschrieben, obwohl sie die Idee einer Frau war? Warum gehen Adorno und Horkheimer darauf nicht ein und behandeln Odysseus als Urheber der Idee, obgleich sie sich auf die Erzählung Homers beziehen? Und was hat es zu bedeuten, dass eine Frau einem Mann zeigt, wie er überirdische Lust verbinden kann mit schmerzhafter Selbsterhaltung? Vielleicht wird alles plausibler, wenn man wie Samuel Butler davon ausgeht, dass die *Odyssee* von einer Frau geschrieben wurde.[64]

Abb. 6: Antike Vasenmalerei: Odysseus und die Sirenen. Attische Rotfigurige Keramik (hier in Schwarz-Weiß dargestellt), klassische Antike Kunst um 470 v. Chr. (Ausschnitt).

64 Vgl. Butler (1925): *The authoress of the Odyssey*, S. 1 f.

All diese interessanten Fragen können hier nicht behandelt werden, aber sie zeigen, dass die Mythologien je nach Blickwinkel und Lesart nie aufhören werden, uns zu inspirieren.

Wir verweilen noch ein wenig bei den griechischen Mythen. Die berühmteste Erzählung der Antike, die von einem Knoten handelt, ist selbstverständlich die vom Gordischen Knoten, welcher noch heute Sinnbild eines scheinbar unlösbaren Problems ist, das mit unkonventionellen Mitteln gelöst wird. Ein armer Bauer namens Gordios kam eines Tages auf seinem Ochsenkarren in die Region Phrygien, im heutigen Anatolien gelegen. Den Phrygern war zur selben Zeit laut Orakelspruch bestimmt, dass ihr nächster König auf einem Karren in die Stadt einziehen werde. Daher wählten sie Gordius zu ihrem König und dieser weihte voll Dankbarkeit seinen Karren Zeus. Gordius muss ein wahrlich begnadeter Knoter gewesen sein, denn er war von der Festigkeit des Knotens, mit dem er Joch und Deichsel des Wagens miteinander verband, so überzeugt, dass er demjenigen, der ihn zu öffnen imstande sei, die Herrschaft über Kleinasien versprach. Anderen Erzählungen zufolge ging diese Prophezeiung auf einen Orakelspruch zurück. Jahrhundertelang versuchten sich die klügsten Köpfe und geschicktesten Hände an diesem Knoten, doch alle versagten. Bis schließlich um 334 vor Christus Alexander der Große nach Gordion, in die Hauptstadt des Phrygerreiches, kam. Was nun geschah, weiß jedes Kind. Alexander der Große hieb den Knoten mit seinem Schwert kurzerhand entzwei und löste ihn somit endlich auf. Man mag sich gar nicht vorstellen, wie viele junge Männer, deren Köpfe ob des Knotens im Bestreben um so viel Macht zu dieser Zeit rauchten, enttäuscht feststellten: »So hätte ich das auch gekonnt!« Seither fragen sich Menschen immer wieder, was das für ein sagenhafter Knoten gewesen sein mag, der sich auf normalem Wege nie lösen ließ.

Diese Frage stellten sich vor einigen Jahren auch ein polnischer Physiker und ein Schweizer Biologe, die den Gordischen Knoten mithilfe eines eigens erstellten Computerprogramms rekonstruierten.[65] Piotr Pieranski von der Technischen Universität Poznan in Polen und Andrzej Stasiak von der Universität in Lausanne konnten nach zahlreichen Versuchen beweisen, dass es tatsächlich einen Knoten gibt, der sich nicht mehr lösen lässt – zumindest nicht von ihrem raffinierten Computerprogramm namens SONO (Shrink On No Overlaps). Die reale Idee hinter dem Gordischen Knoten wirkt durchaus anschaulich und glaubwürdig. Die beiden Wissenschaftler gingen davon aus, dass der Gordische Knoten keine Enden aufwies, die einen Anhalt darüber geben konnten, wo der Knoten anfängt oder aufhört. Er entspräche damit einem Knoten der mathematischen Knotentheorie, deren Knoten auch keine Enden kennen und in sich geschlossen sind.

Es gibt einen einfachen Trick, beziehungsweise eine uralte und wichtige Technik, mit deren Hilfe man die Enden verschwinden lassen kann. Sie wurden einfach miteinander *verspleißt*. Das bedeutet, dass die einzelnen Stränge, aus denen das Seil verdrillt ist, an beiden Enden etwas gelöst wurden, um dann miteinander verdrillt zu werden. Übrig blieb eine Schlaufe, die nun wiederum um sich selbst gedreht und im Knoten versteckt werden konnte. Des Weiteren könnte der König Gordios von einem Effekt Gebrauch gemacht haben, der schon tausende Seefahrer zuvor schreckte: Ein Seil, das nass wird, dehnt sich aus, und wenn es in der Sonne schnell wieder trocknet, bekneift es sich so stark (das heißt, dass sich die aufeinanderliegenden Fasern des Seils miteinander verschränken und so zusätzlichen Halt erzeugen), dass selbst normale Knoten oft schwer zu lösen sind. Ein solchermaßen kunstvoller Knoten, dessen Enden verschwunden sind, wäre wahrlich unentwirrbar.

Auch wenn der Gordische Knoten den Tiefen der griechischen Mythologie entspringt, könnte er – nach modernen physikalischen

65 Vgl. Devlin (2001): *Unravelling the Myth*, in: The Guardian.

und mathematischen Untersuchungen – real existiert haben. Aus diesem Grund ist die Geschichte vom Gordischen Knoten so interessant, weil in ihr Mythologie und reale Geschichte verschwimmen. Der Mythos wird zur Legende, als eine historisch verbürgte Figur ihn schließlich löste.

So wie bereits Odysseus die Sirenen austrickste, indem er sich fesseln ließ, da er die bereits erwähnte »Lücke im Vertrag« ausnutzte, so trickste Alexander die Prophezeiung aus, die die Methode des Knotenlösens offenließ. Der Knoten trägt noch den Charakter der mythologischen Mächte in sich. Adorno und Horkheimer beschreiben diesen geradezu komischen Charakter der mythologischen Naturgesetze, wonach manche Gottheiten dazu bestimmt sind, immerzu dasselbe tun zu müssen – die Sirenen müssen immer singen und die Verführten verzehren; Sisyphus muss immer den Stein nach oben wälzen; Prometheus wächst immer schön die Leber nach, damit ihm diese der Adler wieder herauspicken kann; die Sphinx muss immer wieder ein Rätsel stellen, das keiner errät; Tantalos muss elend Hunger und Durst leiden, obwohl Wasser und Trauben immer wieder so nah sind; dem Minotauros müssen immer wieder Jungen und Mädchen geopfert werden; und so weiter.

Wo Gottheiten Macht über Menschen haben, endet diese immer dann, wenn einer kommt und sie überwindet. Ödipus errät das Rätsel und die Sphinx geht sofort zugrunde. Theseus findet dank des Fadens wieder aus dem Labyrinth. Der Gordische Knoten lebt ebenso von seinem eigenen Gesetz, dem er sein Dasein und seine Macht verdankt – dass er eben unlösbar ist. An ihm wiederholt sich das Scheitern immer wieder aufs Neue und jedes Scheitern erhöht seinen Nimbus noch mehr. In dieser Eigenschaft ist er voll und ganz Mythologie.

Der Gordische Knoten war gleichzeitig das vielleicht letzte Relikt aus der griechischen Mythologie, von dort ragte er hinein in unsere Welt. An ihm erlebten jahrhundertelang die Menschen der Antike eine den Naturgesetzen gleichende Beständigkeit. Sie fühlten damit nicht nur diesen Mythos als real, sondern auch die Mythologie selbst. So wie die Sonne täglich auf- und untergeht, so wie die Wellen des Meeres sich zurückziehen und wiederkommen, so wie der Mond größer und kleiner wird, so war der Gordische Knoten vorhanden und unlösbar. Welche Erschütterung und Enttäuschung des Weltbildes mag es ausgelöst haben, als es diesen Knoten, diesen Mythos, nach Jahrhunderten auf einmal nicht mehr gab? Und nicht etwa, weil es endlich jemand geschafft hätte, den Knoten zu lösen, sondern aufgrund eines banalen Schwerthiebes. Grandiose historische Ereignisse bleiben der Menschheit zwar in Erinnerung, aber sie schleifen sich im Lauf der Jahrhunderte so ab, dass oft nicht mehr davon übrig bleibt als ein banaler Zweizeiler. Das ganze Drumherum, der Kontext, die einzelnen Reaktionen der Beteiligten verschwinden. Dabei kann man sich durchaus überlegen, welches Motiv Alexander zu diesem Schritt bewegte. Glaubte er wirklich an diese uralte Prophezeiung und hängte sein Schicksal daran? Er war immerhin sehr gottesfürchtig, besser gesagt götterfürchtig. Wo immer es Tempel gab, legte er Opfer nieder oder ließ sich Weissagungen geben. Er besuchte zahlreiche Heiligtümer, unter anderem den Jerusalemer Tempel und die Kaaba in Mekka. Andererseits aber war er ein charismatischer Herrscher, der vollkommen von seiner Bestimmung überzeugt war. Als rationaler Machtmensch wusste er um die Bedeutung der Prophezeiung für die Bevölkerung. Wollte er es vielleicht gar nicht erst so weit kommen lassen, dass jemand anderes käme, den Knoten löst und mit Volkes Rückhalt noch Machtansprüche stellt? In diesem Fall ginge es ihm weniger darum, den Knoten wirklich selbst zu lösen, als vielmehr darum, es für jeden unmöglich zu machen, den Knoten überhaupt zu lösen. Plutarch erzählt nicht viel, außer, dass Alexander wohl schnell erkannte, dass der Knoten sich auf normalem Wege niemals lösen ließe. Doch wie mag es sich abgespielt haben? Immerhin zerstört Alexander im phrygischen Zeustempel eine Art Heiligtum, was für einen götterfürchtigen Menschen sehr ungewöhnlich ist. Ganz geheuer war ihm die eigene Tat wohl auch nicht, da er vor der Abreise zuerst noch ein mögliches Unheilszeichen der Götter abwartete. Außerdem erfahren wir wenig davon, wie die Phryger selbst darauf reagierten.

Tauchen wir für die nächsten Momente in die Szenerie im Jahr 334 vor Christus ein und stellen uns vor, wie es sich zugetragen haben könnte. Alexander war seit wenigen Jahren auf dem Thron der Mazedonen. Er führte eine riesige Streitmacht und unterwarf bereits die Illyrer und die Thraker und brach den Widerstand der Griechen. Er eroberte mit der Westküste der heutigen Türkei – Kleinasiens – eine Region, die damals noch zum Perserreich gehörte, und auf seinem Weg nach Gordion unterwarfen sich die Städte zum Teil kampflos. Nichts schien sich seinem Griff nach dem Perserreich, das seine Blütezeit hinter sich hatte, in den Weg zu stellen. Es waren in der Tat erst die Anfänge seines gigantischen Feldzugs. Alexanders Machtwille muss unvorstellbar groß gewesen sein, getragen von einem berstenden Selbstbewusstsein. Hier versteht sich jemand als eine der größten Figuren – wenn nicht *die* größte –, die die Menschheit je hervorgebracht hat, auf Augenhöhe mit Hektor und Achill. Und auf seinem Weg bis zum Himalaya, zum Ende der Welt, kommt er nun nach Gordion, einem strategisch nützlichen Ort in der heutigen Türkei. Gordion kann es allerdings an Größe und Pracht schon längst mit keinem der antiken Machtzentren mehr aufnehmen. Es gibt einfache Behausungen, staubige Straßen. Das Volk der Phryger war zu dieser Zeit nur noch ein Schatten einstiger Größe aus der Zeit, als sie der sagenhafte König Midas beherrscht hatte. Jetzt war es seit Hunderten von Jahren nur noch ein kleiner Spielball inmitten von Weltreichen, gelegen innerhalb einer schwer zu bewirtschaftenden felsigen Landschaft mit brütend heißen Sommern und eiskalten Wintern. Dieses Völkchen hatte wenig zu bieten außer einer kleinen Touristenattraktion, um Vorbeireisende zu sich zu locken und zu bewegen, ein wenig zu verweilen und den Bewohnern ein paar Einnahmen zu bescheren. Das Gewicht der Prophezeiung war die eigentliche Attraktion.

Wie bei allen gewichtigen Dingen gibt es die nüchternen Zweifler, die sich augenzwinkernd versicherten, dass an diesem Knoten *ganz gewiss* das Schicksal eines Kontinents hing. Für die meisten hingegen war es wertvolle Erinnerung daran, dass man selbst eine jahrhundertealte Kultur war, mit einst weit größerem Einfluss und Macht. Sie schöpften ihr kleines bisschen Stolz aus diesem Knoten, für sie war er heilig. Einer alten phrygischen Tradition zufolge war Gordion der Nabel der Welt.[66] Sie verstanden sich als entscheidendes Scharnier im antiken Machtgefüge der Kontinente. Aus unserer heutigen Perspektive stellt der Gordische Knoten ein Hindernis dar, das überwunden werden musste. Doch dann stellt sich die Frage, weshalb denn die Perser nicht alles darangesetzt haben, ihn zu lösen. Sie waren die Herrscher Kleinasiens, unterhielten in Gordion eine kleine Garnison und konnten kein Interesse daran haben, dass irgendjemand – und sei es nur ein nachrangiger Erbfolger aus der persischen Herrscherfamilie – käme und ihn lösen würde. Der Grund ist wohl sehr einfach und dampft die sagenhafte Szenerie rund um den Gordischen Knoten auf Monty-Python-Format ein: Sie nahmen den Knoten schlicht nicht ernst. Sie ließen den Phrygern, da sie sie schon eroberten, diese einfache Freude, Quell eines rührenden Stolzes. Bevor also noch jemand auf ihr kindisches Spiel eingeht und sich am Knoten blamiert, degradiert man es lieber zur harmlosen Folklore.

Kehren wir zurück zu der Szene, in der Alexander in Gordion einreitet. Er ist erpicht darauf, das Heiligtum zu sehen. So viel hörte er bereits davon. Tausende, die daran scheiterten, sind ihm, der von

66 Vgl. Sofri (1998): *Der Knoten und der Nagel: ein Buch zur linken Hand*, S. 228.

seiner Bestimmung überzeugt ist, nur ein weiterer Beleg dafür, dass er in seiner Einzigartigkeit es schaffe. Er, dessen Weg bereits tausende Leichen pflastern, vor dem sich ganze Städte in den Staub warfen, dessen Gedanken um künftige Schlachten gegen Tausende von Persern kreisen, begegnet nun einer kleinen, verschwitzten phrygischen Delegation, die ihn aufgeregt empfängt. Mit großen Blicken erzählt man ihm von der Besonderheit, die ihn hier erwartet, bemüht, nicht zu wenig Bedeutung in die eigene Stimme zu legen. Die kleinen Phryger fühlen in diesem Moment noch einmal die ganze Wucht der mythologischen Prophezeiung und genießen das historische Gewicht, das ihnen die Götter verliehen. Der Wille Alexanders, sich dem Knoten zu stellen, schmeichelt ihnen. Er nimmt sie ernst, nicht wie diese gottlosen Perser. Auch wenn sie ihm militärisch völlig unterlegen sind, wähnen sie sich dank der mythologischen Aura des Orakelspruchs auf Augenhöhe mit dem größten Herrscher ihrer Zeit. Sie versuchen zwar, den eigenen Übermut zu zügeln, lassen aber keine Zweifel darüber aufkommen, dass sein Schicksal letztlich von ihrem Knoten abhängt. Alexander beginnt das Schauspiel zu missfallen. Was glaubten sie denn, wer sie seien? Meinten sie wirklich, dass der größte Herrscher aller Zeiten daran scheitere?

In der phrygischen Hitze betreten sie das kühle Innere des Zeustempels. Darin steht dieser mittlerweile jahrhundertalte Wagen. Man darf nicht vergessen, dass dieser Wagen zu Zeiten Gordios schon nur ein einfacher Bauernkarren war. Niemand würde auf die Idee kommen, das morsche Ding überhaupt noch wegzuziehen, aus Sorge, dass es in sämtliche Einzelteile zerfällt. Zwischen Deichsel und Joch befindet sich ein sehr unansehnliches dunkles, staubiges Knäuel. Bei genauerem Hinsehen erkennt man eine Struktur aus Seilen, es ist wohl ein Knoten. Von Tausenden von Händen angefasst sind die Fasern der Taue, die laut Plutarch aus dem Bast der Kornelkirsche gewonnen wurden, abgeschliffen und das äußere

Tauwerk bildet eine glänzende Oberfläche. Die Vertiefungen des Tauwerks und Knotens sind aufgefüllt vom Staub der Jahrhunderte. Aber ja, bei genauerem Hinsehen ist es ein Knoten und noch dazu einer, den die Zeitläufte auf eine schmutzige Kugel zusammengeschmolzen haben. Hier lebt ein Gegenstand eindeutig davon, nur gekannt, aber nicht gesehen zu sein. Er ist weder ein schöner noch ein erhabener Anblick. Die Information, dass es sich dabei um den sagenhaften Gordischen Knoten handelt, würde bei den meisten wortlose Ungläubigkeit auslösen. Alexander beschleicht zunehmend das ungute Gefühl, einem wenig lukrativen Tauschhandel aufzusitzen, wobei seine gottgleiche Präsenz für die provinzielle Szenerie ungleich mehr abwirft, als diese ihm zu geben imstande sein wird.

Da stehen sie nun, Alexander mit seiner Entourage, daneben die Delegation der Phryger. Um sie herum ganz Gordion, gespannt ob des welthistorischen Moments, der sich vor ihren Augen nun gleich entfalten wird. Beim Anblick des schäbigen Karrens können sich die ersten unter Alexanders Begleitern aber ein Lachen kaum verkneifen bei dem Gedanken, dass diese armseligen Phryger wirklich glauben, dass Alexander der Große, dessen rauschende Feste an einem Tag das Zehnfache des athenischen Jahreshaushalts unter Perikles übersteigen, dass also dessen göttliche Hände diese moderige Beule zwischen Joch und Deichsel auch nur berühren würden. Alexander besieht sich den Knoten und erkennt schnell, dass sich hier kein Tau mehr bewegen lässt. Die Phryger können ihre Aufregung über einen weiteren Sieg ihres Heiligtums über die Ambitionen weltlicher Herrscher nur noch schwer verbergen. Kaum auszudenken, in wie viel barer Münze sich dieser Prestigegewinn auszahlen wird. Alexander blickt in die selbstzufriedenen Mienen der Phryger, die ihm generös nickend sowohl Anerkennung zollen, es probiert zu haben, als auch gleichzeitig ihren Stolz erkennen lassen, dass ihr Knoten eben eine Nummer zu groß ist. Er spürt in seiner

Magengegend ihren Drang, davon zu berichten, dass auch er daran gescheitert sei, und sich in den staunenden Blicken ihrer Nachbarn zu sonnen. Wie jeder Machtmensch, der von seiner Auserwähltheit überzeugt ist, kann Alexander Niederlagen nicht dulden. In Situationen, in denen dieser Typus die Kontrolle zu verlieren glaubt, werden kurzerhand die Spielregeln geändert. Oder noch radikaler, das Spiel beendet. Wenn man nicht selbst gewinnt, dann soll es gar keinen Sieger geben.

Alexander überlegt gerade noch, ob er nicht die ganze Stadt aufgrund dieser frechen Anmaßung einfach niederschlachten lassen soll, wobei er sich persönlich um die Delegation kümmert – da stimmt ihn die Heiterkeit seiner Gefolgschaft milde. Es juckt ihn die morbide Neugier auf die Mienen der händereibenden Phryger, wenn er ihren ganzen kleinlichen Stolz und dummen Glauben mit diesem lächerlichen, schmutzigen Knoten einfach zerschlägt. Noch während die zwei Hälften des Knotens zu Boden fallen, die Faserreste des Kornelkirschenseils vor den fassungslosen Gesichtern der Phryger aufstieben und er sein Schwert zurück in die Scheide steckt, kostet er den Schreck der Phryger mit leicht hochgezogenen Mundwinkeln aus. Doch schnell erteilt er einen Befehl, und seine Männer bahnen ihm den Weg durch die verblüffte Menge, durch die er fortschreitet. Da erst wird er sich der Bedeutung bewusst. Er hält noch einmal kurz inne, dreht sich ein letztes Mal um und lässt seine Worte wie Salz in die frische Wunde der Phryger rieseln: »Ach ja! Der Knoten ist nun gelöst. Lasst es alle wissen.«

Das Ende dieses Knotens sprach sich schnell herum – und blieb erhalten, schließlich reicht seine narrative Wucht bis ins 21. Jahrhundert! –, denn es bezeichnete das Ende einer Welt, die nur so lange übermächtig erscheint, solange man sich an ihre Gesetze hält und nach ihren Regeln spielt.

Im Rückblick knüpfte sich an den Gordischen Knoten noch der Glaube an die Gesetze der Mythologie. Seine Zerstörung wiederum öffnete den geistigen Raum für die Suche nach neuen Gesetzen und Regeln. Nicht zufällig erklärte man später diese Zeit, ab dem Ende des 4. Jahrhunderts vor Christus, als Beginn eines hellenischen Zeitalters, in dem Philosophie und Wissenschaften eine Blüte erlebten, mit Bibliotheken erste Wissenszentren entstanden und damit ein Zeitalter der Aufklärung in der Antike begann. Nostalgiker mögen das Ende der archaischen Mythologie bedauern, aber man muss dem Gordischen Knoten nicht nachtrauern. Lapidar gesagt war der Gordische Knoten gemäß den Regeln eines Knotenbinders, wonach ein guter Knoten einer ist, der sich auch gut lösen lässt, ohnehin schon immer ein schlechter Knoten und es wert, auseinandergeschlagen zu werden. Noch dazu, wo er unnötigerweise den menschlichen Geist in einem Aberglauben fesselte.

Symbol und Magie

Der Endlosknoten.

Durch Leine und Knoten erlebten Menschen in einem einzigen Gegenstand zwei extreme Formen menschlichen Handelns: Leben erhalten und es töten. Die Urform dieser Qualitäten zeigt sich sogar noch vor der Geburt anhand der Nabelschnur. Sie nährt das Ungeborene und kann in tragischen Fällen zur Erstickung führen. Früher oder später verlieh dieses Potenzial den bloßen Gegenständen Leine und Knoten die tiefe symbolische Bedeutung von Glück und Unglück. Sobald Knoten als Mittel für Metaphern erkannt und verwendet wurden, wuchs ihre Bedeutungsvielfalt.

Im Buddhismus und Hinduismus gibt es den ewigen Knoten, der auch Endlosknoten genannt wird (Sanskrit: *shrivatsa*). Er ist eines der acht buddhistischen Glückssymbole, die vor allem im tibetischen Raum eine große Bedeutung haben. Der Knoten steht für Unendlichkeit sowie die Verbundenheit und gegenseitige Abhängigkeit allen Seins. Zudem steht er für die grenzenlose Erkenntnis des Erleuchteten und die Einheit und Harmonie aus Weisheit und Mitgefühl. Es gibt zahlreiche weitere Interpretationen wie die Unendlichkeit von Buddhas Weisheit, aber ebenso den unendlichen Kreislauf aus Geburt, Tod und Wiedergeburt. Der Endlosknoten reicht wohl mehr als 5000 Jahre zurück wie Funde in Harrappa im heutigen Pakistan zeigen.[67] Seine Attraktivität war so hoch, dass er sich sowohl im keltischen als auch im chinesischen Raum wiederfindet. Dieser Knoten ist nicht nur ein bedeutendes Symbol für unterschiedliche Kulturen und Religionen – er ist auf der Metaebene dieses Buches, das die Rätsel des Knotens untersucht, selbst schon wieder das Symbol dafür, welche tiefen Assoziationen Knotendarstellungen bei Menschen auslösen: Unendlichkeit, Erkenntnis, Weisheit, Harmonie, Ewigkeit. Woher genau rührt dieses Potenzial von Knotendarstellungen, Phänomene zu symbolisieren, die wir uns kaum vorstellen können? Erkenntnisse der Gehirnforschung können hierzu vielleicht eine Erklärung liefern.

Es gibt neurowissenschaftliche Studien, die Gehirnströme gemessen haben, während die Probanden Knoten lernen mussten.[68] Man wollte herausfinden, welchen Unterschied es macht, ob man Knoten kennt oder nicht kennt, ob man sie selber knüpft oder nur dabei zuschaut. Dabei wurden die unterschiedlichen Szenarien und ihre jeweiligen Effekte auf die Gehirnströme untersucht, unter anderem: Knoten, die die Probanden selbst lernten und knüpften; bekannte Knoten, die der ihnen zugewiesene Partner knüpfte, wobei sie selbst zusahen; und unbekannte Knoten, die sie von mehreren Seiten betrachten konnten. Dabei stellten die Forscher fest, dass die Tätigkeit des Knüpfens die Aktivität im Unteren Parietallappen, einer Region, die für das räumliche Denken sowie Lesen und Rechnen zuständig ist, nach wenigen Tagen Training bereits signifikant

67 Vgl. Vats (1940): *Excavations at Harappa*, S. 179.

68 Vgl. Cross et al. (2017): *Learning to tie the knot: The acquisition of functional object representations by physical and observational experience*, in: Plos One.

erhöht. Die Erhöhung der Gehirnaktivität zeigt sich aber nicht nur bei der Tätigkeit des Knotens selbst, sondern auch beim bloßen Zuschauen. Damit stützten die Forscher die Vermutung, dass die manuelle Auseinandersetzung mit einem Gegenstand direkten Einfluss darauf hat, wie wir den Gegenstand wahrnehmen – oder sollte man besser sagen: begreifen. Wenn wir uns mit einem Gegenstand manuell beschäftigt haben, bewirkt der Anblick eine höhere sensomotorische Aktivität im Gehirn, als wenn wir den Gegenstand nur vom Sehen kennen.[69] Im Übrigen sprachen sich die Forscher konkret für die Verwendung von Leine und Knoten als ideales Versuchsobjekt aus, da diese sowohl den meisten unbekannt sind als auch eine hohe Komplexität in der Zurverfügungstellung von Aufgaben bieten.[70]

Aus den neurowissenschaftlichen Befunden lässt sich festhalten, dass dieselben sensomotorischen Bereiche in unserem Gehirn nicht nur bei der eigentlichen Tätigkeit, sondern auch bei der bloßen Vorstellung dieser Tätigkeit aktiviert werden. Wir kennen das Phänomen aus dem Alltag, wenn wir sagen: »Das Gehirn arbeitet weiter.« Es zeigt sich, wenn wir intensiv einen bestimmten Bewegungsablauf – sei es im Sport, auf einem Instrument oder eine sonstige Geschicklichkeit, die wir zuvor noch nicht beherrschten – bis zu dem Punkt trainieren, an dem wir nicht mehr weiterkommen, sei es aus Erschöpfung oder aufgrund schwindender Konzentration. Und wenn wir nach einer Pause von einem bis mehreren Tagen die Übung wieder aufnehmen, stellen wir fest, dass wir den Bewegungsablauf nun unmittelbar besser beherrschen als beim letzten Mal,

69 Vgl. Cross et al. (2012): *Physical Experience Leads to Enhanced Object Perception in Parietal Cortex: Insights from Knot Tying*, in: Neuropsychologia, S. 3216.

70 Auch Carol Strohecker lobt in ihrer Dissertation *Why knot?* die Eignung von Knoten für wissenschaftliche Untersuchungen von menschlichen Lernprozessen.

ganz so, als ob man auf einem anderen Level startet. Profisportler machen sich das mittlerweile zunutze, indem sie Bewegungsabläufe visualisieren und sich in perfekter Ausführung intensiv vorstellen. Die elektrischen Impulse dieser Tätigkeit prägen buchstäblich das Gehirn und bereiten es für den nächsten aktiven Bewegungsablauf vor. Was sagt uns das aber über Knotensymbole?

Wir können damit sagen, dass in einer Welt, in der die Menschen tagtäglich mit Leinen und Knoten zu tun haben, die bloße Betrachtung eines Knotens bereits einen weit stärkeren Impuls auf das Gehirn hat als bei einem postmodernen digitalen Menschen mit Reißverschluss-Schnürschuhen. Genauer gesagt handelt es sich um den Bereich des Sulcus intraparietalis. Diese Gehirnregion wird aktiviert, wenn wir ein Objekt betrachten, das wir verstehen. Wir nehmen dann geistig bereits Möglichkeiten der Manipulation des Objekts vorweg. Wir sehen zum Beispiel eine Flasche Wasser und haben bereits die Möglichkeit, aus ihr ein Glas zu füllen, gedanklich durchgespielt, ohne es bewusst wahrzunehmen.

Für unsere Vorfahren hatten die Knotensymbole eine höhere ideelle Bedeutung, weil sie buchstäblich eine höhere Gehirnaktivität auslösten. Der Endlosknoten löst beim Betrachter nicht nur den Impuls aus, den Knoten nachzuknüpfen, weil er ihn sensomotorisch bis zu einem bestimmten Punkt versteht – er löst gleichzeitig den gegenteiligen Impuls aus, ihn nämlich nicht nachknüpfen zu können, weil er eine idealisierte Darstellung der Endlosigkeit ist. Der Betrachter fühlt eine Diskrepanz aus Verstehen und Nicht-Verstehen, aus sensomotorischer Rekonstruktion und rationaler Kapitulation. Es ist diese Lücke im Begreifen und Verstehen, die den Raum öffnet für das spirituelle Fühlen von Phänomenen, die man ebenso wenig versteht: Ewigkeit, Unendlichkeit, Leere.

Wir kommen der Symbolkraft des Knotens noch näher, wenn wir ihn dialektisch untersuchen; wenn wir uns also nicht nur die Frage stellen, für was sich der Knoten als Symbol eignet, sondern auch danach fragen, für was er sich nicht eignet. So sehr sich nämlich Knoten als Symbole für abstrakte Inhalte eignen, so ungeeignet sind sie für die Symbolisierung konkreter Inhalte. Sie lassen sich beispielsweise nicht einspannen für politische Ziele oder Ideologien, so reizvoll es auch sein mag. Der Knoten ist über-ideologisch. Seine Eigenschaft, sich jederzeit wieder leicht lösen zu lassen, passt nicht zu politischen Prinzipien und Zielen. Und mit der Festigkeit, die, wie wir seit dem Gordischen Knoten wissen, sich jederzeit aufschlagen lässt, möchte sich kein Ideologe schmücken. Der Knoten ist zu komplex, er besitzt zu viele Bedeutungen, um auf einige wenige festgenagelt zu werden. Der italienische Journalist Adriano Sofri stellt dem Knoten den Nagel gegenüber und erläutert den Zusammenhang der beiden Gegenstände in seinem Buch *Der Knoten und der Nagel: ein Buch zur linken Hand*. Der Nagel, der Stahl, das Schwert – in all diesen Dingen sieht Sofri Symbole männlichen Denkens. »Nagel, aufrecht, recht, rechts. Knoten, gewunden, link, links«,[71] schreibt er, und so sehr ihn beide Gegenstände faszinieren, macht er, Mitbegründer der linksradikalen Gruppierung Latto continuo und in einem fadenscheinigen Prozess in den späten 1990er Jahren in Italien zu 22 Jahren Haft verurteilt, keinen Hehl aus seiner Vorliebe für den Knoten. Natürlich weiß auch er, dass der Knoten sich weit weniger als Symbol politischer Bewegung eignet als jede Form von Stahl. Mehrdeutigkeit, Verwandlungsfähigkeit, Kniffligkeit, Geschmeidigkeit sprengen jede politische Ideologie der einfachen Antworten. Dabei hätte der Knoten so viel zu bieten. Das Verbindende, Haltende, Sichernde, Einschließende eines Objekts, das sich jeder Menschenhand unabhängig von Geschlecht, Alter, Farbe und Vermögen anbietet, kennt kein Wir-und-die-Anderen, kein Begrenztes und Unterscheidendes. Er ist das Zeichen vor der Schrift, er bedeutet den Urzustand vor den ideologischen

71 Sofri (1998), S. 155.

Verirrungen genauso wie er die Überwindung derselben verspricht. Eine Utopie jenseits abgesteckter Systeme. Diesem Reiz am unbändigen Potenzial des Knotens als politisches Symbol kann Sofri nicht widerstehen. Doch so ganz geheuer ist ihm dabei der Gedanke wohl selbst nicht. Er setzt ihn in Klammern, gerade so, als ob er nur flüsternd geäußert werden dürfte: »(Was wäre wohl aus einer Arbeiterbewegung geworden, die auf ihre Fahne anstelle von Hammer und Sichel einen Knoten aufgenäht hätte?)«[72]

Eine wesentliche Symbolfunktion des Knotens für unsere Vorfahren lag in seiner Schutzfunktion. An diesem Punkt aber verschwimmen die Grenzen zwischen Symbol und Magie. Wir haben im vorherigen Kapitel bereits gesehen, dass die Knotensymbole für die frühen Christen immer auch eine apotropäische Funktion hatten. Damit unterschieden sich die Christen nicht von anderen Kulturen, da in Knoten schon lange eine unheilabwendende Kraft gesehen wurde. Wenig überraschend sind es wiederum Knoten, in denen man Unheil vermutete und magische Kräfte fürchtete. Der US-amerikanische Linguistik- und Literaturprofessor Cyrus L. Day, der sich Anfang des 20. Jahrhunderts intensiv mit Knoten beschäftigte und selbst auch ein Knotenhandbuch veröffentlichte, unterteilte die Magie der Knoten – quer durch alle Kulturen – in vier Anwendungsbereiche: 1. Wetter, 2. Krankheiten, Seuchen und Tod, 3. Sex inklusive Liebe, Ehe, Empfängnis und Geburt und schließlich 4. Geister, Dämonen und Gottheiten.[73]

Die Wirkungen unterschied er in 1. bösartig oder gutwillig, 2. beabsichtigt oder spontan, 3. wirkungsvoll in der Nähe oder der Distanz, 4. unmittelbar wirksam oder erst nach einiger Zeit und 5. von einem Laien gefertigt oder durch einen Profi, wie eine Hexe, einen Zauberer, Medizinmann oder Ähnliches.

72 Sofri (1998), S. 67.

73 Vgl. Day (1950): *Knots and Knot Lore*, in: Western Folklore, S. 229.

Die Myriaden an Beispielen magischer Knoten zu allen Zeiten und in allen Kulturen rund um den Erdball erzählen viel über die Denkweise unserer Vorfahren und darüber, wie sie ihre Umwelt wahrnahmen. Eine beeindruckende anthropologische Sammlung magischer Knoten von den entlegensten Pazifikinseln bis hinauf in die höchsten Alpendörfer lieferte der Indogermanist Isidor Scheftelowitz in seinem Buch *Das Schlingen- und Netzmotiv im Glauben und Brauch der Völker* aus dem Jahr 1912. Der Bereich Wetter spielte vor allen Dingen für Seefahrer eine große Rolle. Zu wenig Wind war ebenso fatal wie zu viel. Die erste Erwähnung vom Fesseln der Winde findet sich in der *Odyssee*. Odysseus bekommt von Aeolus, dem Gott der Winde, einen verschnürten Sack mit Winden geschenkt. Kurz vor der Ankunft in Ithaka öffnen seine neugierigen Gefährten den Sack und die entwichenen Winde treiben sie weit weg. Die Vorstellung, Winde mit Knoten fangen und wieder entlassen zu können, hielt sich sehr lange. Finnische Zauberer verkauften im Mittelalter Wind an Seefahrer in Form von drei Knoten. Der erste sollte eine kleine Brise entfachen, der zweite einen starken Wind und der dritte einen Sturm. So zumindest das Verkaufsversprechen. Wobei, wie Cyrus L. Day lapidar bemerkte, es unklar bleibe, weshalb Seemänner ein Interesse daran gehabt haben sollen, einen Sturm zu kaufen.[74]

Aus unseren Breitengraden kennt man noch das Nestelknüpfen (als Nestel bezeichnete man kleine Bänder oder Schnüre). Wie Ulrike Zischka berichtet, war es vom 16. bis zum 18. Jahrhundert ein Ärgernis, das das »Zusammenleben der Menschen erheblich störte«[75]. Meist sollte es den Vollzug der Ehe oder auch die Geburt stören. Daher war man beim Einsetzen der Wehen darauf bedacht, alle Knoten im Haus zu lösen und Fenster zu öffnen, um eine möglichst schnelle und einfache Geburt zu ermöglichen. Die Idee, mit

74 Vgl. Day (1950), S. 233.

75 Zischka (1977), S. 96 f.

Verknotungen Geburten zu erschweren, ist schon sehr alt. Wieder einmal sind es die griechischen Mythen, wo wir dieser Praktik begegnen, und zwar bei der Geburt ihres größten Helden, Herakles. Hera, die Gattin des Zeus, war voller Zorn, weil Herakles eines der vielen unehelichen Kinder des Zeus war. Mit allen Mitteln versuchte sie, die Geburt zu vereiteln. Als Alkmene in den Wehen lag, saß Hera vor der Kammer und verknotete sich die Beine, Arme und sogar Finger. Heute würde man das wohl als eine Yogafigur interpretieren. Alkmene litt währenddessen unter Schmerzen und es war keine schnelle Erlösung in Sicht. Ihr Leben war bereits in Gefahr, als die Magd Galanthis eine einfache, aber geniale List anwandte. Sie rannte aus der Kammer und verkündete, Herakles sei geboren. Hera erschrak, löste sich aus ihrer verknoteten Stellung und sprang entsetzt auf: »Aber das kann doch nicht sein!?« In diesem Moment erst erklang der erste Schrei des Helden, da der Zauber nun gelöst war. Dieser Glaube hielt sich jahrhundertelang. Das Nestelknüpfen wurde bis ins 17. Jahrhundert sogar strafrechtlich verfolgt, und im Jahr 1672 musste ein Arzt namens Jakob Krischan in Windisch-Landsberg unter Folter seine Knüpfkenntnisse preisgeben, die er nach Ansicht des Gerichts vom Teufel erworben hatte. Kaum vorstellbar, welche Macht man Knotengebilden zugestanden haben muss, wenn man sich zu solchen Maßnahmen genötigt sah.

Die Zeiten der magischen Knoten erscheinen aus heutiger Sicht vorsintflutlich, archaisch und kurios. Es fällt schwer, sich vorzustellen, wie man einem Knoten solch irrationale Kraft zugestehen konnte. Es wird allerdings ersichtlicher, wenn wir uns eine zentrale Eigenschaft von Leine und Knoten vor Augen halten: Sie verbinden zwei Gegenstände zu einem und schaffen damit etwas Neues mit einer völlig neuen Wirkung. Ein einfacher Stock wird zur tödlichen Waffe, wenn ein Stein daran befestigt wird. Ein Haufen etwa gleich langer dicker Äste wird zusammengebunden zum Floß, das einen kilometerweit in neue Gegenden trägt. Ein tonnenschwerer

Stein, der seit Anbeginn der Erde an einem Platz liegt, wird mithilfe von Seilen von Menschenhand bewegt. In dieser Vergrößerung von Wirkung und Macht durch einen Knoten liegt ein gewisser Zauber. Dieser Gedanke war, wie wir bereits gesehen haben, für die alten Japaner so mächtig, dass sie in ihm die Musubi-Gottheiten am Werke sahen, die »Knotenmacher«, »weil sie den Himmel mit der Erde verbinden, den Geist mit der Materie und das Leben mit dem Körper«[76]. Es war die Kraft eines Knotens, die die längste Zeit der Menschheit Innovationen hervorbrachte, indem sie Dinge miteinander verschmolz und in etwas Neues verwandelte. Ein biegsamer Stock und eine Sehne wurden mithilfe von Knoten zur wichtigsten Waffe für Tausende von Jahren. In dieser Verschmelzung von Dingen zu etwas Neuem liegt auch der tiefere Sinn der Treue- und Liebesknoten, denen wir durch alle Kulturen und Zeiten begegnen. Nicht in der bloßen Verbindung, dem Aneinanderhängen, dem Zusammenbinden liegt der Sinn, sondern in der Verschmelzung zu einem, das nun von größerer Wirkung ist.

Dabei ist die Kraft, die ein Knoten ausübt, bei genauerer Betrachtung außerordentlich konkret. Um sie deutlicher zu erkennen, müssen wir all die künstlich erzeugten Kräfte ausblenden, die uns moderne Menschen umgeben, wie die Elektrizität, die so gut wie jeden Gebrauchsgegenstand unserer Zeit antreibt, oder die Verbrennungsmotoren, die vom Auto bis zur Rakete Bewegungen ermöglichen. Sogar die Atomkraft nutzen wir seit Jahrzehnten. All diese künstlich erzeugten Kräfte müssen wir uns wegdenken, wenn wir die Wirkung eines Knotens auf den Frühmenschen verstehen wollen. Unsere Vorfahren waren von wenigen natürlichen Kraftfeldern umgeben: Erde, Wasser, Luft; Tiere und der Mensch selbst übten Kräfte aus, die man unmittelbar spüren konnte. Leine und Knoten waren die ersten künstlich erzeugten Kraftfelder, mit

76 Calvino (2016), S. 68 f.

denen sich allen anderen Kräften trotzen ließ. Indem man etwas aufhängte, befreite man es vom Kontakt zur Erde. Indem man ein Boot anleinte, trotzte man den Fluten. Indem man Gegenstände zusammenknotete, flogen sie bei starken Winden nicht weg. Indem man Tiere festband, hinderte man sie am Weglaufen. Im Knoten wirkt eine eigene Kraft, die Dinge festhält oder an sich heranzieht. Der Knoten ist bereits ein Gebilde, das sich selbst zusammenhält. Er erzeugt seine eigene Schwerkraft und löst sich heraus aus den physikalischen Gesetzen, denen alles unterworfen ist. Dem Knoten ist es in der Tat egal, ob er auf der Erde an eine Stange gebunden ist oder in der Schwerelosigkeit des Weltalls. Beides hat keine Auswirkung auf die Kraft, die er selbst auf die Stange erzeugt. Die Kraft erhält er von demjenigen, der ihn bindet. Wir können es uns ganz einfach physikalisch vorstellen: Wir ziehen zum Beispiel einen Konstriktor, wie er am Ende des Buches vorgestellt wird, fest um einen Gegenstand. So fest, dass der Druck auf den Gegenstand beispielsweise zehn Kilogramm entspricht. Diese zehn Kilogramm Druck erzeugen unsere Arme beim Festziehen. Wir übertragen die Kraft unserer Arme auf den Knoten. Der Knoten hält diese Kraft nun fest. Er speichert sie. Der Knoten ist ein Speichermedium von Kraft. Erst wenn wir ihn lösen, verschwindet die Kraft, die wir vielleicht Jahre zuvor auf den Gegenstand übertragen haben. Diese Kraft, die der Knoten speichert, steht in einem Verhältnis zu seiner eigenen Masse, wie wir sie nirgends sonst erleben. Wir haben bereits im Kapitel *Am Anfang war das Knoten* gesehen, dass unsere Vorfahren Seile herzustellen vermochten, die eine Last von einer Tonne heben konnten. Diese Taue selbst mögen vielleicht 200 Gramm pro Meter gewogen haben. Heutige Kernmanteltaue zum Klettern können ähnliche Lasten halten bei einem Gewicht von etwa achtzig Gramm auf einen Meter. Ein guter Knoten benötigt vielleicht ein Viertel des Meters und würde somit zwanzig Gramm wiegen. Dieser zwanzig Gramm schwere Knoten kann das 4500-fache seines eigenen Gewichts halten. Ein prähistorischer Knoten vielleicht das 2000-fache. Welches Gerät vermag eine solche Relation aus Masse und Kraft auch nur annähernd zu erreichen? Wenn wir also fragen, warum die Menschen der Vorzeit im Knoten übernatürliche Kräfte wirken sahen, müssen wir mit der Gegenfrage antworten: Wie kann man in einem solchen Objekt nicht ein unfassbares Kraftfeld erkennen?

Für Cyrus L. Day muss sich der Glaube an die Magie von Knoten bei unseren Vorfahren schon sehr früh eingestellt haben. Immer knüpfte der Mensch an einen Knoten auch den Glauben daran, dass er funktioniert. Knoten, die aus unerklärlichen Gründen platzten, wurden als unheilbringende Tat von Dämonen interpretiert. Knoten, die hielten, waren wiederum von guten Geistern bewacht. Knoten waren somit der frühe, womöglich der erste Fetisch des Menschen. Der grundsätzlich pragmatische Vorgang, einen Knoten zu binden, war immer begleitet vom Wunsch, von der Hoffnung oder sogar dem Beschwören, dass er halten möge. Damit öffnete sich das Feld für jeden weiteren Gedanken, den man mit dem Knoten festgebunden haben wollte. Der Mensch lernte den Glauben an Abstraktes anhand der Verbindung physikalischer Kräfte, die auf einen Knoten übertragen werden, mit dem gleichzeitigen Hineinlegen eines Gedankens, den man durch den Knoten festzuhalten wünschte.

Aus diesem Glauben erwuchsen die Glaubenssysteme, als Knoten im Lauf der Zeit ersetzt wurden durch Götzenbilder, heilige Gegenstände, Reliquien und Altäre. Wir können den Ursprung sogar noch im Wort Religion erkennen, das auf das lateinische Verb *religare* zurückgeht, was ›binden‹ und ›knüpfen‹ bedeutet. Isidor Scheftelowitz verweist darauf, dass das Wort *ligare* (re-*ligare*) nicht nur ›binden‹ heiße, sondern auch ›zaubern‹. Das Binden wird in vielen Sprachen synonym mit ›verzaubern‹ verwendet, und das Auflösen eines Knotens oder einer Schlinge mit ›entzaubern‹. Im Hebräischen bedeutet das Wort für binden auch ›bannen‹ und ›beschwören‹, wogegen ›auflösen‹ auch die Bedeutung ›entzaubern‹ hat. Bei den turko-tatarischen Völkern, so schreibt er, werde der Begriff ›Zauber‹ auch durch ›Band‹ oder ›Fessel‹ ausgedrückt. Im Lateinischen bedeutet der Begriff *fascinum* »Beschreiung, Behexung«,[77] wobei das Wort verwandt ist mit *fascia*, der Binde, dem Band. Aus heutiger Sicht ist das interessant, weil die italienischen Faschisten ihre Bezeichnung vom italienischen *fascio* ableiteten, dem ›Bund‹, dem ›Verein‹ oder auch ›Rutenbündel‹, welches zum Symbol der Bewegung wurde. Für Historiker und Politologen ist der Begriff Faschismus inhaltslos, da er im Gegensatz zu anderen Ismen nichts über das Wesen der Bewegung aussagt, wie zum Beispiel bei Liberalismus, Sozialismus, Kommunismus etc., wo sich das Programm im Namen spiegelt. Dem kann angesichts der vorhergehenden Betrachtungen zum Teil widersprochen werden, da in seiner Bedeutung ein entlarvend wahrer Kern liegt. Denn der Faschismus teilt seine etymologische Wurzel mit der ›Beschreiung‹ und ›Behexung‹. Scheftelowitz kannte in seinen Betrachtungen weder die expressive und ekstatische Ausdrucksweise Mussolinis oder Hitlers noch das Wort Faschismus selbst, da er sein Buch 1912 veröffentlichte.

77 Scheftelowitz (1912): *Das Schlingen- und Netzmotiv im Glauben und Brauch der Völker*, S. 17.

Knoten, Zeichen, Schrift

Wir befinden uns in einem der größten globalen Machtzentren der Erde: Washington D.C., Hauptstadt der Vereinigten Staaten von Amerika, größte Wirtschafts- und Militärmacht aller Zeiten. Aus Hubschrauberperspektive nähern wir uns dem Kapitol, architektonische Reminiszenz an antike Vorstellungen von Staatsgewalt und Herrschaft. Schnitt. Wir stehen direkt vor dem weißen Marmorgebäude und betreten das Capitol Visitor Center, wo unser Blick auf die Statue eines nordamerikanischen Ureinwohners fällt. Es handelt sich dabei um den Puebloindianer Po'pay, geschaffen vom indigenen Skulpteur Cliff Fragua, aus rotem Tennessee-Marmor. Wer die Geschichte dahinter nicht kennt, wird sich wundern, weshalb Po'pay mit einem Seil abgebildet ist, in das in gleichmäßigen Abständen mehrere Knoten geknüpft sind. Handelt es sich etwa um eine Nahkampfwaffe? War es ein Maßband?

Po'pay lebte im 17. Jahrhundert und war Farmer, Geistlicher und Rebell. Seine uns bekannte Geschichte beginnt, als er 1675 von den spanischen Kolonialherren zusammen mit 46 anderen geistlichen Führern der Pueblostämme wegen Hexerei gefangen genommen wurde. Die meisten wurden hingerichtet, Po'pay allerdings kam frei, nachdem 70 Krieger um seine Freilassung baten und der spanische Gouverneur offenbar eine Revolte fürchtete. Für Po'pay war es der Beginn des Plans, sich vom Joch der Spanier zu befreien und zur traditionellen Lebensweise zurückzukehren. In den nächsten fünf Jahren bereiste er mehr als vierzig Pueblostämme, die in einem Umkreis von mehreren Hundert Meilen verstreut waren. Die Pueblos waren kein einheitlicher Stamm. Sie unterschieden sich in ihren Bräuchen,

Sprachen und Lebensweisen. Sie betrieben zwar sporadischen Handel untereinander, gingen sich aber sonst respektvoll aus dem Weg. Vor der Eroberung durch die Spanier gab es keinen Einheitsgedanken unter den Pueblos, besser gesagt, es brauchte keinen. Po'pay stand also vor einer für sein Volk historischen Aufgabe: die Einigung unterschiedlichster Stämme unter einer Idee. Den Überlieferungen zufolge soll er eine natürliche Autorität ausgestrahlt haben, die nicht wenige bereits als furchteinflößend empfanden. Sie mag sicherlich bei der Überzeugungsarbeit geholfen haben. Kurioserweise lieferten die Spanier selbst seinem Vorhaben das wichtigste Werkzeug: eine einheitliche Sprache. Denn bis 1680 sprachen alle Pueblos Spanisch, was für die Organisation eines Aufstands von großer Hilfe war.

Po'pay war so besessen von seinem Vorhaben, dass er selbst seinen Schwiegersohn umbrachte, aus Sorge, dieser könne den Spaniern etwas verraten. Er konnte zwar nicht alle Stämme überzeugen – manche assimilierten sich bereits zu sehr an die neuen spanischen Bewohner und ihren christlichen Glauben und wollten auch gar nicht mehr zurück zur traditionellen Lebensweise –, aber er gewann genügend Mitstreiter für einen Aufstand. Dieser war für den 13. August 1680 geplant. Wie aber schafft man es, meilenweit verstreute Stämme ohne einheitliche Zeit- und Kalenderorganisation oder Telekommunikationsmöglichkeiten zu einer zeitgleichen Revolte zu koordinieren? Es gelang ihm mit einer uralten Methode: einer Leine – in dem Fall einem Lederriemen – mit Knoten. Er schickte Boten zu allen beteiligten Stämmen mit je einer Leine mit gleich vielen Knoten, welche vor Ort täglich um einen Knoten gelöst werden sollten. Wenn der letzte Knoten gelöst war, sollte der konzertierte Aufstand in den vielen meilenweit verstreuten Ortschaften beginnen.

Die Spanier allerdings bekamen Wind davon, als sie zwei Boten mit den Knotenleinen abfingen und diese so lange folterten, bis sie den Plan verrieten. Um den Spaniern noch zuvorzukommen, musste der Aufstand vorgezogen werden, aber nicht alle Stämme erfuhren von der Planänderung rechtzeitig. Dennoch gelang es Po'pay mit seinen Verbündeten, die Spanier aus dem Rio-Grande-Tal zu vertreiben. Diesen blieb nichts anderes übrig, als sich in Santa Fe zu verschanzen. Dort waren sie aber vom Wasser abgeschnitten, weshalb ihnen die Puebloindianer den friedlichen Abzug gewährten. Als die Spanier erst Jahre später wieder zurückkehrten, machten sie den Pueblos Zugeständnisse und gewährten ihnen eine gewisse Autonomie. Dieser Aufstand – eines der bedeutendsten historischen Ereignisse in der Geschichte New Mexicos – war erfolgreich in der Hinsicht, dass er die Pueblokultur rettete. Die Knotenleine war dabei der archaische Countdown zur Rebellion und wurde durch Po'pay zum Symbol des organisierten Aufstands.

So integral Leine und Knoten in ihrer Funktion als physisches Werkzeug für die Menschwerdung waren – von niemandem erfunden, von niemandem entdeckt, sondern immer schon Mittel zum Leben –, so allgemein verbreitet und genutzt wurde der Knoten seit den frühesten Anfängen als Erinnerungs- und Messinstrument. Cyrus L. Day war sich sicher, dass alle prähistorischen Menschen rund um den Erdball Knoten als Gedächtnisstützen verwendeten, sogenannte mnemonische Knoten.[78] Wenn wir heute noch jemandem salopp empfehlen, einen Knoten zu machen, um etwas Wichtiges nicht zu vergessen, dann sprechen wir von einer Alltagspraktik, die nicht hundert, tausend oder zehntausend Jahre alt ist. Menschen haben sich diesen Rat höchstwahrscheinlich schon gegeben, als gleichzeitig noch andere Menschenspezies den Planeten bewohnten.

Mit Knoten ließen sich wie bei Po'pay die Tage bis zu einem bestimmten Ereignis abzählen. Schon vor Tausenden von Jahren

78 Vgl. Day (1957): *Knots and Knot Lore: Quipus and Other Mnemonic Knots*, in: Western Folklore, S. 26.

verabredeten sich Menschen zu Festen und Zeremonien. Auf genau diese Weise übergaben Boten den jeweiligen Stämmen Leinen mit entsprechend vielen Knoten, um die Tage bis zur Zusammenkunft abzuzählen. Dieser Kalenderfunktion von Knoten begegnen wir weltweit auf allen Kontinenten und in allen Kulturen. Bedenkt man den Aufwand, den die Menschen für eine Reise betrieben inklusive der Vorbereitungen, des Packens, der Zusammenstellung von Proviant, womöglich noch der Erteilung ritueller Segnungen und der Reise selbst, musste das Lösen dieser Knoten, bei denen nur der genaue tägliche Rhythmus gewährleistete, zum vereinbarten Zeitpunkt zu erscheinen und damit zur Ehre des Stammes sein Wort gehalten zu haben, eine grenzheilige Praktik gewesen sein. Eines der wichtigsten Ereignisse im Leben von Menschen war schon immer die Hochzeit. Auch hier gibt es Zeugnisse aus vielen Kulturen, dass die Zusammenkunft zweier womöglich weit voneinander entfernt lebender Familien über Knotenkalender sichergestellt wurde. Das Bild einer jungen Frau, die in banger Erwartung täglich einen Knoten löst, muss über viele Jahrhunderte eine Metapher für Ungeduld und Vorfreude, aber auch für die Ehrfurcht vor der Institution Ehe gewesen sein. Wir begegnen dieser Szene in der Bibel. Oder zumindest dem Gegenteil – einer Braut, die teilnahmslos vergisst, die Knoten zu lösen –, was dem Propheten Jeremias als Bild dient, um die Sorg- und Gottlosigkeit des israelischen Volkes zu illustrieren.[79]

Spätestens seit der Mensch begonnen hat, den Eintritt künftiger Ereignisse anhand von Knotenleinen abzuzählen – seien es Treffen, Rituale oder Festivitäten gewesen –, hat er einen Begriff von Zeit, Zukunft und Vergänglichkeit. Er war nicht nur in der Lage, Ereignisse gedanklich vorwegzunehmen und zu planen, sondern auch, seine Handlungen mit anderen zu koordinieren. Knoten lieferten

79 Vgl. Gandz (1930): *The Knot in Hebrew Literature, or from the Knot to the Alphabet*, in: Isis, S. 204.

somit die erste Möglichkeit eines sozialen Gedankens, der über die Gemeinschaft des eigenen Stammes hinausgeht.

Die Knoten waren damit nicht nur ein Kalender, sondern gleichzeitig ein Zählinstrument. Und sie wurden zum Rechenhilfsmittel. Die berühmtesten Knoten zum Zählen, Rechnen und Führen der Buchhaltung erfanden die Inkas. Mit ihren Quipus waren sie in der Lage, komplexe Multiplikationen bis in die Tausende zu rechnen – so akkurat, dass selbst die Buchhalter der spanischen Eroberer verblüfft ihre Unterlegenheit eingestehen mussten. Sie rechneten in einem Dezimalsystem: An eine Schnur wurden parallel zueinander mehrere Schnüre geknotet. Die Schnüre standen nun nacheinander für jeweils eigene Größenordnungen: Zehner, Hunderter, Tausender. Mit unterschiedlichen Knoten ließen sich so alle Zahlen abbilden und lesen. Die Inkas verwendeten ihr Knotensystem zum Aufbau und zur Organisierung eines Staatswesens mit mehreren Tausend Mitgliedern. Zensus, Statistiken, Rechnungswesen, Steuerabgaben, Erntemenge und -zeitpunkt wurden über die Quipus festgehalten. Einen ähnlich komplexen Umgang mit Knoten pflegten 16.000 Kilometer weit entfernt die Einwohner der Riukiu-Inseln zwischen Japan und Taiwan sogar noch bis ins 20. Jahrhundert.[80]

Bei den Inkas fanden sich Quipus als Grabbeigaben. Der frühe Inka-Forscher Erland Nordenskiöld hielt es für ausgeschlossen, dass es sich dabei um pragmatische Aufzeichnungen des Staatswesens handele, weil es aus indigener Sicht ein Ding der Unmöglichkeit wäre, Aufzeichnungen über Lebende einem Toten mitzugeben, da dieser ansonsten Einfluss auf die Lebenden nehmen könnte. Weniger prosaisch betrachtet ist die Trennung von weltlichen und sakralen Bereichen quer durch alle Kulturen ein zutiefst menschliches Bedürfnis, und es dürfte auch in heutiger Zeit den

80 Vgl. Day (1957), S. 17.

meisten abwegig erscheinen, mit der letzten Steuererklärung bestattet zu werden. Bei den Quipus als Grabbeigaben handelte es sich Nordenskiöld zufolge vielmehr um Zahlen mit magischer Bedeutung. Die Inkas, so errechnete es Nordenskiöld, hatten eine Vorliebe für die Zahl Sieben und Primzahlen mit der Ziffer Sieben, wie 67, 337 oder 677. Außerdem tauchen in den wenigen Funden, die man erforschte, jede Menge astronomische Zahlen auf, wie die 365 (Tage im Jahr), die 29,5 oder 30 (Mondtage), und die jeweiligen Perioden von Merkur (116), Jupiter (397) und Venus (584). Schließlich noch die 52, als Anzahl der Wochen eines Jahres, die in sieben Tage unterteilt sind. Spätere Forscher stehen diesen Befunden allerdings kritisch gegenüber.[81]

Aus heutiger Sicht empfinden wir die Zeiten vor der Schrift als rückständig, unwissenschaftlich und archaisch. Obwohl die Quipus der Inkas beweisen, zu welch komplexen Darstellungen von Gesellschaftsformen und -prozessen der Mensch ohne Schrift in der Lage ist, wirkt es aus der Perspektive unserer Schriftkulturen liebenswert altbacken. Wir staunen vielleicht kurz über das System, aber unser Selbstverständnis, das auf 5000 Jahren Schrift und 500 Jahren Buchdruck beruht, erkennt darin höchstens die kulturelle Eigenheit eines Andenvolkes, das ohnehin berühmt ist für seine große Kunstfertigkeit im Weben von Stoffen. Wo sonst hätte man von einer Knotenschrift schon einmal gehört? Der österreichische – und später in die USA emigrierte – Wissenschaftshistoriker Solomon Gandz schrieb 1931 einen aufschlussreichen Artikel über die Verwendung von Knoten als Gedächtnis-, Dokumentations- und Recheninstrument. Er kommt zu drei bemerkenswerten Schlüssen: 1. Nicht nur die Inkas in Peru hatten ein komplexes Dokumentationssystem aus Knoten, sondern mindestens auch die frühen Hebräer, was sich

81 Vgl. Christensen (1996): *The Peruvian Quipu*, in: History and Science of Knots, S. 74.

nicht zuletzt in den Gebetsriemen zeigte. 2. Die Bibel, und vor allen Dingen das Alte Testament, wird an vielen Stellen überhaupt erst verständlich, wenn sie durch die Knotenbrille gelesen wird, wozu er eine Vielzahl von Beispielen liefert. Und 3. Die ersten Buchstaben und Zeichen waren eine direkte Abbildung von Knoten. Unser modernes Schriftsystem geht also auf Knoten zurück,[82] wofür es ebenso Beispiele aus dem frühen Ägypten und China gibt.[83]

Da organisierte Gemeinschaften aus religiösen oder weltlichen Gründen Knoten als Rechenmittel und Gedächtnisstütze einsetzten, lässt sich begründet vermuten, dass es sich um Allgemeinpraktiken handelte, so wie heute Lesen, Rechnen und Schreiben. Gandz ging daher davon aus, dass auch private Geschäftsleute ihre Angelegenheiten mit Leine und Knoten organisierten und dokumentierten. Er zitiert die Bibelstelle Hesekiel 40,3, wonach der Prophet einen Mann mit Messrute und einer leinenen Schnur sieht. Im Gegensatz zu frühen Interpretationen, die bis ins 11. Jahrhundert zurückreichen, wonach man in der Schnur nur ein weiteres Messinstrument erkannte, ist Gandz davon überzeugt, dass sie dem Architekten dazu diente, alle Messungen festzuhalten. Wer jemals schon nur einen Raum ausgemessen hat, weiß um die Unverzichtbarkeit der genauen Niederschrift der Messungen (»Moment, waren das jetzt für die genaue Schranklänge 3,46 m oder 3,64 m?«). Gandz legte bei seinen Interpretationen eine erfrischend pragmatische Sicht an den Tag. Was Schriftgelehrte und Theologen der letzten tausend Jahre wenig verstanden und als Nebensächlichkeit weginterpretierten, deutete Gandz auf nüchterne Art anhand zu Zeiten der Quelle üblicher Gegebenheiten. Lydia H. S. Chen berichtet, dass es während

82 Vgl. Gandz (1930), S. 213.

83 »... in ancient China knotted ropes were employed to keep records as well.« (zu Deutsch: »... im alten China wurden geknotete Seile auch zum Führen von Aufzeichnungen verwendet.«) Chen (1996): *The Art Of Chinese Knotwork: A Short History*, in: History and Science of Knots, S. 90.

der 900-jährigen Chou-Dynastie in China (1121–221 vor Christus) unter chinesischen Gentlemen üblich war, ein kleines Werkzeug aus Elfenbein, Jade oder Knochen mit sich zu führen, mit dem sich Knoten lösen ließen.[84] Es ist also davon auszugehen, dass diese Gentlemen ihre Alltagsgeschäfte mit vielen Knoten organisierten, genauso wie die Gentlemen der Moderne einen anderen spitz zulaufenden Gegenstand mit sich führten, um wichtige Dinge zu notieren. Apropos notieren: Einer der ersten Knotenforscher, Hjalmar Öhrvall, beschreibt in seinem Buch *Om knutar* Anfang des 20. Jahrhunderts, wie im Mittelalter die Schrift- und Leseunkundigen statt einer Unterschrift oder eines Siegels einen Knoten an Dokumente und Urkunden hefteten. Sie wurden daher *Nodator* genannt, was sich vom lateinischen Wort *nodus*, ›der Knoten‹, ableitete.[85] Sie waren also die Knotenknüpfer. Der *Nodator* wurde im Lauf der Zeit zum Synonym für ›Zeuge‹. Eigentlich leitet sich der heutige Notar und das Notieren vom lateinischen *notare* ab, was sowohl ›schreiben‹ bedeutet als auch ›einprägen‹ und ›sich etwas merken‹. Inwiefern sich das lateinische *notare* aus dem mutmaßlich älteren *nodare*, ›Knoten knüpfen‹, ableitet, konnte in der etymologischen Quellenforschung nicht rekonstruiert werden. Allerdings wäre es nicht verwunderlich, wenn das amtliche Bezeugen, das schriftliche Festhalten, das Dokumentieren eines Ereignisses oder das Festhalten einer Erinnerung, die allesamt lange Zeit mithilfe von Knoten erfolgten, ebendiesen heute noch im Namen trügen. 1931, als Gandz den Artikel schrieb, stellte er den Vergleich mit einem Notizbuch her, das der moderne Mensch mit sich führt. Ebenso mögen in früheren Zeiten die Menschen eine Kordel oder Leine mit sich geführt haben, mehr oder weniger ornamental geknüpft, zur Dokumentation von Zahlen, Daten und Ereignissen, die für sie persönlich wichtig waren.

84 Vgl. Chen (1996), S. 104.
85 Vgl. Öhrvall (1916), S. 198.

Italo Calvino verglich 1983 die Quipus der Maya mit Computern. Im 21. Jahrhundert ist man nun geneigt, den Vergleich anzustellen, der in Hinblick auf Vielseitigkeit und Mobilität am zutreffendsten erscheint: Leine und Knoten waren das Smartphone der Vorzeit. Es war eine frühzeitliche Rechenmaschine, wie zum Beispiel auf Hawaii, wo die zu entrichtenden Steuern über Knoten dokumentiert wurden. Mit Knoten wurden im alten Palästina Quittungen erstellt. Auf allen Kontinenten gibt es Zeugnisse über die Verwendung von Knoten zur Vereinbarung von Terminen, Erinnerung an Ereignisse, Dokumentierung von Messungen oder Abgabe von Bestellungen. Sie dienten als Mittel der sozialen Interaktion und Koordination. Knoten wurden verwendet, um Botschaften zu übermitteln und Antworten zu geben. In der Ausstellung *Nœud et ligatures* 1983 in Paris wurden Objekte aus Neukaledonien gezeigt, wo man mit Knoten Militärbündnisse schloss, Kriegserklärungen und Friedensangebote übermittelte. Im japanischen Kagawa schickten Männer ihren Auserwählten zwei lose Schnüre und hofften darauf, dass diese verbunden wieder zurückkamen als Zeichen der künftigen Verbundenheit. Von den Seeleuten gibt es ähnliche Erzählungen. Und sogar die eigene Identität, also die Geschichte eines Stammes, hielten unsere Vorfahren mithilfe von Knoten fest, in Form der bereits erwähnten mnemonischen Knoten, die je für eigene Erzählungen und Sagen standen. Aus ihnen entstanden die Schriftsysteme aller Kulturen, womit sie für Solomon Gandz das anthropologische Fundament für alles bilden, was wir heute als Literatur, Geschichte und Wissenschaft kennen.

Neben einer Vielzahl von Beispielen für mathematische und mnemonische Verwendung von Knoten taucht Gandz tief in die Etymologie ein, wobei er Begrifflichkeiten aus dem Hebräischen über das Aramäische und Syrische bis ins Babylonische nachspürt. So erläutert er beispielsweise, dass der Begriff für die frühe Rechenmaschine Abakus eine Ableitung von Leine und Knoten sei.

Das hebräisch-aramäische Wort *abaq*, von dem sich Abakus ableitet, bedeutet auch ›knoten‹ oder ›eine Schleife knüpfen‹. Abakus bedeute somit nichts anderes als ›geknotete Leine‹. Überhaupt leiten sich immer wieder in vielen Sprachen die Begrifflichkeiten rund ums Rechnen und Lesen von Leinen und Knoten ab. In einem Artikel über die Entstehung von Literatur verweist Gandz darauf, dass das Hinduwort *grantha* ursprünglich ›Knoten‹ hieß und im Laufe der Zeit die Bedeutung für ›Buch‹ annahm. Die kurzen Anweisungen für Rituale und Gesetze nannten die Hindu *sutra*, was so viel bedeutet wie ›Faden‹ oder ›Schnur‹.[86]

Der Schritt vom Konkreten – ›ich knote einen Stein an einen Stock‹ – hin zum Abstrakten – ›ich knote einen bestimmten Gedanken fest, sodass ich ihn zu einem späteren Zeitpunkt wiederaufnehmen kann‹ – erfolgte überall und in allen Kulturen. Mit Knoten, mit dem Festhalten von Ereignissen, von Geschichten, von Zahlen und Messungen, wurden Gemeinschaften sich ihrer selbst bewusst: wer sie sind. Was sie ausmacht. Worin sie sich von anderen unterscheiden. So wie die pragmatische Verwendung von Knoten als Rechen- und Dokumentationsmittel der Vorläufer unserer Wissenschaften war, so war, wie wir im vorherigen Kapitel gesehen haben, die spirituelle Verwendung von Knoten der Vorläufer der Religionen. Den Übergang vom Knoten zur Schrift sehen wir mit am deutlichsten bei den alten Ägyptern. Sie überführten den Knoten als Symbol in ihre Hieroglyphenschrift. Die Ägyptologin Rania Mahmoud identifizierte unterschiedliche Knotenzeichen, die in Verbindung mit jeweils anderen Zeichen auftauchen und damit eine kaum zu steigernde Bedeutungsfülle erhielten: Der Knoten galt als Schutz vor dem Bösen, Vereinigung der beiden Länder östlich und westlich des Nils, er sollte als Symbol Jugend und Gesundheit bewahren, die Toten auf dem Weg ins Jenseits begleiten und nicht zuletzt spielte er

86 Vgl. Gandz (1930), S. 206.

eine große Rolle in der ägyptischen Schöpfungsgeschichte: Er stand für Wiedergeburt und Ewigkeit.[87]

Wenn wir die Entwicklung der menschlichen Geistesgeschichte bis zur Erfindung der Schrift verstehen wollen, dann haben wir dabei die längste Zeit die Bedeutung des Knotens übersehen. In den gängigen Erzählungen gibt es im Rückblick auf die Menschheitsgeschichte zwei bedeutende Sprünge, die uns Menschen förmlich auf ein neues Entwicklungslevel katapultiert haben: Es war die neolithische Revolution, die uns zu Ackerbauern machte. Und es war die Erfindung der Schrift, die den Menschen völlig neue intellektuelle und soziale Entwicklungsmöglichkeiten bot. Der Mensch hat aber weder auf einmal die Landwirtschaft für sich entdeckt und aus Korn Mehl gemahlen und Brot gebacken, noch auf einmal bemerkt, dass eingravierte Zeichen auf Ton- und Steintafeln einen erheblichen Vorteil für die Organisation größerer Gemeinschaften mit sich brachten.

Die Leine und die pflanzlichen Materialien, die man zu ihrer Herstellung verwendete, erschien im Kapitel *Am Anfang war das Knoten* als *Missing Link* zwischen den nomadenhaften Jäger- und Sammlergesellschaften, die mehr oder weniger koordiniert den Anbau von wichtigen Pflanzen wie Flachs oder Hanf betrieben, und den sesshaften Ackerbauern, die ihre Anbaumethode erweiterten.

Der Knoten wiederum erscheint nach den Befunden dieses Kapitels auch als plausibler *Missing Link* zwischen den oralen Gesellschaften und den Schriftkulturen. Der Schritt vom physischen Knoten zu einem eingravierten Schriftzeichen ist dabei vielleicht weniger einem abstrakten Gedankengang zu verdanken als der konkreten Verwendung von Geflechten und Schnüren als Druckverfahren auf feuchtem Ton, wie Funde vermuten lassen, die zum

87 Vgl. Mahmoud (2019): *The Knot in Examples of Religious Texts*, in: Shedet, S. 72.

Teil 12.000 Jahre zurückreichen.[88] Selbstverständlich nicht überall mit derselben Geschwindigkeit. An vielen Orten blieb er Ornament. Aber erst das Ornament konnte zum zweidimensionalen Symbol werden, und das Symbol sich zum Zeichen abstrahieren, und die Zeichen sich zur Schrift verselbständigen.

88 Vgl. Ren et al. (2021), S. 3.

Knoten in der Kunst

Es ist schwer zu beurteilen, welche Bildsprache zuerst vorhanden war, ob die konkrete oder die abstrakte. Es gibt die Fruchtbarkeitsfiguren, die bereits vor mehreren Zehntausend Jahren geschaffen wurden. Obgleich sie überzeichnet sind und keine realen anatomischen Abbildungen, sind sie klar als weibliche Figuren erkennbar. Die Höhlenmalereien, die zum Teil 30.000 Jahre zurückreichen, fingen die Lebewesen mitunter perfekter und naturgetreuer ein, als es je ein Zeichner noch einmal vermochte. Selbst Picasso gestand nach Besichtigung der Höhle in Lascaux, dass der Mensch seitdem nichts mehr gelernt habe. Andererseits gibt es viele Artefakte aus den letzten 50.000 Jahren mit Einkerbungen von Zeichenformen. Ob es sich dabei um Verzierungen oder Symboliken handelt, kann nicht beantwortet werden. Ein Fund aus der Einhornhöhle in Niedersachsen sorgte 2021 für Aufsehen. Es handelt sich dabei um ein 51.000 Jahre altes Knochenstückchen mit Einkerbungen. Zu dieser Zeit lebten dort nur Neandertaler. Die Einkerbungen zeichnen klar erkennbar das Bild von jeweils zwei sich kreuzenden Bändern, wobei zwei Bänder unter den anderen beiden zu verschwinden scheinen. Für die Forscher ein klarer Hinweis darauf, dass Neandertaler in der Lage waren, sich symbolisch auszudrücken, noch bevor der Homo sapiens, also unsere Menschenart, sich in Mitteleuropa verbreitete.[89] Es wäre sicherlich zu weit gegriffen, in diesem

89 Leder et al. (2021): *A 51,000-Year-Old Engraved Bone Reveals Neanderthals' Capacity for Symbolic Behaviour*, in: Nature Ecology & Evolution, o. S., siehe Kapitel »Discussion«: »The engraved bone from Einhornhöhle

bearbeiteten Knochenstück eine Knotendarstellung zu sehen. Nur wer auch immer einen Knoten darstellen möchte, würde genau so beginnen – nämlich mit einem Band, das über einem anderen liegt.

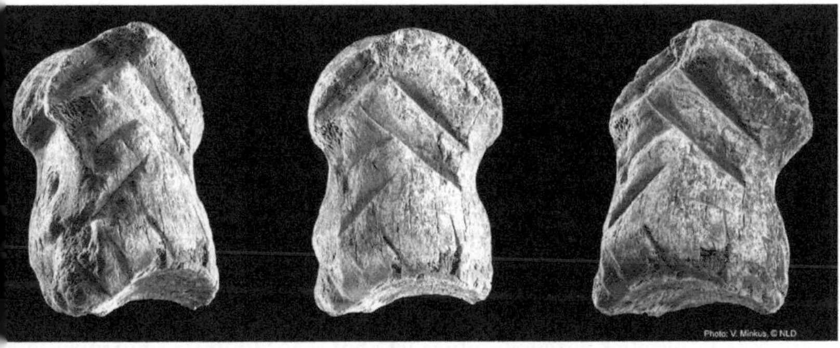

': Eingravierter Knochen eines Riesenhirsches aus einem späten mittelpaläolithi- Kontext (Schicht 4.5) in der Einhornhöhle, Niedersachsen, Deutschland.

Wir wissen aus der Sprachforschung, dass runde harte Gegenstände oft Assoziationen wecken, die sich in lautlich ähnlichen, fast schon lautmalerischen Begriffen äußern: knorrig, Knolle, Knopf, Knauf, Knie, Knospe, Knorpel, Knödel, Knöchel, Knochen und auch der Knüppel werden zuallererst als rund und hart wahrgenommen und sind in der deutschen Sprache verwandt mit dem Knoten. Der

supports the idea of symbolic behaviour among Neanderthals before the arrival of H. sapiens in Central Europe. The cultural influence of H. sapiens as the single explanatory factor for abstract cultural expressions in Neanderthals can no longer be sustained.« (zu Deutsch: »Der gravierte Knochen aus der Einhornhöhle stützt die These von symbolischem Verhalten bei Neandertalern vor der Ankunft von H. sapiens in Mitteleuropa. Der kulturelle Einfluss von H. sapiens als einziger Erklärungsfaktor für abstrakte kulturelle Ausdrucksformen bei Neandertalern kann nicht mehr aufrechterhalten werden.«)

Duden zählt sie zu einer ganzen Sippe germanischer Wörter, die mit Kn-Lauten beginnen, wobei Verben von der Bedeutung ›zusammendrücken, ballen, pressen‹ ausgehen, weshalb auch kneten, knautschen und knutschen eine Verwandtschaft zum Knoten haben. Knoten wurde früher in manchen Dialekten sogar synonym für die oben genannten Begriffe verwendet. Diese Assoziationen gab es bereits weit vor den jetzigen Sprachen. Im Lateinischen bedeutet *articulus* sowohl Knöchel und Gelenk als auch Knoten. Ebenso gibt es diese Synonyme im Arabischen und Griechischen. Im Hebräischen bezeichnete man die Fingerknöchel auch als Knoten der Finger.

Ist es also Zufall, dass auf einem runden harten Knochenstückchen Ansätze einer Knotendarstellung zu sehen sind? Handelt es sich vielleicht nicht um abstrakte symbolische Zeichen, sondern um eine konkrete Knotenskulptur? Ist aber eine konkrete Knotenskulptur nicht per se ein symbolisches, abstraktes Zeichen?

Es wäre höchst ungewöhnlich, wenn es sich bei dem Fund um eine Knotendarstellung handeln würde, da sich solche ansonsten für eine sehr lange Periode nicht finden. Es gibt die Annahme, dass Knoten aus Furcht vor dem Zauber, den sie bildlich gebannt ausüben könnten, nicht dargestellt wurden – weshalb sie auch auf keiner Höhlenmalerei auftauchen. Immerhin lässt sich kein bildlich dargestellter Knoten jemals lösen. Dies in Verbindung mit einem unheilvollen Zauber, der dem Knoten beigelegt wurde, mag auf den prähistorischen Menschen daher eine abschreckende Vorstellung voll peinigender Neurosen gewesen sein. Vielleicht waren die Neandertaler weniger neurotisch als unsere Homo-sapiens-Vorfahren und hatten weniger Skrupel vor Knotendarstellungen.

Erst in den letzten 5000 bis 10.000 Jahren tauchen Ornamente und Knotensymbole auf Steinen und Mosaiken auf. Sowohl im südöstlichen Mittelmeerraum als auch in den nordischen Kulturen begegnet man Knotenornamentik. Der ganze Mittelmeerraum bis zum Schwarzen und Kaspischen Meer kennt diese Darstellungen.

Ägypter, Griechen, Römer, Byzantiner, Mauren, Perser, Osmanen, Araber, Syrer, Hebräer und afrikanische Stämme verzierten Wände, Böden und Stoffe mit Knoten. Dort, wo Schrift noch nicht die Gedankenwelt ordnete, wurden oftmals die schönsten Knotendarstellungen geschaffen. Die Kelten ließen sich spätestens ab 450 vor Christus schon von Ornamentik aus dem Süden Europas inspirieren. Daraus entwickelten sie ihre so typische Formensprache, nämlich die Verschmelzung von Ornamentik mit Tier- und Pflanzendarstellungen. Diese spielerischen, dämonischen, geheimnisvollen Darstellungen sind für das moderne Auge der Inbegriff eines Rätsels, das Zugang zu den mystischen Tiefen der Wahrheit bereitzuhalten scheint. Es ist keine Schrift und scheint doch mehr zu sein als Zierde. Was soll damit ausgedrückt werden?

Ein altes Kinderrätsel gibt darüber vielleicht mehr Aufschluss. Es fragt: Was bewegt sich über Berg und Tal und bleibt doch immer am selben Fleck? Es ist der Weg. Ebenso verhält es sich mit der Ornamentik. Knotenornamentik symbolisiert Bewegung. Das Auge folgt den Linien, wie sie sich kreuzen, überlagern, schlängeln, winden – sie tun etwas. Es wird kein statisches Objekt gezeigt wie in den klassischen Künsten der Bildhauerei und Malerei, wo Figuren in bestimmten Momenten festgehalten werden. Knotenornamentik ist die Darstellung von Bewegung, sie lädt das Auge ein, den Blick zu bewegen und genauer hinzuschauen.

Zu welch unterschiedlichen Geschmäckern, Idealen und Weltbildern sich der menschliche Geist zur gleichen Zeit entfalten kann, demonstriert kaum eine Epoche besser als die Antike vor etwa 2000 Jahren in ihrem Kontrast der Lebens- und Herrschaftsweisen zwischen der römischen Republik und den Keltenvölkern. Die Vorfahren der Kelten kamen aus den Weiten Asiens in das heutige Zentraleuropa. Jahrhunderte der Suche, des Weiterziehens und der Bewegung gravierten sich in ihre Erzählungen ein, und das Abbild ihres Lebensgefühls konnte nichts besser illustrieren als

Abb. 8: Die goldene Gürtelschnalle aus Sutton Hoo, etwa frühes 7. Jah hundert, 400 Gramm schwer, war eine Grabbeigabe und wird als Bel für die hohe Bedeutung des Bestatteten angesehen.

Abb. 9: Wikinger-Runenstein n Darstellung Wotans (?), dav Frau (Frigga, Walküre?), daru ter Wikingerboot, aus Lillbjä Gotland um 900 n. Chr., Hist risk Museum Stockholm Vikin

Abb. 10: Der Discibulos, *Römische Marmorkopie um 140 n. Chr., nachgebildet nach der verlorenen Bronze von Myron aus der Zeit um 450 v. Chr.*

die Knotenornamentik. Ein Römer vor 2000 Jahren trug in sich dagegen das Selbstbewusstsein aus Jahrhunderten gelebten Mittelpunktes der bekannten Welt, was im päpstlichen Segen *Urbi et Orbi* – »der Stadt und dem Erdkreis« – noch nachhallt.

Ornamentik von Knoten und dämonischen Wesen sind das genaue Gegenteil der Darstellungsformen des klassischen Altertums mit ihren lebensechten Figuren. Diese Unterschiede sind nicht einfach geschmacklicher Natur. Sie zeugen von einer fundamental anderen Weltsicht.

Heute können wir anhand der Bauwerke und Funde Rückschlüsse darauf ziehen, wie die Gedankenwelt dahinter ausgesehen haben mag. Hier die Versteinerung von überhöhten Körpern in einem Moment der Kontemplation und Klarheit, des Triumphs und der Herrschaft. Dort die abstrakte Ornamentik – rätselhaft, dämonisch, mystisch. Die Kelten und andere nichtchristliche Völker des nord- und osteuropäischen Raumes waren im Gegensatz zu den

Römern an realistischen und naturalistischen Darstellungen nicht interessiert.

Die Römer wiederum empfanden ihre Republik und ihr Kaiserreich als Verkörperung ewigen Herrschaftswillens und Perfektion eines ›marmornen Staatswesens‹. Auf sie mochte die archaische Ornamentik der losen Stammesgesellschaften wirken wie der tragikomische Versuch einer Linie, sich zum Kreis zu schließen. Doch streben beide Welten nach der Wahrheit. Die eine meint, sie in überwältigenden Gestalten und Symmetrien gefunden und festgehalten zu haben. Die andere weiß um die Schönheit der Bewegung und der Formen, welche durch ewige Versuche entstehen. Die eine Welt begreift sich selbst als gesetzt und ewig: mit Symbolen der Macht aus Stein und Marmor. Die andere Welt begreift sich als ewige Bewegung, als Werden und Vergehen: dargestellt in Ornamentik, deren Linien verschlungen sind und unberechenbar, mal langsam, mal schnell, und sich miteinander koordinieren, indem sie abtauchen und wieder auftauchen. Hier soll der Betrachter von der Pracht geblendet seinen Blick vor der Macht senken. Dort erschließt sich nichts auf den ersten Blick, ebenso wenig, wie sich die Kreisläufe der Natur auf einen Blick verstehen ließen. Nur das genaue Hinsehen und Zuschauen lässt Bewegungen verstehen: woher sie kommen, wohin sie gehen, wie oft, wie lange und wie intensiv.

Kelten, Pikten, Wikinger, Germanen, Goten – es liegt eine bittere Ironie darin, dass all die von nordischen Rassenideologien beschworenen Urvölker Europas es als widerwärtig empfunden hätten, in starren, grimmigen, muskulösen und leblosen Posen verklärt zu werden wie auf den schwülstigen Historienmalereien des 19. Jahrhunderts oder in den kalten Körperformen der Nazistatuen Arno Brekers. Nichts läge ihrer Welt der abstrakten mehrdeutigen Darstellung von Knotenornamentik ferner. In ihnen lässt sich der Zusammenhang erspüren, den die nichtchristlichen Völker in Mensch, Natur, Kosmos und Götter sahen. Es ist ihre Schrift, nur dass diese Schrift nicht sachliche Erkenntnisse festhält und wiedergibt, sondern vielmehr der Ausdruck *spiritueller Erspürnisse* ist.

Was können wir uns heute darunter vorstellen, wie haben diese Urvölker getickt, wie war ihr Blick auf die Welt? Anhand eines Gedankenexperiments lassen sich die unterschiedlichen Zugänge zur Wirklichkeit, dem abstrakt-dämonischen und dem konkret-idealisierten, vielleicht besser verdeutlichen. Stellen wir uns einen römischen und einen keltischen Künstler vor, wie sie sich zusammen ein Fußballspiel ansehen. Die Regeln und das Ziel des Spiels haben sie schnell begriffen. Wir bitten sie darum, ihren Eindruck später festzuhalten.

Der Römer, beseelt von der Ästhetik des olympischen Wettkampfs, wäre hingerissen von der Athletik, dem Kampf, der Artistik. Er würde im Zweikampf die Konzentration und Anstrengung von zwei Spielern bewundern, die mit angespannten Muskeln versuchen, den Ball zu kontrollieren. Noch mehr beeindruckt ihn der elegante Moment kurz vor dem Schuss. Die tänzerische Haltung eines Fußballers in der Balance, die nur aus dem Bewegungsablauf heraus möglich ist, bei dem der Körper sich zur Seite neigt, einen Arm zum Gleichgewicht ausgestreckt und ein Bein zum Schuss angezogen – diese Dynamik des Moments würde der Römer in Bronze gießen, von so überzeugender Perfektion, dass wir uns die nächste Sekunde nur als eine des Triumphes vorstellen können.

Den Kelten würde diese Darstellung des Spielers mit der anatomisch perfekten Modellierung der Muskelpartien kaltlassen. Er würde es nicht verstehen, wie man neunzig Minuten Bewegung von 22 Spielern und einem Ball in einen einzigen starren Moment gießen sollte. Ihn interessieren die Bewegung des Balles und der Spieler, die den Ball nach vorne passen und geschickte Wege finden, um ihn ins Netz zu befördern. Ein Tor sähe er nicht erst durch den letzten Schuss entstehen, sondern als Ergebnis eines ganzen Spielablaufs, bei dem jede vorherige Bewegung und Berührung des

Balles den einzig möglichen Weg darstellen, damit dieser wenige Momente später im Netz landet. Vielleicht würde er noch nicht einmal anerkennen, dass der Spieler als Subjekt seinen Willen auf den Ball als Objekt überträgt – sondern genau andersherum: Der Ball hat bereits seinen eigenen Weg, und die Spieler reagieren nur und kämpfen um etwas, was schon lange feststeht.

Er würde beim herausgespielten Tor also den Weg des Balles zeichnen, wie er hin und her wandert, vor, zurück, nach links und rechts, und dabei seine eigenen Wege kreuzt. Es entstünde eine Linie, die die Ballbewegung nachzeichnet, die Bewegungen der Spieler würden ebenfalls dargestellt, farblich vom Ball abgehoben, wie sich ihre Wege kreuzen, der eine den anderen hinterläuft. Alles fügte sich in das Bewegungsbild, in die archaische Ornamentik des Fußballspiels. Der Betrachter sähe zuerst verschlungene Linien und verstünde nichts. Doch dann erkennt er den Anfang, folgt den Linien, durchlebt die Bewegungen, sieht den Ball mal hoch und lange über alles ziehen, dann wieder auf engem Raum sich windend, wie er schließlich über einige Stationen vor und zurück den Weg ins Ziel findet. Der Betrachter wüsste beim Anblick dieses Bildes über die Laufwege der Spieler Bescheid, über die Entstehung des Tores, sähe den Spielplan dahinter, er erkennt, wie die Laufwege zweier Spieler aufeinander abgestimmt sind. Die Bewegungen eines Fußballspiels sind auf einmal kein Rätsel mehr, sondern das sichtbare Geheimnis eines Spielplans. Wie viel mehr, wie viel tiefer sieht der Kelte in diesem Spiel als der Römer in dem festgefrorenen Moment kontextloser Ästhetik? Das ist der Unterschied zweier Sichtweisen, zweier Denkweisen, zweier künstlerischer Ausdrucksweisen. Man kann nur leise erahnen, wie tief die Natur- und Urvölker erst in die Bewegungen der Natur geschaut haben.

Der große Unterschied der Lebensweisen, der Weltanschauungen und des künstlerischen Schaffens liegt im jeweiligen Verhältnis zur Bewegung. In der Spätantike und dem Übergang zum Mittelalter, in den ersten Jahrhunderten des Christentums, als die alte Ordnung des Römischen Reiches zerbrach und sich noch keine neue fand, da waren es die irischen und syrischen Mönche, die, sich selbst durch Europa bewegend und sich gegenseitig inspirierend, in der Knotenornamentik die würdigste Darstellungsform für die Welt im Umbruch fanden. Der Reiz dieser Darstellungen besteht in der Verschmelzung zweier völlig unterschiedlicher Welten, zweier unterschiedlicher Schriften und damit zweier unterschiedlicher Zugänge zu dem, worin man die tiefste Wahrheit vermutete.

Im Gegensatz zu den eindimensionalen Schriftzeichen des Latein bietet eine Knotenornamentik ein Davor und Dahinter, ein Darüber und Darunter. Ein Band verschwindet und taucht wieder auf. Es ist nicht da, und doch ist es da. Wie weit taucht es ab, was verbirgt sich hinter dem Band? Der Journalist Paul Wilhelm Wenger interpretierte es in einem bemerkenswerten Aufsatz über die Buchmalerei früher irischer Miniaturen so, dass durch diese dargestellten Verknotungen das heilige Wort in das Pergament des heiligen Buches eingeflochten sei. Obwohl die irischen Mönche den Glauben der Urvölker ablehnten, bedienten sie sich ihrer Zeichen und Ausdrucksweisen – oder besser gesagt: Ihre Sinne und Nerven waren noch auf die Schwingungen der vorchristlichen Lebenswelt gestimmt. Wenger nannte die Knotenornamentik in den christlichen Buchmalereien daher auch »die getaufte Ursprache der Archaik«.[90]

So wie die Knotenornamentik mit Ende des 13. Jahrhunderts aus den sakralen Kontexten wie Buchmalerei, Kirchenportale, Kelche, Taufbecken, Säulen verschwindet, findet sie sich zunehmend auf profanen Objekten wie Dachbalken, Pforten oder Möbel und gewinnt Wert für die Heraldik und die Kunst.[91]

90 Wenger (1957): *Irische Miniaturen*, S. 8.

91 Vgl. Ziscka (1977), S. 55 f.

Abb. 11: Dieses Teppichseite genannte Deckblatt aus dem Book of Durrow *steht am Anfang des Johannesevangeliums. Das Kreismedaillon in der Mitte wird bestimmt von einem Kreuz in der Mitte, drei weißen Kreisen am Rand und gelben, grünen und roten Bändern, die zu Kreisen verschlungen sind. In der Anordnung der Geflechte erkennt man immer wieder Dreierkonstellationen, weshalb darin eine symbolische Darstellung der Dreifaltigkeit vermutet wurde. Die Schlangen- und Hundeornamente wiederum verweisen auf das unerlöste Weltliche mit seinen Sünden der Habgier, der Unkeuschheit und des Neids.*[92]

Eines der beeindruckendsten Beispiele für eine Knotendarstellung kommt von niemand Geringerem als dem Universalgenie Leonardo da Vinci. Er schuf die sogenannte *Concatenation*, eine hochkomplexe Darstellung mit einer einzigen durchgehenden weißen Linie, die sich in immer wiederholenden Knoten und Verschlingungen zu einer beeindruckenden Ornamentik fügt. In Leonardos Werk finden sich viele Rätsel und Doppelbedeutungen. Ein komplizierter Knoten, den es zu lösen gilt, steht bildlich für die Entschlüsselung der Rätsel der Natur. Die Darstellung von Knoten und Ornamentik zieht sich in der Tat durch sein gesamtes Werk. Es gibt Skizzen mit wunderschönen Knotenstudien. Im Palazzo Sforza in Mailand finden sich aufwändige Knotendarstellungen in Fresken.

Die Frage nach der Bedeutung der *Concatenation* hat schon viele beschäftigt. Es gibt die uninspirierten Erklärungen, wonach es sich dabei um eine Druckvorlage für das Kunsthandwerk handelte. Die südafrikanische Forscherin Estelle Alma Maré bietet eine betriebswirtschaftliche Erklärung, wonach diese *Concatenation* dem Künstler als Logo diente, da in der Mitte geschrieben steht: »Academia Leonardi Vici«.[93]

92 Vgl. Wenger (1957), o. S., Tafel 1.
93 Vgl. Maré (2012): *Leonardo da Vinci's architectural designs as thought experiments*, in: Sajah, S. 54.

Abb. 12: Concatenation *von Leonardo da Vinci.*

Jeder, der selbst Freude am Knotenknüpfen empfindet, würde einwenden, dass ein Erklärungsversuch, der sich nur am Ergebnis orientiert, viel zu kurz gegriffen ist. Giorgo Vasari erzählte davon, dass Leonardo viel Zeit damit verbrachte, dieses Design zu erstellen. Da es sich um keine Auftragsarbeit handelte, können wir davon ausgehen, dass Leonardo bei einer so detailreichen und komplexen

Arbeit wie der Erstellung einer Knotenornamentik in erster Linie ein Hauptmotiv hatte: Spaß. Dass er sie aus einem einzigen geschlossenen Band konstruierte, dürfte wiederum weniger eine handwerkliche Herausforderung gewesen sein, die er sich selbst stellte, sondern in der symbolreichen Renaissance eine tiefere Bedeutung gehabt haben. Der indische Historiker, Philosoph und Metaphysiker Ananda Coomaraswamy beschäftigte sich 1944 in einem Artikel mit der Ikonografie der *Concatenation.* Leonardo fand seine Inspiration dafür offenbar bei Dante Alighieri, dem in seiner *Göttlichen Komödie* die komplexe Darstellung eines Knotengeflechts als Metapher für das Universum diente: »La forma universal di questo nodo / credo ch'io vidi, perché più di largo / dicendo questo, mi sento ch'i godo.« (»Ich glaub', ich habe dieses Knotens Grundform geschaut, denn noch, indem ich davon rede, fühl' ich in weitrem Maße meine Freude.«) Für Coomaraswamy handelte es sich bei der Symbolik der Renaissance um eine Lingua franca – also eine für alle offene Verkehrssprache –, die es für uns Spätgeborene nach genau denselben präzisen Methoden zu entschlüsseln gilt, wie es die Philologie mit anderen Sprachen macht.[94] Die Tatsache, dass Leonardo nur ein Band für die reiche Ornamentik verwendete – aus dem einen das viele –, ist eine philosophische Reflexion auf das Sein, wie sie von vielen späteren Philosophen wortreich ausformuliert wurde. Der Gedanke geht weit zurück in den indischen Schriften. Coomaraswamy vergleicht ihn mit einer Stelle in einem bedeutenden Sanskrit, dem *Brahman Upanisad,* in der die solare Spinne ihr Netz aus einem einzigen Faden spinnt. Ein Band mit der in ihm steckenden Vielfalt an Knoten wird in der *Concatenation* zum philosophischen Werkzeug. Der Knoten ist ein Zeichen, aus dem sich lesen

94 Vgl. Coomaraswamy (2009): *The Iconography of Dürer's* Knots *and Leonardo's* Concatenation, in: Eye of the Heart, S. 30. Dieser Artikel erschien ursprünglich 1944 in *The Art Quarterly.*

lässt wie aus einer Schrift. Nur dass der Knoten jenseits sprachlicher Unterschiede von jedem gelesen werden kann. Wenn all das, was im Knoten in allen Sprachen zu lesen ist, verschriftlicht werden sollte, würde eine Bibliothek nicht ausreichen, um alles zu fassen, da beim Lesen des Knotens, beim Erspüren des Sinns, beim Erfassen seiner Bedeutung, also im Prozess der Auseinandersetzung mit dem Knoten ständig neue Gedanken entstehen und somit auch Worte, mit denen diese Gedanken ans Licht kommen – da liegt die Vorstellung, dass der Knoten Ursprung des Wortes ist, nicht mehr fern.

Die Renaissance bildet den Übergang vom Mittelalter zur Neuzeit. Sie ist die Wiege der modernen Wissenschaften, und in dieser Zeit bildeten sich erste Fachgebiete heraus, die aber immer noch den Ballast mittelalterlichen Aberglaubens in sich trugen. Aus der Astrologie wurde erst später die Astronomie, aus der Alchimie wurde die Chemie. Im Mittelalter war Kunst weniger eine Suche nach Ästhetik als eine intellektuelle Tugend. Mittelalterliche Kunst ist immer auch Zeichen, Schrift oder symbolischer Code. Es setzt beispielsweise ein tiefes Wissen voraus, um mittelalterliche Darstellungen von Bibelszenen vollständig zu erfassen. Diese noch nicht vollzogene Trennung von Kunst und Wissenschaft wirkt in der Renaissance vollständig nach.[95] Wissenschaftliche Forschungen sind gleichzeitig Kunstwerke. Jedoch nicht aufgrund eines höheren ästhetischen Empfindens, sondern aus Notwendigkeit, weil die künstlerischen Mittel die einzigen sind, um erste wissenschaftliche Erkenntnisse zu dokumentieren. Leonardo seziert die Leichen nicht nur feinst säuberlich, sondern hält sie dank seiner zeichnerischen Kunst akkurat fest und wird so zum ersten ernstzunehmenden Anatomen. Wissenschaftliches Arbeiten war so gesehen ohne höchste künstlerische Begabung und Fähigkeiten überhaupt nicht möglich.

95 Vgl. ebd., S. 28.

Der Knoten erfüllt in der Renaissance, und vor allen Dingen für den Macher Leonardo, alle Eigenschaften eines universalen Objekts: In der Darstellung erforderte er sowohl abstraktes Denken als auch künstlerisches Handwerk. Der Aufbau geschieht nicht frei Hand, sondern nach Regeln der Geometrie. Das eine Band und die vielen Knoten sind transzendentale Vorlage für philosophische Reflexionen. Als Allegorie auf das Labyrinth ist er Symbol für die ewige Suche. Zuletzt erfreut der Knoten den ästhetischen Blick, weil er überwältigend anzuschauen ist, oder wie Coomaraswamy formulierte: »the knots are food for the mind as well as for the eye«.[96] (»Die Knoten sind sowohl Nahrung für den Geist als auch für das Auge.«)

Der Knoten ist somit Symbol des Renaissance-Ideals, das in der Verschmelzung von Tugenden bestand: Schönheit und Nützlichkeit. Geist und Kunst. Wissenschaft und Dekor. Rätsel und Offenbarung. Das Ideal des Renaissance-Menschen entspricht einem Typus, der in vielen Bereichen bewandert ist, in den Künsten ebenso wie in der Philosophie und Rhetorik, ein feingeistiger Kraftmensch, der mit seinen Händen ebenso geschickt erschafft, wie er mit den Füßen tanzt. In dem einen Menschen mit seinen vielen Qualitäten begegnen wir wieder dem Bild der einen Leine mit ihren vielen Knoten. In der vorwissenschaftlichen Zeit der Renaissance konnte der Knoten noch ein letztes Mal Symbol sein für die Neugier und den Wissensdurst, für die geistige Auseinandersetzung mit universellen Fragen und für die Individualität menschlichen Daseins. Je mehr sich in den darauffolgenden Jahrhunderten die naturwissenschaftlichen Disziplinen herausbildeten, desto mehr verliert der Knoten an Bedeutung, er kann nirgends anknüpfen, abgesehen von der Mathematik, wo er seiner Enden beraubt ist, seines Dekors entledigt und nur noch Form gewordene Gleichung. Diesem uralten

96 Ebd, S. 30.

Objekt und Werkzeug, Symbol und Zierde setzen Leonardo und Albrecht Dürer – inspiriert von Leonardo schuf Dürer seine sechs Knotenholzschnitte – ein letztes großartiges Denkmal, bevor es für die Denker in der nächsten Epoche der Aufklärung und Moderne zum unbeachteten Alltagsgegenstand und Metapher vorrationalen Denkens wird.

Angesichts der Verwendung von einfachen Knoten, die Leonardo in seinen Bildern als rätselhafte Botschaften versteckte, ist es ausgeschlossen, dass er in ihnen keine symbolische Bedeutung sah. Dem Engel in der *Verkündigung* knüpfte er den Knoten der Isis an den Ärmel. Das Tischtuch beim *Letzten Abendmahl* ist auf der rechten Seite verknotet. Ebenso tauchen Knoten bei der *Dame mit dem Hermelin, Madonna mit der Nelke*, und *Madonna mit der Spindel auf.* Wie verhält es sich mit seinem berühmtesten Werk, der *Mona Lisa*? Jeder von uns hat es Hunderte Male gesehen, ihr Lächeln, ihre Augen, die Landschaft im Hintergrund, ihre Hände, den feinen Schleier. Die wenigsten würden ahnen, dass Leonardo genau ins Zentrum des berühmtesten und kostbarsten Gemäldes der Welt einen deutlich erkennbaren Knotenfries stellte. Die Borte am Dekolleté der Gioconda, wie sie die Italiener nennen, ziert ein feines goldenes Band.

Darüber befindet sich eine Kette aus runden Gliedern – eigentlich Oktogonen –, die wiederum von zwei dünnen Kordeln eingesäumt sind. Was haben sie zu bedeuten? Sein malerisches Genie haben diese Details sicher nicht gefordert. Alles andere in diesem Bild verlangte ihm weit mehr ab: der perfekte Faltenwurf des Gewands, den er in unzähligen Zeichnungen vorwegnahm, der fast unsichtbare luzide Schleier auf ihrem Haupt, ihr ganzes geheimnisvolles Antlitz, der Blick, das Lächeln im fließend sphärischen Schattenspiel, das er mit der als *Sfumato* berühmt gewordenen Maltechnik erreichte. Die Bordüre wirkt angesichts dieser malerischen Höhen, zu denen er sich aufschwang, wie ein Aufwärmprogramm, eine Fingerübung. Wir könnten einfach einmal die Knotenbrille abnehmen und sie als reine Zierde abtun. Bedeutungsloses Dekor, nichts weiter. Doch der verwendete Knoten ist zu dieser Zeit verbreitet und hatte damals eine bestimmte Bedeutung. Ach was?, könnten wir erstaunt einwenden, ist dem so? Na gut, dann behalten wir die Knotenbrille noch etwas auf und schauen genauer hin. Vielleicht ist es tatsächlich nicht nur Zierde. Leonardo wollte den Blick des Betrachters durchaus auf die Ornamentik lenken. Ein sanfter Schatten im Dekolleté, so fein, dass er kaum auffällt, deutet zart den Busen an. Alles Weitere verbirgt das Kleid mit der Knotenleiste.

Welcher Knoten ist es nun? In der Heraldik, der Wappenkunde, wird er dem Waliser James Bowen zugeordnet und ist daher bekannt als *Bowen knot*. Dieser James Bowen allerdings verstarb erst 1629, also weit nach der Entstehung der *Mona Lisa* um 1506. Die Italiener liebten auch heraldische Knoten, vor allen Dingen im 14. und 15. Jahrhundert, also im Zeitraum von Leonardos Schaffen. Diese Form war ihm und seinen Zeitgenossen mithin gut bekannt. Unter anderem vom Königsgeschlecht der Savoyer verwendet, war er ein Zeichen für Ehe – zusammen mit dem Motto »Stringe ma non constringe«, was in etwa bedeutet »Zieht euch zusammen, aber nicht zu eng«.[97] Die Erklärung würde bedeuten, dass es sich bei der Mona Lisa um eine verheiratete Frau handelte.

Heraldische Knoten dienten als Abzeichen auf Waffen, Wappen und Schilden. Insofern waren sie meist den Männern vorbehalten. Charles Warner zeigt, dass auch Frauen vereinzelt persönlichen Gebrauch von heraldischen Knoten machten.[98] Stünde ein heraldischer Knoten also für eine außergewöhnlich selbstbewusste Dame? Eine weitere Interpretation zitiert Estelle Alma Maré: Da

97 Vgl. Öhrvall (1916), S. 24.
98 Vgl. Warner (1996b): *Heraldic Knots*, S. 393.

die Knotenbordüre in der Art eines Korbflechtwerks dargestellt ist, und Korbflechtwerk im Italienischen *vinco* heißt, wird vermutet, dass darin eine Anspielung auf die Herkunft des Künstlers liegt.[99] Wollte Leonardo mit diesen vierbogigen Knoten wirklich nur seine Herkunft andeuten, als eine Art Signatur? Oder ist es die scheinbar naheliegende Erklärung, dass es sich hier um einen Liebesknoten handelt? Leonardo hatte es bekanntlich weniger mit Frauen, dafür durchaus mit dem Gemälde der Mona Lisa. Es blieb, für damalige Zeiten ungewöhnlich, immer im Besitz Leonardos, und er führte es bis an sein Lebensende mit sich, von Italien bis nach Frankreich. Es ist also nicht abwegig, davon auszugehen, dass der Maler sehr tiefe Gefühle für sein Bild oder dessen Motiv hegte und diese durch symbolische Knoten zum Ausdruck brachte. Allerdings liebte der Künstler auch die Mathematik, mit der er sich zeitlebens auseinandersetzte. Eventuell liegt also eine Erklärung im Gesamtwerk Leonardos.

Sind wir der Frage nach Leonardos Intention nun näher gekommen? Wissen wir, was er mit den dargestellten Motiven sagen wollte? Nein, *wissen* tun wir es nicht, vermuten können wir es jedoch, und es sind weitere Ebenen der Interpretation hinzugekommen. Die Bedeutung der Knotenbrille erschließt sich am Beispiel der Kunst. Selbst die vertrautesten Bilder, die tausendmal gesehenen Motive offenbaren durch die Knotenbrille neue Details. Wir sehen mehr. Der Zusammenhang und die Bedeutung von Knoten in Leonardos Werk scheinen kunstgeschichtlich bisher kaum erforscht, was angesichts ihrer Omnipräsenz in seinem Werk selbst schon wieder ein Rätsel ist. Ein bemerkenswerter Aspekt in diesem Zusammenhang bietet dabei das umstrittene Gemälde *Salvator Mundi*.

99 Vgl. Maré (2012), S. 56.

b. 13: Salvator Mundi, *Ölgemälde, wohl aus der Werkstatt Leonardo da Vincis*
n 1500).

Werfen wir einen kurzen Blick auf die schillernde Geschichte dieses Gemäldes:[100] Es tauchte in ramponiertem Zustand um 2006 erstmals in einem Auktionshaus in Louisiana auf. Ein Kunsthändler erwarb es für gut 1000 US-Dollar und ließ es restaurieren. Im Austausch mit der Restauratorin kam zum ersten Mal der Verdacht auf, es könne sich dabei um den verschollenen Leonardo handeln, zu dessen Existenz es bisher nur ein paar Detailstudien Leonardos und einen Hinweis in Form eines Kupferstichs von Wenzel Hollar mit dem gleichen Motiv aus dem 17. Jahrhundert gab. Da das Bild von Hollar und das entdeckte Gemälde sich stark ähnelten, gab es genügend Grund, um fünf renommierte Leonardo-Fachleute aus den USA, Großbritannien und Italien zu versammeln. Bis auf den britischen Experten wollte sich keiner von ihnen zu einem positiven Befund hinreißen lassen. Die eine Stimme, die darin einen echten Leonardo erkennen wollte – im Übrigen nicht aufgrund von speziellen historischen oder maltechnischen Untersuchungen, sondern hauptsächlich aufgrund der Aura des Bildes –, genügte jedoch, um der Welt auf einer der renommiertesten Bühnen internationaler Kunstsammlungen den verschollenen Leonardo da Vinci vorzustellen: auf der Leonardo-Ausstellung 2012 in der British Gallery in London. Eine Weltsensation, der verschollene Leonardo. Der letzte in Privatbesitz. Die männliche *Mona Lisa*.

Nun war das Interesse der internationalen Kunstsammler geweckt. In einem abstrusen Bieterspiel, bei dem ein naiver russischer Oligarch und ein gerissener Schweizer Agent die Hauptrolle spielten, wanderte das Bild für 127,5 Millionen US-Dollar in den Singapurer Freihafen (der Oligarch hatte keines seiner Bilder in irgendeinem

100 Die Dokumentation *Der letzte da Vinci – Das teuerste Kunstwerk der Welt* von 2020 bereitet diese unerhörte Geschichte exzellent auf, wobei viele der schillernden Akteure interviewt werden konnten. Die Geschehnisse sind ein Sinnbild für die Beschränktheit durch Überreichtum.

Haus hängen, sondern nur in Freihäfen lagern). Was der Oligarch aber nicht wusste und erst später aus einem gut recherchierten Artikel erfuhr, war, dass der eigentliche Kaufpreis, den der amerikanische Kunsthändler erhielt, bei 88 Millionen US-Dollar lag. Die weiteren knapp 40 Millionen US-Dollar hatte der Schweizer Agent zuzüglich der eigentlichen zwei Prozent Provision für sich eingeteilt. Sie waren der Preis für die Anonymität des Oligarchen. Das Gemälde hatte von diesem Zeitpunkt an für den Oligarchen wohl ein, gelinde gesagt, belastetes Karma. Vielleicht kennt man die Situation, sich ein heißersehntes Produkt – vielleicht einen Fernseher, ein Smartphone oder ein besonderes Kleidungsstück – endlich gekauft zu haben, sich überwunden zu haben, den nicht alltäglichen Preis zu bezahlen, um nach wenigen Wochen eine Anzeige zu sehen, in der dasselbe Produkt mit vierzig Prozent Nachlass angeboten wird. Wessen Freude würde das nicht trüben? Wer fühlte sich beim Anblick des erworbenen Gegenstands nicht an ein schlechtes Geschäft erinnert? Bei dem Oligarchen dürfen wir es uns noch viel, viel schlimmer vorstellen. Das Bild war ihm eine stete Erinnerung an einen schlechten Deal, eine Verhöhnung seines Geschäftssinns. Er wollte es loswerden. Und so landete es beim Auktionshaus Christie's in New York. Der verschollene Leonardo tauchte also ein zweites Mal auf dem Kunstmarkt auf. Die Vermarktung dieses Gemäldes war im Umgang mit den vorliegenden Erkenntnissen flexibel, dafür umso zielorientierter bei der zu übermittelnden Botschaft: Es war ein echter Leonardo, der echte Menschen zu Tränen rührte. Christie's stellte den Leonardo in einer dunklen Kammer aus und brachte neben dem Bild Kameras an, um die Gesichtsausdrücke der Besucher einzufangen. Diese wurden später effektvoll in einem Werbefilm zusammengeschnitten. Die folgende Auktion sollte die teuerste werden, die die Welt je gesehen hatte. In einem entfesselten Hahnenkampf überboten sich zwei Kaufinteressenten gegenseitig, natürlich vollständig anonym, in einem Rausch aus Macht, Wille und Geld. Der Auktionator von Christie's, eigentlich der Zeremonienmeister einer Auktion, in der er die jeweiligen Gebotsschritte vorgibt, ließ sich dabei zum staunenden Statisten degradieren, der die willkürlichen Gebote nur noch durchwinkte. Der Kaufpreis landete schließlich bei 400 Millionen US-Dollar, zuzüglich 50 Millionen US-Dollar Provision für das Auktionshaus. Niemand wusste zuerst, wer der geheimnisvolle Käufer war und wo das Bild landen würde.

Wie sich kurz darauf herausstellte, war es das saudische Königshaus mit dem jungen Prinzen Mohammed bin Salman an seiner Spitze. Dieses Bild sollte symbolischer Startschuss dafür sein, Saudi-Arabien zum kulturellen Weltzentrum zu machen, auf Augenhöhe mit Europas Kulturzentren. Verträge mit dem Louvre waren bereits geschlossen, und ein wichtiger Meilenstein für das Marketing Saudi-Arabiens war es, den *Salvator Mundi* in der bevorstehenden Leonardo-Ausstellung im Louvre zu platzieren. Und zwar neben der *Mona Lisa*. Der Louvre setzte zu diesem Zweck pro forma sein hauseigenes Forschungsteam auf das Gemälde an (niemals käme es dem Louvre in den Sinn, einen *vermeintlichen* Leonardo als Attraktion zu zeigen). Das Ergebnis wurde genauso vertraulich gehandhabt wie die Gründe dafür, dass der *Salvator Mundi* nicht ausgestellt wurde. Wie sich später herausstellte, kam die Louvre-Expertise nämlich zu dem Schluss, dass das Bild lediglich in der Werkstatt Leonardos entstanden sei, mit verschwindend geringer Mitwirkung Leonardos. Dem Ansinnen von Mohammed bin Salman, der durch einen Kulturvertrag den französischen Institutionen sehr viel Geld zukommen lässt, den *Salvator Mundi* neben die *Mona Lisa* zu hängen, erteilte der Louvre eine höfliche Absage. Das Gemälde verschwand erneut von der Bildfläche und ward seitdem nicht mehr gesehen.

Vielleicht hätte man schon Jahre zuvor die Authentizität des Bildes bezweifeln können, wenn man es anhand der dargestellten Knoten betrachtet hätte. Wenn wir uns das Gemälde des Salvator

Mundi anschauen, erkennen wir schon auf den ersten Blick ein Knotendekor. Leonardo baute aber, wie wir gesehen haben, seine Knoten sehr subtil in die Bilder ein, um nicht zusagen, er versteckte sie. Dagegen wirkt dieser Knotenfries auf dem gekreuzten Band sehr offensichtlich. Umso vager ist das Material dieses Bandes. Es könnte ein Lederband mit aufgedrucktem Muster sein, es sieht jedenfalls nicht aus, als sei es gestickt. Die Knoten auf den anderen Gemälden und Fresken knüpfte Leonardo immer aus etwas Stofflichem, aus Tischtüchern, Ärmeln, kleinen vernähten Bändern, Bordüren oder Haaren. Er bedeutet uns damit sehr konkret, dass an ihnen Hand angelegt wurde, dass sie vor dem Moment, den er festhält, von Händen verknotet wurden. Es sind Knoten, die sich lösen lassen. Auch wenn wir die Stofflichkeit des Bandes vom Erlöser schwer erraten können, so lässt sich mit Sicherheit sagen, dass hier keine Hände etwas verknotet haben. Es wirkt wie ein Druck mit kantig verlaufenden Bändern in gleichmäßigen Abständen, sodass sie mehr einem Geflecht ähneln als Knoten. Sie sind ein sich wiederholendes Muster, eher in der Tradition antiker Mosaiken, die ihre Bilder mit solchen Ornamenten umrahmten. Es fällt schwer, aus ihnen mehr als rein dekorativen Charakter herauszulesen.

Vielleicht hätten die Experten, und vor allen Dingen die Käufer, schon sehr viel früher auf Caroline Cocciardi, eine italoamerikanische Autodidaktin, hören sollen, die sich sehr intensiv mit den mathematischen Gesetzmäßigkeiten von Leonardos Knoten auseinandersetzte. In ihren Untersuchungen nimmt sie auch Stellung zu den Knoten auf dem umstrittenen Gemälde *Salvator Mundi*. Sie verglich diese mit den Knoten, mit denen sich Leonardo zeitlebens befasste, und kam zu dem Schluss: Wer auch immer das Bild authentifizierte, diese Person befasste sich sicherlich nie mit Leonardos Knotenvorliebe. Dieses Knotenmuster jedenfalls könne auf keinen Fall von Leonardos Hand sein. Da Cocciardi weder über einen akademischen Grad in Kunstgeschichte verfügt, noch eine ausgewiesene Kunstexpertin ist, ging die Chance auf eine kunstgeschichtliche Rezeption ihrer Befunde gegen null. Die aufwändigen Untersuchungen des Louvre kommen natürlich zum selben Schluss, allerdings aus völlig anderen Gründen. Die Herangehensweise mit der Knotenbrille könnte allgemein kunstgeschichtlich ein weites Feld öffnen. Eine Auseinandersetzung mit Knotendarstellungen bei Leonardo im Speziellen und in der Kunst im Allgemeinen wäre sicherlich lohnend. Dabei muss es nicht darum gehen, mögliche Botschaften zu entschlüsseln, sondern diese Vorgehensweise kann bereits dazu dienen, unterschiedliche Verwendungen und Formen miteinander zu vergleichen. Bewegen wir uns aber nun weg von Leonardo. In den darauffolgenden Jahrhunderten verlor der Knoten, wie wir bereits anhand der *Concatenation* gesehen haben, seine Wirkung als Symbol und philosophisches Denkmittel. Dafür gewann er als praktisches Werkzeug in der boomenden Seefahrt immer größere Bedeutung.

Da Knotendarstellungen immer etwas Rätselhaftes haben, ist das folgende Gemälde aus dem Grunde am wenigsten rätselhaft, weil überhaupt keine Knoten darauf abgebildet sind. Dabei verbirgt sich darin eine ganze Welt von Knoten. Es ist das berühmte *The Fighting Temeraire* von William Turner, das vor einigen Jahren als das beliebteste Bild der Briten ausgezeichnet wurde. Der vollständige Titel kann fast schon der literarischen Gattung Flash Fiction zugeordnet werden, in der es darum geht, mit möglichst wenigen Worten eine Geschichte zu erzählen. William Turner gelingt insofern nicht nur ein malerisches Meisterwerk, sondern auch ein kleines literarisches: *The Fighting* Temeraire, *tugged to her last berth to be broken up* (zu Deutsch: *Die kämpfende* Temeraire, *zum letzten Ankerplatz geschleppt, um zerlegt zu werden*).

Turner zeigt darauf in seinem unnachahmlichen Stil die Szene, in der das legendäre Schlachtschiff *HMS Temeraire* im Jahr 1838 von einem kleinen Dampfboot mit Schaufelrädern und rußiger

4: The Fighting *Temeraire*, tugged to her last berth to be broken up,
M. W. Turner, Ölgemälde (1839).

Rauchwolke auf der Themse zu seinem letzten Ankerplatz gezogen wird, wo es zerlegt und ausgeschlachtet wird. Der Stapellauf der *HMS Temeraire* erfolgte 1798. Sieben Jahre später, 1805 in der Schlacht von Trafalgar, schlug ihre größte Stunde. Mit 98 Kanonen ausgestattet hatte sie maßgeblichen Anteil am Erfolg der britischen Marine unter Lord Nelson über die spanisch-französische Armada.

Es bedarf keines Studiums der Ikonografie, um die Bedeutung der Szene zu erfassen: Moderne Technik entsorgt die alte Welt. Es gibt Interpretationen, wonach die dargestellte Sonne von der geografischen Position des Malers her gesehen nicht die Abendsonne sein kann, sondern eine Morgensonne ist und daher das Bild als ein Zeichen des Aufbruchs zu deuten sei. In der Tat zeigt es den Anfang der Industrialisierung. Als führende Industrienation erlangte Großbritannien in den weiteren Jahrzehnten seine größte Machtausdehnung. Es war genau dieser technische Vorsprung, der dem Empire für die nächsten achtzig Jahre die Herrschaft über den Erdball sicherte. Bei einer solchen fortschrittseuphorischen Deutung allerdings würde man eher ein Dampfschiff erwarten, dessen glänzender Stahl das Wasser reflektiert, und eine alte, ausgediente Fregatte als Symbol einer überwundenen Epoche.

Abgesehen davon, dass Turner das Bild im Atelier malte und ihm dort die geografische Position der Sonne gleichgültig gewesen sein dürfte, und er außerdem keine Vorstellung von der bevorstehenden Machtfülle des Empires haben konnte, stützt nichts auf dem Bild diese Deutung. Zu hell und gülden leuchtet die *Temeraire*. Zu dunkel und schmutzig raucht das Dampfboot. Während die Masten in einen zartblauen leicht bewölkten Himmel ragen, von wo das Licht der sanften Mondsichel in den Wolken sich glasklar in der Themse spiegelt, entströmt dem dunklen dicken Schornstein des Dampfboots eine Rußwolke, aufgeflammt vom roten Licht der Sonne. Turner malte die Masten der *Temeraire* dazu, obwohl sie beim Originalereignis zu diesem Zeitpunkt bereits abgebaut waren.

Er wollte sie offenbar in diesem wehrlosen Moment, da sie schon ihrer gespannten Segel entblößt war, nicht auch noch ihrer Masten amputiert verewigt wissen.

Es liegt eine große Sentimentalität in dem Bild. Es gibt nicht viele verbürgte Ereignisse, bei denen eine ganze Zeitenwende sich an einem Ort innerhalb weniger Stunden abspielte. Der Lauf der Geschichte und der technische Fortschritt gehen meist nuancenreicher vonstatten. Kleine, kaum wahrnehmbare Veränderungen erschaffen eine neue Welt. William Turner war sich daher der Bedeutung dieses historischen Moments bewusst. Er zeigt die Ablösung der alten durch eine neue Welt. Eine alte Welt, die mit Holz, Segeln, Tauwerk und Tausenden von Knoten den Erdball eroberte. Und eine neue Welt, die mit Eisen, Feuer und Dampf sich von den Bewegungen der Winde unabhängig machte. Tauwerke waren das wichtigste Werkzeug auf den Segelschiffen. Matrosen entdeckten die nützlichsten Steks für ihre Arbeit. In endlosen Stunden der Muße erweiterten sie die Möglichkeiten von Knoten und Flechtwerk. All das war auf einmal bedeutungslos. Jahrtausendealte Handwerkskunst und stetig verfeinertes Wissen um Knotenalgorithmen wurden innerhalb weniger Jahre degradiert zur zierlichen Spielerei, Dekoration und Hobby.

Diese Zeitenwende markiert nicht nur das Ende von Leine und Knoten als wichtigste maritime Werkzeuge, sondern auch den Anfang einer neuen Ära in der Menschheitsgeschichte. Die Industrialisierung erzeugte den Kapitalismus, Unternehmertum, technologischen Fortschritt und Produktvielfalt – bis hin zur digital vernetzten Welt der Gegenwart. Nie hat sich das Denken der Menschen schneller verändert als in den darauffolgenden 150 Jahren. Dieser Rationalisierungsprozess wurde vom Soziologen Max Weber als »Entzauberung der Welt« bezeichnet, in der der Glaube an die alten magischen Kräfte vom Glauben an die Gesetze der Wissenschaften und dem Glauben daran, imstande zu sein, sich alles errechnen zu können, abgelöst wurde. Da wir bereits um die sprachlich assoziative Nähe der Begriffe ›zaubern‹, ›binden‹ und ›fesseln‹ wissen, könnte man gute hundert Jahre nach Max Webers Definition den Begriff in unsere Zeit übersetzen. Nicht mehr eine Entzauberung der alten Welt erleben wir, sondern eine Entfesselung der neuen Welt.

Teil 2

Gegenwart

Übergänge

Während der Industrialisierung verliert der Knoten an Bedeutung. In der Seefahrt werden die Segelschiffe von den Dampfern abgelöst. In vielen Handwerken dienen Stahl und Draht bald als Ersatz überall dort, wo man zuvor noch einen Knoten machte und Stricke benutzte. Das Flechtwerk, das jahrtausendelang die Schlüsseltechnologie für viele Behältnisse war, wird im 20. Jahrhundert schlagartig von Kunststoffprodukten ersetzt. Der Knoten selbst ist dabei in den seltensten Fällen das Objekt, das man direkt ersetzen will. Meist befindet er sich nur im Gefolge einer bestimmten Praktik, die sich durch Modernisierungen verliert – und damit auch die Anwendung des Knotens. Manches Mal ist er jedoch tatsächlich das direkte Ziel der Modernisierer. Sie schaffen ihn ab als Symbol der Rückständigkeit und der Zeitverschwendung, das in den optimierten Produktionsprozessen keinen Platz mehr hat. Frederick Winslow Taylor, der Vater des Fließbands, empfahl Arbeitern, Mokassins zu tragen, da sie dann keine Zeit mit dem Schuhebinden vergeuden würden. Der Designer und Theoretiker Adolf Loos betrachtete das Zierornament als rückständig, da es nur Zeit verschwende und Möbel sinnlos teurer mache. Die Missionare Nordamerikas schnitten den indigenen Kindern die Zöpfe ab als ersten symbolischen Schritt der kulturellen Herrschaft. Aber genauso wie der Knoten durch den unbewussten Umgang in der Vergangenheit sehr viel über die Art aussagt, wie Menschen gelebt, gearbeitet und gedacht haben, genauso gut lässt sich am Verschwinden des Knotens im Übergang zur Moderne und der Gegenwart ablesen, welche sozialen und wirtschaftlichen Veränderungen stattgefunden haben und wie diese neue Ordnung der Dinge unser Denken und unsere Lösungen prägt. Leine und Knoten sind ein Werkzeug, das beherrscht werden will. Die Auseinandersetzung mit ihnen ist eine schwierige Tüftelei, die im Erfolgsfall jedoch immer ein kleines Triumphgefühl bereithält, ähnlich einem gelösten Rätsel. Noch anspruchsvoller ist es, eine mögliche Anwendung im Alltag nicht nur zu erkennen, sondern auch den geeigneten Knoten zu finden. Das setzt sowohl die Kenntnis und Beherrschung des Knotens voraus als auch, diesen in seinen Wirkungsweisen für unterschiedliche Herausforderungen einschätzen zu können. Leinen und Knoten sind Sinnbilder für eine Haltung, die aus wenigem viel machen kann, die in der endlosen Wiederverwendung eine Tugend sieht, die einfache Lösungen komplizierten vorzieht und die sich durch Neugier und Interesse auszeichnet. Man könnte sogar noch weitergehen und von einer Handlungstheorie des Knotens sprechen. Sie umfasst eine Präferenz der Wiederverwendung gegenüber der Einmalverwendung; der Reparatur versus Neuanschaffung; des bewussten Vermeidens von überflüssigen Hilfsmitteln, wenn ein Knoten ebenso genügt. Aber diese Haltung ginge weit über die Verwendung von Leinen und Knoten hinaus. Sie wäre gekennzeichnet von einer grundlegenden Skepsis gegenüber neuen Produkten, die vermeintliche Erleichterungen versprechen; gegenüber großen, teuren Lösungen, wo kleinere Lösungen nicht nur nachhaltiger, sondern auch eleganter wären. Wohlgemerkt keine Skepsis im Sinne einer Vorverurteilung oder generellen Abneigung, sondern eher im Sinne eines reflexhaften Zögerns zugunsten eines abwartenden Beobachtens und Einschätzens. Aber es soll nicht Ziel sein, in diesem Buch eine Handlungstheorie des Knotens aufzustellen. Das würde den Rahmen sprengen, doch die Grundidee ist klar. Das Gegenteil dieser Handlungstheorie besteht in der Haltung einer kritiklosen Begrüßung jeder technologischen Erneuerung als Erweiterung der eigenen Handlungsmöglichkeiten; der unhinterfragten Adaption neuester Gerätschaften;

der Selbstverständlichkeit, Kaputtes durch Neues zu ersetzen; der Überzeugung, dass es für jedes Problem eine Lösung in Form eines geeigneten Produkts gibt; das Nicht-Verstehen vom Funktionieren eines Produktes als Beweis seiner technologischen Reife zu begreifen; und dem Vertrauen auf ständige technologische Innovation zur Lösung aller Herausforderungen. Nennen wir sie eine Handlungstheorie der Innovationshörigkeit.

Wenn wir also die Übergänge zur Gegenwart durch die Knotenbrille betrachten, erkennen wir klar die Diskrepanz dieser zwei Handlungsansätze. Die Erzählung der Übergänge zur Gegenwart wird zuerst eine Geschichte des Triumphs der Innovationshörigkeit sein. Aber es scheint sich etwas zu tun. In den letzten Kapiteln untersuchen wir daher, in welchen Ideen, Produkten und Lebensstilen sich in den letzten Jahren zunehmend eine Haltung entwickelt, die der oben beschriebenen Handlungstheorie des Knotens entspricht. Und wie sie sogar den Kriterien eines neuen Fortschrittsverständnisses zu entsprechen scheint.

Devil's Rope

Es gibt einen besonderen und sehr bekannten Knoten, der uns viel über den Übergang von der Vergangenheit in die Gegenwart erzählt. Jedes Kind kennt diesen Knoten, er wurde in tausenden Filmen gezeigt. Es gibt ihn zwar noch, aber nicht mehr mit derselben Aura, die er einst hatte. Es ist der Lassoknoten des Cowboys. Das Lasso (aus dem spanischen *lazo*: Schlinge) war das bei Weitem wichtigste Werkzeug der Cowboys, und nicht etwa der Colt. Es war aus geflochtenem Leder oder Hanf, und sein Knoten beruht zumeist auf dem Palstek, durch den eine Schlinge läuft, oder auf dem Hondaknoten. Neben der Henkersschlinge ist er fester Bestandteil eines jeden Westerns. Ein Cowboy konnte ohne Pferd ein Rind einfangen, aber ohne Lasso war er hilflos.

Der lassoschwingende Cowboy ließ, zumindest im 20. Jahrhundert, noch jedes Knabenherz höherschlagen. Die ungebrochene Faszination an der Figur des Cowboys drückt sich in immer wieder neu gedrehten Filmen genauso aus wie in vielen Musikrichtungen, nicht nur dem Country. Von Rock über Pop bis Independent ziehen sich musikalische Countryelemente, bei denen selbst der sparsamste Einsatz in uns Assoziationen zu Pferden, weiter Prärie und Lagerfeuer auslösen. Die Erscheinung eines Cowboys ist so eindringlich, dass beinahe jedes einzelne Accessoire zu einem eigenen Code wurde, der selbständig funktioniert und die ganze Botschaft enthält: der Cowboyhut, die Cowboystiefel, Gürtelschnalle, Jeans, Cowboyhemd. Das Erstaunliche daran ist, dass die Cowboyära, so wie wir sie aus den meisten Filmen kennen, gerade einmal zwanzig Jahre dauerte und historisch nur von geringer Bedeutung war. Und doch wurden die nomadischen Viehhirten mit ihren Lassos zu einem der wichtigsten popkulturellen Phänomene des 20. Jahrhunderts. Wie kam es dazu? Wieso sind sie so faszinierend – fesselnd – für uns? Welche Bedeutungen stecken in der Cowboygestalt, dass sie eine so große Wirkung auf Kulturschaffende ausübte? Und was hat es mit dem sogenannten Devil's Rope, dem Teufelsstrick, auf sich, der Lasso und Knoten ersetzte? Es ist eine Geschichte voller Gegensätze, in der Vormoderne und Moderne aufeinanderprallen.

Sie beginnt 1862, also noch während des amerikanischen Bürgerkriegs, als Abraham Lincoln den Homestead Act verabschiedete, der jedem Siedler (inklusive Frauen und befreiter Sklaven) 160 Morgen Land gegen einen geringen Preis versprach, solange er sich dazu verpflichtete, es zu bebauen und mindestens fünf Jahre zu bewirtschaften. Das Problem der Siedler bestand darin, dass es 1862 noch keine effektive Methode gab, ihr Land abzugrenzen. Noch schwieriger war es, Viehherden zu kontrollieren, sowohl eigene als auch fremde, die über erworbenen Grund und bestellte Felder trampelten. Es war schnell klar, dass ohne eine effektive Begrenzungsmaßnahme sich das weite Land nicht erschließen ließ. Und im Nirgendwo der Great Plains mit einem Stück Land sich selbst überlassen zu sein, mit den besten Wünschen der Regierung, war ein zu geringer Anreiz für potenzielle Siedler. Es bedurfte effektiver Begrenzungsmaßnahmen. Dies war der Beginn einer der bedeutendsten Erfindungen des 19. Jahrhunderts: des Stacheldrahts.

Erste Patente wurden bereits in den 1860er Jahren angemeldet, aber der Entwurf von Joseph Glidden – den wir heute noch vor Augen haben – erwies sich als der beste. 1874 meldete Glidden das US-Patent mit der Nummer 157.124 an. Dieser Gegenstand gehört deshalb zu den wichtigsten Erfindungen in dieser Zeit, da er die Erschließung des gesamten Gebietes der Vereinigten Staaten ermöglichte. Man hatte endlich ein funktionierendes Mittel des Markierens, Abgrenzens, Einsperrens und Abwehrens, jene unverzichtbaren Tätigkeiten, um zwischen seinem Eigentum und dem Rest zu unterscheiden. Das Wort Eigentum war nicht mehr länger ein schöner Traum von Siedlern oder ein nackter juristischer Begriff, sondern eine abgrenzbare Realität. Der Stacheldraht war für Siedler die Einlösung des Versprechens auf den amerikanischen Traum von Selbstbehauptung und Besitz. Allerdings war der Anfang wie überall schwer. Jede Technik, ob gut oder schlecht, ist für ihre Verbreitung in erster Linie auf den Verkauf angewiesen. Die Farmer standen dem neuen Zaun anfangs alles andere als aufgeschlossen gegenüber und erkannten keinen rechten Sinn darin, in so einen leichten, windigen, kaum sichtbaren Zaun zu investieren. Sie trauten ihm nicht zu, ganze Viehherden zusammenzuhalten. Immerhin wurde seit den 1860er Jahren versucht, die ersten Stacheldrähte zu produzieren und zu verkaufen. Und doch verwandelte sich ab 1874/75 der Stacheldrahtzaun innerhalb von fünf Jahren von einem Ladenhüter zu einem Verkaufsschlager, sodass bereits 1880, also nur sechs Jahre nach der Anmeldung des Patents, aller bisher hergestellter Stacheldraht die Erde zehnmal hätte einfassen können. Wie kam es zu diesem sagenhaften Boom? Es ist eine der verwegensten amerikanischen Erfolgsgeschichten, die sehr viel über das amerikanische Wesen der Postmoderne erzählt. Sie ist umso erstaunlicher, weil kaum einer sie kennt. Fast so, als ob man sich dafür schämen würde. Blicken wir genauer darauf.

Es bedurfte der Verkaufskunst eines jungen Unternehmers namens John Warne Gates, auch bekannt als »Betcha-million-Gates«.[101] Gates war der Prototyp eines schillernden Verkäufers und Spielers, wie Lloyd Wendt und Herman Kogan in ihrer Biografie des Entrepreneurs zeigen. In einem Zeitalter nie dagewesener industrieller Expansion, hochriskanter Unternehmungen und rücksichtsloser

101 Wendt u. Kogan (1948): *Bet a million! The story of John W. Gates*, S. 10.

Ausbeutung war Gates der kühnste Unternehmer, der größte Zocker und der durchtriebenste Verkäufer. Er wurde durch den Stacheldrahtverkauf reich und revolutionierte damit die Viehwirtschaft. Er investierte in Stahlwerke, Kupferminen, die Eisenbahn und Zirkusse. Er sammelte riesige Trusts ein, verjubelte ganze Vermögen am Spieltisch und holte sie sich durch dubiose Aktiengeschäfte und einen untrüglichen Geschäftssinn wieder zurück. Er hatte ebenso viele Feinde wie Bewunderer. Gates hatte einen so einfachen wie bestechenden Blick auf die Welt: Alles Leben war eine einzige Wette darauf, dass das, was man gerade unternimmt, von Erfolg gekrönt sein würde. Denn sonst würde kein Farmer etwas anbauen und kein Reisender einen Zug betreten. »All life is a gamble« (zu Deutsch: »Das ganze Leben ist ein Glücksspiel«), war sein Motto, und es gab fast nichts auf der Welt, worauf Gates nicht selbst eine Wette abgeschlossen hätte. Selbst das Rennen zweier Regentropfen über eine Fensterscheibe während eines Starkregens war ihm ein Wetteinsatz von 1000 Dollar wert. In seinen Anfangsjahren erkannte Gates sehr genau das endlose Potenzial des Stacheldrahts für die Besiedlung des Westens. Er witterte zu Recht ein Vermögen. Aber er biss sich anfangs an den sturen Texanern die Zähne aus. Selbst seine Redekunst verfing nicht bei den Farmern, die Verkäufer und Handelsvertreter nicht selten mit einer Flinte in der Hand verscheuchten.

Zur selben Zeit kam ein Quacksalber, wie es sie im Westen viele gab, namens Doctor J. L. Lighthall regelmäßig nach San Antonio, wo sich auch Gates aufhielt. Doc Lighthall zog Zähne, versprach, jedes Leiden zu heilen, und verkaufte elektrische Gürtel, die jedem Alten und Schwachen Gesundheit und Kraft zurückgeben sollten. Er war der Inbegriff des Scharlatans. Wer sich zu der Zeit in San Antonio aufhielt, konnte seinem Auftritt kaum entkommen. Gates verfolgte neugierig das Schauspiel der groß angekündigten Diamond-King-Medicine-Show auf der Military Plaza, wo sich stets ein großes

Publikum einfand.[102] Von einer Trompetenfanfare angekündigt, zog Doc Lighthall auf einem vergoldeten Wagen, von zwei tänzelnden Pferden gezogen, zu seinem Stand, wo bereits zwei dunkelhäutige Tänzer und ein Banjospieler für einen angemessenen Rahmen sorgten, bevor der Doc die Bühne betrat. In einen pinken Frack gekleidet, schwenkte er mit großer Geste seinen weißen Biberfellhut als Zeichen dafür, dass das große Spektakel nun beginne. All die ausladenden Attribute seines extraordinären Lebensstils, das Glänzende, Schimmernde, Laute, Verwirrende, waren dem zerstreuungsfreudigen und leichtgläubigen Publikum eindeutige Belege seines Erfolgs und gaben somit nicht den geringsten Anlass, an der Wirksamkeit der Produkte und der Vertrauenswürdigkeit seines Geschäfts zu zweifeln. Der Doc verkaufte allerlei Tinkturen und Schlangenöle mit klangvollen Namen wie »Radway's Sarsaparillion Resolvent«, pries die Wirkung der neu gezähmten Kraft namens Elektrizität an und unternahm kleine Operationen.

Gates war fasziniert vom Verkaufstalent des Doctors und davon, wie er es verstand, seine Zuhörer mit immer neuen sagenhaften Geschichten in seinen Bann zu ziehen. Irgendwie müsse sich doch dessen Methode für den Stacheldrahtverkauf anwenden lassen. Und auf einmal war ihm alles völlig klar. Er musste seinen Kunden eine Show bieten. Vor seinem inneren Auge beugte sich eine wilde Rinderherde mitten auf der Military Plaza einem Stacheldrahtzaun. Wenn er dies bewerkstelligen könnte, dann wären die sturen Farmer überzeugt, da war er sich sicher: »Ain't a cow hand livin' won't go for that!«[103] Gates traf, wie jeder gute Verkäufer, natürlich Vorkehrungen. Er heuerte etliche Rinderhüter an, die jederzeit eingreifen konnten, wenn etwas nicht nach Plan verlief. Außerdem

102 Vgl. ebd., S. 44.

103 Sehr umgangssprachliches Amerikanisch, etwa: »Wird keinen Viehtreiber geben, der das nicht nimmt.«

ließ er sicherstellen, dass die angekündigte wilde Rinderherde die zahmste und schüchternste Herde war, die sich auftreiben ließ. Und er hatte alle Lektionen seines Vorbilds Doc Lighthall gelernt. Er trat in einem farbenprächtigen Cowboykostüm auf, pries die Herde als die wildesten Longhornstiere in Texas an und den Stacheldraht in schönster Quacksalberpoesie als »lighter than air, stronger than whiskey, cheaper than dust«[104]. Aufgestachelt von wilden Reitern, die mit Fackeln schwenkten, versuchten die Rinder in der Show, in alle Richtungen zu entkommen. Überall jedoch setzte ihnen der Zaun eine schmerzhafte Grenze. Die verängstigten Tiere, teils verletzt mit ramponierten Hörnern, zogen sich bald eingeschüchtert in die Mitte des Platzes zurück. Doch Gates wäre nicht Gates gewesen, wenn er in der ganzen Show nicht noch eine willkommene Gelegenheit zum Wetten gesehen hätte und natürlich auf sein Produkt setzte – und gewann. Damit gelang ihm das kleine Kunststück, mit einer effektiven Werbeaktion auch noch Geld verdient zu haben, bevor der Verkauf des eigentlich beworbenen Produktes überhaupt begann.[105]

Ab diesem Zeitpunkt konnten Farmer ihr Land günstig und effektiv abgrenzen und damit ihr Eigentum behaupten. Die Eisenbahn ließ meilenlange Streckenabschnitte mit Stacheldraht einsäumen, um weidende Bisonherden fernzuhalten. Riesige Viehherden konnten kontrolliert werden, und die Viehwirtschaft wurde so effizient, dass das Rind das Schwein als beliebtesten Fleischlieferanten

104 Zu Deutsch: »leichter als Luft, stärker als Whiskey, billiger als Staub«.

105 Vgl. Harford (2017): *The devil's rope: How barbed wire changed America*, in: BBC News, o. S. Da Gates die Show als großes Experiment anpries, kamen Reporter aus Houston angereist, um darüber zu berichten, was sicherlich im Kalkül von Gates eine Rolle spielte. Kostenlose Berichterstattung war kostenlose Werbung, oder wie man heute sagen würde, perfektes Content Marketing.

ablöste und so den Beginn der amerikanisch-kulinarischen Beef- und Steakkultur markierte.

Diese Geschichte beinhaltet bis zu diesem Punkt so ziemlich alles, was der amerikanische Westen an Erfolgsstorys zu bieten hat: eine amerikanische Erfindung, die nicht nur das ganze Land erschloss, sondern sich im nächsten Jahrhundert über die ganze Welt ausbreiten sollte; ein Verkaufsgenie, das mit diesem Streich den Grundstein für ein sagenhaftes Vermögen legte; schillernde Figuren, die ein ›Anything goes‹ verkörperten; die Geburtsstunde der Werbung und des Marketings, als halbseidene Verkaufsmethoden mit funktionierenden Produkten verschmolzen; und das alles vor der atemberaubenden Kulisse der weiten Prärien voller Cowboys, Pferde und Rinder.

An dieser Stelle müssen wir kurz innehalten, bevor wir die Geschichte zu Ende erzählen. Es ist nämlich wie bereits erwähnt eine sehr eigenartige Erfolgsgeschichte. In der US-amerikanischen Kultur, in der Erfindungsreichtum, Unternehmertum, Erfolgsgeschichten und die individuelle Selbstentfaltung mehr gefeiert werden als irgendwo sonst und sogar das Fundament des amerikanischen Selbstverständnisses darstellen, spielt diese Erfolgsgeschichte eine erstaunlich kleine Rolle. Und dabei hat sie mehr amerikanische Träume verwirklicht als alle Coca-Colas und Levi's Jeans zusammen. Wieso handelten unsere Kinderträume, von zahlreichen Geschichten und Filmen genährt, nicht davon, dass wir als Siedler Stacheldrahtzäune um unser Land ziehen und es unser Eigen nennen oder als erfolgreiche Verkäufer mit lustigen und abenteuerlichen Verkaufsaktionen im Wilden Westen reich werden? Und später, als wir die Geschichte vom sagenhaften Aufstieg der Vereinigten Staaten näher kennenlernten, warum sind uns die Namen Rockefeller, J. P. Morgan oder Henry Ford so vertraut oder warum denken wir bei den großen Erfindungen nur an Edison und die Elektrizität, an die Eisenbahn, das Telegramm, Telefon, Kino,

Automobil – alles, was diese Phase bis in das frühe 20. Jahrhundert prägen sollte? Warum denken wir nicht an den Stacheldraht und zählen Namen wie Joseph Glidden oder John Warne Gates genauso selbstverständlich auf wie die oben genannten Tycoons?

Es hat vielleicht damit zu tun, dass der Stacheldraht in direkter Weise für das Ende des Cowboys verantwortlich war, einen der Hauptbotschafter des American Way of Life.

Die Bilder, die unsere Vorstellungen prägen, zeigen die Great Plains, die Open Range, die offene Prärie, als die letzten freien indigenen Stämme Nordamerikas versuchten, ihr Leben noch so zu leben wie Aberhunderte Generationen vor ihnen. Land, bei dem ihnen nie der Gedanke gekommen wäre, es einzugrenzen. Gleichzeitig wurden riesige Viehherden von Cowboys durch dieses Land getrieben, die sich zumeist mit den Indianern darauf einigten, friedlich durchziehen zu dürfen. In den 1880er Jahren gab es in den USA noch diese unterschiedlichen Vorstellungen von Freiheit, in denen sich zwei jahrtausendealte Lebensweisen konfrontierten: die des nomadischen Hirten und die des siedelnden Farmers. Für Erstere stand außer Frage, dass das Land mit seinen Gräsern und Flüssen Allgemeingut sei und als solches vom Staat geschützt werden müsse.[106] Cowboys waren Viehhirten, und ihr wichtigstes Werkzeug war gleichzeitig das älteste der Menschheit: Leinen und Knoten, besser bekannt als Lassos. Die andere Seite zog währenddessen schon ihr wichtigstes Instrument, den Stacheldraht, quer durch das Land. Im Übereifer wurde dabei weit mehr eingezäunt als nötig oder erlaubt, was den Zorn nomadischer Viehhirten nur noch verstärkte. Staatliches Land wurde mit eingezäunt, meilenweit wurden keine Durchgänge installiert, was in vielen Fällen zum Durchschneiden des Zaunes zwang, Viehherden verletzten sich daran

106 Vgl. Gard (1948): *The Fence-Cutters*, in: The Southwestern Historical Quarterly, S. 3.

und starben bei Panikattacken, Zugänge zu Flüssen wurden abgesperrt. Kurz, der Stacheldraht verstärkte so ziemlich jede asoziale Eigenschaft, die im Menschen angelegt ist: Egoismus, Rücksichtslosigkeit, Gier. Bald schon war der Name für den Stacheldraht, den ihm die indigene Bevölkerung gab, weit verbreitet: the Devil's rope, der Teufelsstrick.

Cowboys wurden nicht mehr benötigt, um die Viehherden zusammenzuhalten, und ihre Routen waren zunehmend von Stacheldrahtzäunen versperrt. Das Lasso verlor seine Bedeutung und wurde zum Accessoire von Rodeoshows, wo Cowboys zu Artisten wurden und künftig versuchten, von ihrem Handwerk zu leben. Geachtete, verwegene und manchmal auch gefürchtete lassoschwingende Reitspezialisten wurden innerhalb weniger Jahre zur Zirkusnummer.[107] Der Blick des Cowboys, der sich einst nach dem Fang eines Kalbs in den Weiten des rotgetränkten Horizonts verlor, traf nun auf die gut ausgefüllten und verschwitzten Countryhemden eines Unterhaltung suchenden Publikums, und der Klang der Rinderhufe, die über den Prärieboden trampelten, wurde abgelöst vom Klatschen weißer, weicher, dicker Hände. In der bedrückenden Vorahnung der Degradierung ihres Handwerks, ihrer Kunst und ihrer Identität waren Cowboys in den 1870er Jahren den neuen Stacheldrähten äußerst feindlich gesinnt. Es kam zu den berüchtigten Fence-cutting-Aktionen von Cowboygangs, die sich Blue Devils nannten, Owls oder Javelinas. Sie schnitten die Zäune durch und drohten den Besitzern für den Fall, dass diese den Zaun noch einmal aufbauen würden. Nachts schwärmten sie aus zum Durchschneiden der Drähte und hinterließen manches Mal sogar Särge als Drohung oder gleich ein

107 Einer der sehr wenigen Western, die die Zerstörung des einen amerikanischen Traums durch den anderen (Business) in all der Melancholie darstellen, die die meisten Cowboys dabei empfunden haben dürften, ist der 1970 gedrehte Film *Monty Walsh* mit Lee Marvin in der Hauptrolle.

ausgeschaufeltes Grab. An Einsatz und Einfallsreichtum mangelte es ihnen jedenfalls nicht. Sie wussten, dass, sobald sich der Zaun etablieren würde, ihr Lebensstil für immer verschwinden würde. Cowboys waren nicht reich, und sie taten diesen Job auch nicht, um reich zu werden. Man kann den Cowboys, die wahrlich keine Kinder von Traurigkeit waren, viel vorwerfen, aber nicht, dass es ihnen bei diesen Aktionen nur um ihre Einnahmequelle ging, um das Business. Sie sahen ihren Lebensstil bedroht. Es gibt zahlreiche historische Belege dafür, dass viele wirklich um den Verlust der offenen Weite trauerten, des grenzenlosen Lands, eines Lebens, das einen nicht durch die Bestellung eines Ackers an einen Ort bindet. »It makes me sick«, sagte ein Cowboy 1883, »when I think of onions and Irish potatoes growing where mustang ponies should be exercising and where fouryear-old steers should be getting ripe for market«.[108]

Mit den Cowboys verschwand mehr als nur ein Handwerk. Mit ihnen verschwand vor allem ein Lebensstil, der – sehr verkürzt ausgedrückt – auf der Bewegungsfreiheit in atemberaubenden Landschaften beruht. Aber selbst das umfasst noch nicht die ganze Tragweite des Verlustes. Denn mit ihnen verschwand sogar eine sozialpolitische Idee, die zeitweise als Alternative zur jetzigen sozialpolitischen Ordnung der USA verfolgt wurde. Nomadisch lebende, weitgehend besitzlose Hirten versuchten, ihren Lebensstil gegen siedelnde kapitalanhäufende Züchter und Farmer durchzusetzen. In den USA hat Freiheit viele Bedeutungen. Denn mit ihr verbindet sich immer der amerikanische Traum. Und Träume können sehr unterschiedlich sein. Mit den Cowboys verschwand ein bestimmter

108 Zu Deutsch: »Es macht mich krank, wenn ich daran denke, dass Zwiebeln und irische Kartoffeln dort wachsen, wo Mustang-Ponys trainieren sollten und vierjährige Ochsen marktreif werden sollten.« Gefunden in: Harford (2017).

amerikanischer Traum, der eine kurze Zeit lang gleichberechtigt neben einem anderen Traum existierte, dem Traum des Siedlers. Während der letztere sich durchsetzte, lebt der erstere nur in der Sehnsucht weiter, dort aber umso stärker.

Es scheint, als ließe sich die amerikanische Popkultur des letzten Jahrhunderts auf den Gedanken der Cowboyfreiheit zurückführen, wie ihn ein am Lagerfeuer sitzender Cowboy und Indianer beim Rauchen einer Friedenspfeife unter freiem Sternenhimmel inmitten der weiten Prärie verkörpern. Eine Freiheit, die in Coca-Cola, Marlboro und amerikanischen Automarken jahrzehntelang beschworen wurde. Zucker, Nikotin und Benzin waren zwar schon im 20. Jahrhundert nur profitable Vehikel eines Lifestyles, der mit dem Cowboyleben nichts zu tun hatte. Aber er bediente eine Sehnsucht nach dieser Form von Freiheit, die von Selbstbestimmung, Bewegungsfreiheit, Grenzenlosigkeit, Unabhängigkeit und Coolness bestimmt war. Wer hier eine zu starke Verklärung wittert, die dem harten Cowboyleben nicht gerecht würde und selbst nur das Produkt einer Unterhaltungsmaschinerie ist, die im 20. Jahrhundert ein Bild prägte, das es so nie gab, verkennt die Tatsache, dass die popkulturelle Verklärung von Cowboys von Anfang an integraler Bestandteil ihres Daseins war. Sie begann bereits zu der Zeit, als Cowboys noch als Cowboys tätig waren. In Groschenromanen wurde schon in der zweiten Hälfte des 19. Jahrhunderts das Leben von Outlaws und Desperados so eindrucksvoll besungen, dass Tausende junger Männer aus dem ganzen Land in den Westen zogen, um dort das Leben eines Cowboys zu führen. Buffalo Bill erkannte wohl als Erster das Geschäftsmodell Cowboy und reiste mit *Buffalo Bill's Wild West Show* nicht nur quer durch die Staaten, sondern auch nach Europa, wo er 1890 beispielsweise in München auf der Theresienwiese auftrat. Bereits 1903 wurde der Cowboy Teil der Leinwand – in Edwin S. Porters *Der große Eisenbahnraub*. Der Western wurde zu einem eigenen Genre. Countrymusik entwickelte sich Anfang des 20. Jahrhunderts in viele unterschiedliche Stilrichtungen und bildete den Soundtrack für den Cowboylifestyle. Andy Warhol verewigte den King of Rock 'n' Roll, Elvis Presley, als Cowboy. James Dean verkörperte in *Giganten* eine besonders traurige Gestalt, den kapitalistischen Cowboy. Marlboro prägte jahrzehntelang das Image des rauchenden, freien Cowboys. Die Liste ließe sich endlos fortsetzen. Sie zeigt, dass es kaum eine Figur der Moderne gibt, die die Sehnsüchte nach einem verwegenen, unbeugsamen, freiheitsliebenden Lebensstil besser verkörpert als der Cowboy.

Der Cowboy war von Anfang an eine mythische Gestalt, in der Mensch und Pferd kentaurengleich verschmelzen. Es ist daher kein Zufall, dass sein wichtigstes Werkzeug Leine und Knoten waren, die zu den ältesten Werkzeugen der Menschheit gehören. Durch sie war er verbunden mit den Pferden und den Rindern. Inmitten einer sich modernisierenden Gesellschaft, in der eine Erfindung nach der anderen neue Möglichkeiten und Reichtümer erschuf, ist der Cowboy der Prototyp einer längst vergangenen archaischen und nomadischen Lebensform. Er ist das letzte große Aufflackern einer Sehnsucht, die die Menschen im Angesicht des technologischen Fortschritts und der industriellen Vereinnahmung erfasste. Der französische Dramatiker Émile Augier prägte etwa zur selben Zeit, 1855, den Begriff »la nostalgie de la boue«. Es bedeutet wortwörtlich »Sehnsucht nach dem Morast«, und bezeichnet das zutiefst menschliche Verlangen, sich ab und zu von den Zwängen der modernen Zivilisation zu befreien. Es ist die Sehnsucht nach mehr Einfachheit, weniger Beschränkungen und Konventionen, mehr individueller Freiheit abseits gesellschaftlicher Strukturen. In ihr liegt auch das Aufbegehren gegen eine verordnete und übergestülpte Zivilisation. Im Nordamerika des 19. Jahrhunderts begegnen wir daher zwei Formen dieser Sehnsucht. Die indigenen Stämme möchten sich nicht vertreiben lassen aus dem Urzustand und die Cowboys versuchen, wieder dorthin zurückzufliehen.

Nirgends sonst in der Geschichte prallen Archaik und Moderne so schillernd aufeinander wie in den USA des 19. Jahrhunderts. Eine demokratische, humanistische Verfassung, deren Grundsätze weit über ihre Zeit hinausreichen, prallte auf vorantike Gesellschaftsstrukturen, in denen Menschen als Sklaven ausgebeutet wurden. Der amerikanische Bürgerkrieg war einer der letzten Kriege, deren Kriegsführung, Schlachtordnung, Formationen und Regeln sich an antiken Vorbildern orientierten. Gleichzeitig war er der erste, der fotografisch umfassend dokumentiert wurde. Zum selben Zeitpunkt, da Ausbeutung von Land und Natur die Grundlage des späteren Reichtums darstellten, erkannte man die schützenswerte Schönheit von Landstrichen und setzte sie unter Naturschutz. Und während man mit der Eisenbahn von der Atlantikmetropole New York bis zum Pazifik fahren konnte und sein Eintreffen Tage zuvor bereits innerhalb weniger Minuten per Telegramm ankündigen konnte, da zogen eben die Cowboys auf Pferden lassoschwingend und knotenbindend durch das Land und versuchten, Rauchzeichen zu deuten.

Der Siedlertraum war von dem Zeitpunkt an bestimmend, als man mit einem Stacheldrahtzaun Viehherden und Indianer von seinem Grund fernhalten konnte. Der Traum von der Cowboyfreiheit lebte nur deshalb weiter, weil sich mit ihm alles, von Filmen und Liedern bis zu bedeutungsgeladenen Kulturgütern wie Automobilen, Kleidung und Softdrinks, besser verkaufen ließ. In der Realität hatte der Cowboy bald schon keine Chance mehr gegen den Stacheldraht. In unseren Vorstellungen reitet er aber weiter, als ob es nie einen Stacheldraht gegeben hätte. Dabei sind Cowboys, die in Verteidigung ihres Lebensstils Stacheldrahtzäune durchschneiden, ein historisch verbürgtes Bild. Lässt sich ein symbolträchtigeres Bild eines Freiheitswillens denken? Auf der einen Seite eine Freiheitsikone, auf der anderen Seite das Symbol der Unterdrückung, Werkzeug autoritärer Regime zur Sicherung von Grenzen, Gulags und KZs. Wie kann es sein, dass dieses Bild von so überwältigendem ikonografischen Potenzial es nicht in unsere Vorstellungen des amerikanischen Traums geschafft hat? Weil der Traum sich gegen sich selbst wendet. Weil das Bild des Cowboys, der den Stacheldraht zerschneidet, selbst den freiheitsliebenden Amerikanern zu subversiv ist. Weil, man ist fast geneigt, es so zu sagen, nur eines den Amerikanern noch wichtiger ist als die Freiheit, nämlich das Eigentum. Und bei einem Cowboy, der ein fremdes Grundstück betritt, hört jede Freiheitsromantik auf. Der Stacheldraht war nicht nur das Ende der Cowboys, die es in Wirklichkeit gerade einmal zwanzig Jahre gab, aber lange genug offenbar, um die drauffolgenden 140 Jahre besungen zu werden. Er war vor allen Dingen ein letztes effektives Mittel zur Vernichtung der Identität der indigenen Bevölkerung, die es viele Jahrtausende lang gab. Und hierin liegt auch der Grund, weshalb diese Erfolgsgeschichte in unseren Erinnerungen keine Rolle spielt. Denn kein Gegenstand zerreißt unsere Vorstellung von Freiheit und einem offenen Land kompromissloser als ein Stacheldraht, das Devil's rope.

> They say that heaven is a free range land,–
> Good-bye, good-bye, O fare you well,–
> But it's barbed wire for the devil's hat band,
> And barbed wire blankets down in hell.[109]
> *Edwin Ford Piper, 1917*

109 Piper (1917): *Barbed wire, and Other Poems*, S. 14. (Zu Deutsch: »Man sagt, der Himmel sei ein freies Land / Ade, ade, ach lebe wohl / Doch ist's Stacheldraht für des Teufels Hutband / Und Stacheldrahtdecken unt' im Höllenpfuhl.«)

Knotenmonster

Wenn wir an die Anfänge der Industrialisierung denken, dann fällt den meisten wohl die Dampfmaschine von James Watt aus dem Jahr 1781 ein, die als Erste eine Rotationsbewegung antreiben konnte.

Doch die Industrialisierung, und besonders die sozialen Folgen einer sich mechanisierenden Gesellschaft, begann nicht erst mit der Dampfmaschine. Die Schlüsselindustrie im 18. Jahrhundert war die Textilindustrie. Sie beförderte die Industrialisierung in allen Bereichen: technologisch durch den mechanischen Webstuhl; ökonomisch durch die Schaffung eines neuen Marktes für Rohstoffe und günstigere Produkte; sozial durch die Entstehung von Fabriken, Arbeiterschaft und Großkapital. 1733 erfand der Brite John Kay den Flying Shuttle. Es war zwar noch nicht der vollautomatisierte Webstuhl, aber nun benötigte man bei einem Webstuhl nur noch einen Weber statt zwei. Dies führte zu einer höheren Produktion und Garnnachfrage. Garne wurden zu diesem Zeitpunkt immer noch privat von Spinnern erzeugt, die schon bald mit der Produktion nicht mehr hinterherkamen. Der Bedarf für eine Spinnmaschine war so offensichtlich, dass die Society of Arts in London einen Preis für die beste Erfindung auslobte. Gute dreißig Jahre nach der Erfindung des Flying Shuttle, 1764, war es ein einfacher Weber namens James Hargreaves, der eine Spinnmaschine vorstellte, mit der gleichzeitig bis zu acht Garnspindeln spinnen konnten: die sogenannte Spinning Jenny. Sie wird zu Recht als ein Meilenstein der industriellen Revolution angesehen, denn nun konnte die nötige Nachfrage nach Garnen bedient werden, was den Textilmarkt und die Modebranche entfesselte. Dabei ist es weniger ihre Konstruktion oder Technik, die sie von anderen Erfindungen dieser Zeit abhebt. Verglichen mit einer Dampfmaschine ist sie in ihrer Holzkonstruktion ein bescheidenes Werkzeug. Ihre Bedeutung liegt hauptsächlich in den unmittelbaren sozialen Folgen, die sie verursachte. Die Spinning Jenny ist wohl die erste Erfindung der Menschheit, die die von heutigen Investoren so heißbegehrte Skalierbarkeit eines Geschäftsmodells in Reinform abbildete. Das bedeutet, dass man mit praktisch gleichbleibendem Aufwand einen immer höheren Ertrag erwirtschaften kann. Ein Spinner machte mit der Spinning Jenny die Arbeit, die zuvor acht Arbeiterinnen übernommen hatten. Dies war der Beginn der steigenden Arbeitslosigkeit. Da die Spinning Jenny größer als die herkömmlichen Spinnräder war, konnte die Tätigkeit nicht mehr im privaten Heim ausgeübt werden, weshalb man schnell größere Hallen dafür fand. Dies war der Beginn der Fabriken. Das geschah nicht ohne Konflikte, da eine aufgebrachte Gruppe arbeitsloser Spinnerinnen und Spinner kurz darauf die Maschinen in James Hargreaves Haus zerstörten. Die Entwicklung ließ sich dadurch jedoch nicht mehr aufhalten, denn bald schon wurde die Anzahl der Garnspindeln auf über hundert erhöht, angetrieben von einer Dampfmaschine. Eine jahrtausendealte Tätigkeit und Kunst, die höchste Bedeutung für den Alltag hatte – nämlich die Herstellung von Garn als Ausgangsprodukt für Gewebe und Taue aller Art – war innerhalb eines halben Jahrhunderts überflüssig geworden.

Parallel zu den Entwicklungen in den Webereien wurden bereits im Laufe des 18. Jahrhunderts Maschinen zur Seilherstellung erfunden und eingesetzt. Es ist sehr wahrscheinlich, dass das abgebildete Tauwerk auf der *HMS Temeraire* von William Turner bereits industriell gefertigt war. Die industrielle Seilherstellung war somit paradoxerweise bedeutender Teil einer Bewegung, in deren weiterer Entwicklung viele traditionelle Verwendungsmöglichkeiten für Tauwerk verschwanden. Als man endlich in der Lage war, Garne und Taue mechanisch günstiger herzustellen, verschwand das damit zusammenhängende Knotenhandwerk.

Die Industrialisierung wurde entscheidend entfacht von der mechanisierten Herstellung von Garnen. Konsequenterweise kam es irgendwann in Form von Netzen auch zur industriellen Produktion von Knoten. Als solche finden sie sich weltweit zum Zweck der Zerstreuung, des Spaßes, der körperlichen Ertüchtigung bis hin zur Erbringung sportlicher Höchstleistungen an Fußball- oder Handballtoren und an Basketballkörben, oder sie trennen Tennis- und Volleyballfelder. Das ist die schöne Seite von Netzen.

Die dunkle Seite von Netzen ist wiederum tief im menschlichen Bewusstsein verankert. Scheftelowitz zeigte, wie weit verbreitet das Netz in den Mythologien ist. Babylonier, Hebräer, Sumerer, Inder, Griechen, Römer, Germanen und Kelten sowie Völker Afrikas, Asiens und Polynesiens waren vereint in der Vorstellung, dass Schlingen und Netze Waffen der Götter waren und Unheil, Krankheiten und den Tod bringen. Niemals aber war die dämonische Wirkung von Netzen wohl größer als heute, wo sie zur Voraussetzung einer ganzen Industrie geworden sind: in der Fischerei. Wir kennen das Potenzial bereits einer einzigen Leine mit einem Knoten und ihrem Anspruch auf absolute Wirkung, sei es eine lebensrettende oder tötende. Was passiert, wenn Knoten in Form von Netzen zum Fangen und Töten industriell hergestellt werden?

Bei einem industriellen Vervielfältigungsprozess entstehen Millionen von Fangnetzen für die Fischerei, und in dieser Menge entfalten Knoten diabolische Kräfte. Es beginnt mit dem Beifang, so nennt sich alles Getier, das für den Verkauf uninteressant ist oder aufgrund gesetzlicher Regelungen nicht verwertet werden darf, sich aber in den Maschen der Netze verfängt und die Tortur bis zum Entleeren der Netze meist mit dem Leben bezahlt. Dabei sterben jährlich tausende Delphine, Robben, Meeresschildkröten, Seevögel und Haie. Diese sind bedeutende Tiere für die Aufrechterhaltung der maritimen Ökosysteme. Schleppnetze, die zum Fangen von Krustentieren über den Boden gezogen werden, zerstören wertvolle Ökosysteme, fangen unbeabsichtigt Muscheln, Quallen, Seesterne, Fische und hinterlassen Spuren der Verwüstung. Die für die Fischerei unbrauchbaren oder von ihr verlorenen Netze stellen Studien zufolge zwischen zwanzig und fünfzig Prozent des weltweiten Plastikmülls in den Meeren dar. Fischernetze sind aus einem speziellen Kunststoffgemisch, um eine höchstmögliche Haltbarkeit im Salzwasser zu gewährleisten, wodurch sie etwa 600 Jahre benötigen, um sich vollständig zu zersetzen. Das daraus resultierende Mikroplastik wird Teil der maritimen Nahrungskette und kann schließlich auch im menschlichen Organismus landen. Und als ob das alles nicht genügen würde, entfalten diese sogenannten Geisternetze eine weitere grausame Wirkung: Denn für alle Tiere, die sich darin verfangen, bedeuten sie einen langsamen und qualvollen Tod.

Die Knoten der modernen Fischereinetze haben allerdings mit den Knoten, die in diesem Buch untersucht werden, nichts zu tun: nicht Hände, sondern Maschinen haben sie erzeugt. Nicht an der Vielfalt von Knoten und ihren Einsatzmöglichkeiten ist man hier interessiert, denn sie dienen nur einem einzigen Zweck. Die Klugheit eines Knotens, sich jederzeit wieder lösen zu lassen, wird hier nicht gesucht, denn diese Knoten sollen nie wieder zu lösen sein. Diese Knotenmonster haben mit dem Knotenhandwerk und der Knotenkunst so viel zu tun wie die industrielle Massentierhaltung mit einer duftenden Weide und umhertollenden Tieren. Als Knotenmonster führen Knoten uns die Brutalität unseres Lebensstils vor Augen, der um eines köstlichen Stückes Wildfang willen Ökosysteme zerstört, Kollateralschäden an wertvollen Fischbeständen verursacht, Plastikmüll erzeugt, Tiere foltert und Organismen vergiftet.

Der genderungerechte Knoten

Es gibt wohl kaum ein Feld unseres modernen Lebens, in dem Knoten eine größere Rolle spielen und gleichzeitig so unsichtbar sind wie in der Mode. In einer Branche, deren oberstes Prinzip darin besteht, immer wieder aufzufallen durch neue Modelle und Muster, zeichnen sich Knoten durch ihre Bescheidenheit aus. Sie treten hinter dem Gesamtbild des Stoffes zurück. Jetzt gerade sind Sie durch Ihre Kleidung von Tausenden von Fäden und Knoten umgeben. Die geknüpften Knoten verhalten sich zu den Stoffen wie Zellen zu Organismen. Die Art ihrer Knüpfung, ihre Anordnung, ihre Größe, ihre Farbe und ihr Material bestimmen den Stoff und somit neben dem Schnitt das Bild eines Kleidungsstücks, wer es trägt, wann und wozu es getragen wird, und am wichtigsten, wie viel es kostet. Obwohl Knoten also das Grundelement der Mode sind, bleiben sie außerhalb der Strickwaren meist unerwähnt.

Anstatt der abertausenden kleinen Knoten schauen wir uns lieber einen großen Knoten an. Lassen wir zur Abwechslung einen Menschen aus früheren Zeiten, etwa dem späten 18. Jahrhundert, dem Zeitalter der Aufklärung, in unsere Zeit eintauchen. Er hat einen anderen Blick, und sieht das Sonderbare in Dingen, die für uns alltäglich und selbstverständlich sind.

Eines Tages finden wir ihn in unserem Wohnzimmer, auffallend gekleidet mit Perücke, Rock, Kniebundhose und engen Strümpfen, wo er verkündet, dass er mit dem Auftrag käme zu untersuchen, nach welchen Prinzipien die Zukunft funktioniere. Sein philosophischer Zirkel warte gespannt darauf zu erfahren, welche Früchte die zarte Pflanze der Aufklärung, als deren Gärtner er und seine

Freunde sich sehen, die Zukunft trägt. Unser Zeitreisender ist ein wacher Geist und voller Hoffnung, in einer Wissensgesellschaft zu landen mit allerlei technologischen und gesellschaftlichen Fortschritten. Wir würden ihm also Smartphones, Autos, Flugzeuge und allerlei strombetriebenen Kram zeigen. Dann würden wir ihm erzählen, dass sich die politischen und gesellschaftlichen Verhältnisse geändert hätten. Wissenschaften würden an frei zugänglichen Universitäten gelehrt und wir sähen uns selbst in einer rationalen Welt der Zahlen und Computer. Irgendwann inmitten seiner bohrenden Nachfragen käme uns die Idee, ihn vor den Fernseher zu setzen und einfach schauen zu lassen. Dabei würde ihm immer wieder ein modisches Accessoire auffallen, dessen genauer Zweck sich ihm nicht erschließt. Schnell merkt er, dass es rein symbolischer Natur ist – es scheint keine spezielle Haltefunktion zu erfüllen, ohne die man nicht auskäme. Eine klar zu benennende Bedeutung kann unser Zeitreisender auch nicht erkennen. Sobald es aber geknüpft ist, scheint eine Veränderung einzutreten. Menschen verhalten sich unterschiedlich, je nachdem, ob dieser Knoten vorhanden ist oder nicht. Das lässt unserem Zeitreisenden keine Ruhe. Während wir vielleicht gerade in der Küche die Spülmaschine ausräumen, würde er vom Wohnzimmer herüberrufen und fragen, wie denn dieser magische dreieckige Knoten am Hals heiße. Das im 18. Jahrhundert bei Männern und Frauen noch so allgegenwärtige Halstuch scheine aus der Mode gekommen zu sein. Überhaupt vermittele die ganze Kleidung ein sonderbares Würdeverständnis. Nur um diesen Knoten herum scheine sich der Träger eine gewisse Haltung zu bewahren. Nicht zu vergleichen mit dem Gestus anderer knotenloser Vertreter seines Geschlechts. Und Frauen trügen ihn gar nicht. Ach der, würden wir entgegnen, den nenne man Krawattenknoten. Auf die Frage nach dem Zweck dieses Knotens könnten wir aber nur erwidern, dass man ihn eben trage. Eine vollkommen unbefriedigende Antwort für unseren Zeitreisenden, der nun mehr wissen will. Schauen wir zusammen mit ihm genauer auf diesen Knoten:

Gentleman-Ratgebern zufolge haben Krawatten keinen anderen Zweck, als Männer besser aussehen zu lassen. Diese Erklärung allein wird der Wirkung eines Krawattenknotens nicht gerecht. Es passiert etwas, wenn Männer eine Krawatte anlegen. Das Magnetfeld der Aufmerksamkeit um sie herum verändert sich. Sie verhalten sich anders und Menschen in ihrem Umfeld verhalten sich anders. Durch einen Krawattenknoten schlüpft der Träger körperlich und symbolisch in eine neue Rolle. Unwillkürlich tritt beim Betrachter ein psychologischer Effekt ein, gegen den sich so gut wie niemand wehren kann: Man traut jemandem mehr zu. Ein Umstand, dem ganze Branchen ihre Existenz verdanken.

Eine fröhliche Pilotencrew mit offenen Kragen könnte ihre Gäste wohl nur zur Karnevalszeit begrüßen, ohne für Verunsicherung zu sorgen und das geordnete Boarding zu stören. Bänker tragen Krawattenknoten, denn ohne hielte man sie für unseriös. Anwälte tragen Krawattenknoten, denn ohne würde man ihnen nichts zutrauen. Nachrichtensprecher tragen Krawattenknoten, denn ohne würde man ihnen nicht glauben. Als der bekannte deutsche Nachrichtensprecher Jan Hofer nach 36 Jahren seine letzte Moderation absolvierte und sich ein letztes Mal zum Publikum wandte – mit welcher Geste verabschiedete er sich wohl? Richtig, er nahm seine Krawatte ab als ultimatives Zeichen des Abschieds. Er legte damit die Rolle und Aura des Nachrichtensprechers ab. Er verwandelte sich vor laufender Kamera vom objektiven Krawatte tragenden Vermittler von Ereignissen und Fakten in den Privatmann Jan Hofer.

Das Krawattenknotenbinden gehört zu einer der letzten Übungen, die unabhängig von Herkunft und Bildung zum Standardrepertoire männlicher Kompetenz zählen. Einen Krawattenknoten nicht binden zu können, wird bei Minderjährigen akzeptiert. Bei Erwachsenen ist es eine Metapher der Hilflosigkeit und fehlenden Reife. Der pointenreiche Dandy Oscar Wilde brachte es so auf den Punkt: »A well-tied tie is the first serious step in life.«[110] Wenn ein Regisseur eine Figur möglichst schwach und überfordert aussehen lassen will, genügt es, sie beim Scheitern am Krawattenknotenbinden zu zeigen. Ebenso wird eine Figur zum mondänen Macher, wenn sie ihren Knoten en passant knüpft und ihn beim letzten Blick in den Spiegel, mit sich selbst flirtend, noch rasch zurechtrückt. Zahlreiche Regisseure bedienen sich dieses Stilmittels, weil es ebenso einfach wie wirkungsvoll ist. Kaum jemand versteht das besser als die italoamerikanischen Regisseure Martin Scorsese oder Francis Ford Coppola, die in ihren filmischen Werken die Symbolkraft des Krawattenknotens immer wieder bewusst eingesetzt haben. Das Vorhandensein oder Fehlen eines Krawattenknotens dient ihnen als Stilmittel, um die soziale Stellung einer Figur zu kennzeichnen. *Der Pate, Goodfellas* oder *Casino* – in diesen Filmen werden über den Krawattenknoten die starken Gegensätze der Figuren erzählt, oder auch die Entwicklung der Charaktere: Der junge Michael Corleone, gespielt von Al Pacino, trägt am Familientisch ein lächerliches Sakko mit einem weit offenen Hemdkragen über dem Revers. Später als Pate trägt er selbstverständlich nur Krawatte. Der unglückselige Fredo, von John Cazale verkörpert, bleibt in entscheidenden Szenen krawattenlos. In *Casino* trägt die Hauptfigur Sam Rothstein, gespielt von Robert De Niro, gefühlt sechzig verschiedene Krawatten. Der schmierige Nebenbuhler und Ex-Zuhälter seiner Geliebten, Lester Diamond, alias James Woods, trägt natürlich nur offene Kragen. Der gnadenlose Fall des Henry Hill in *Goodfellas*, dargestellt von Ray Liotta, zeigt sich am Schluss, als er im Zeugenschutzprogramm in Unterhosen und Unterhemd die Zeitung vor der Tür holt. Es sind wirkungsvolle und für jeden verständliche Metaphern.

110 Zu Deutsch: »Eine gut gebundene Krawatte ist der erste ernsthafte Schritt im Leben.«

Solange der Krawattenknoten von solch starker Bedeutung ist, so lange wird der Verzicht auf ihn seine Wirkung nicht verfehlen. Er ist das einfachste Signal des Regelbruchs. Start-ups und innovative Jungunternehmer sind gut beraten, den Krawattenknoten wegzulassen, da er ihre disruptiven Geschäftsideen untergraben würde. Anders gesagt: Mit Krawatte wären sie nicht glaubwürdig. Vor wenigen Jahren verzichtete das traditionsreiche Unternehmen Robert Bosch GmbH auf die Krawattenpflicht mit dem Hinweis, dass man sich dadurch einen frischeren Wind verspreche und eine Start-up-Kultur.[111] Krawattenknoten als Signale von Kompetenz funktionieren also nicht überall. Handwerker tragen allein schon aus praktischen Gründen keine Krawattenknoten. Das Weglassen eines Krawattenknotens bedeutet auch das Wegfallen von Förmlichkeit und Distanz. Es gibt Berufsgruppen, die zwischen diesen Bereichen stehen, wie zum Beispiel Architekten. Sie müssen auf der einen Seite Seriosität und Glaubwürdigkeit gegenüber Kunden ausstrahlen, die sehr viel Geld in die Hand nehmen, weshalb krawattenlose Nonchalance falsch aufgefasst werden könnte. Auf der anderen Seite müssen sie gegenüber Handwerkern ihr handwerkliches Wissen um die Machbarkeit von Bauvorhaben glaubwürdig kommunizieren. Aus diesem Grund haben sich viele Architekten den schwarzen Rollkragenpullover als Alternative gesucht, da er den Fallstricken beider Welten geschickt und dezent aus dem Weg geht. In Coronapandemiezeiten

111 »Weil ich weiß, dass zum Beispiel in der Start-up-Szene Schlipsträger als rückständig gelten«, erklärte der damalige Vorsitzende der Geschäftsführung Volkmar Denner gegenüber der *Frankfurter Allgemeinen Sonntagszeitung* den Grund für den Verzicht auf die Krawatte am Arbeitsplatz. »Ich möchte im Unternehmen eine Start-up-Kultur etablieren. Ich möchte, dass wir ständig Neues wagen. Und das Hemd ohne Krawatte ist nun mal ein wichtiges Signal für diese andere Kultur. In der Hightech-Industrie trägt keiner Krawatte, in der traditionellen Automobilbranche auch immer weniger.« Weingartner (2016): *Oben ohne: Geständnisse eines Krawattenträgers*, in: FAZ, o. S.

war zu beobachten, dass immer mehr Politiker auf den Knoten verzichteten. Das Weglassen der Krawatte signalisiert Volksnähe und Lockerheit. Im Fall der Pandemie schien aber noch eine zusätzliche Botschaft mitzuschwingen. Hier standen keine Berufspolitiker, die am Feierabend die Krawatte ablegten und aus ihren Rollen schlüpften, um am Morgen erneut Zeit mit einem Krawattenknoten zu verplempern. Hier waren Vollzeitpolitiker am Werk, für die die Bekämpfung der Pandemie zum Dauerzustand, zum Modus Vivendi, wurde. Manchen französischen Politikern wurde diese Lässigkeit zu viel, und so diskutierte das französische Parlament im Sommer 2022 über eine Wiedereinführung der Krawattenpflicht.

Je nachdem, wo sich Männer selbst in der Gesellschaft verorten, fühlen sie sich mit Krawattenknoten wohler oder unwohler. Manche fühlen sich förmlich eingeschnürt. Nicht etwa, weil der Knoten zu eng säße, sondern wegen der Rolle, in die sie der Knoten drängt.

Es gibt nicht wenige Männer, die das Krawattenknotenbinden scheuen, es ihre Frauen machen lassen oder eine Krawatte immer fertig geknotet im Schrank hängen haben. Indessen zeigt sich der Respekt vor der Institution Krawattenknoten darin, dass es wohl kaum einen erwachsenen Mann geben wird, der sich der eigenen Inkompetenz des Krawattenknotenbindens rühmen würde. Ebenso könnte er versuchen, Eindruck damit zu schinden, sich nicht selbst seine Schuhe binden zu können. Die Profilierung durch Inkompetenz hat hier eindeutig ihre Grenzen. Im Leben eines jeden Mannes des westlichen Kulturkreises kommt irgendwann der Augenblick, einen Knoten anzulegen: sei es zur Hochzeit, zur Beerdigung oder zum Bewerbungsgespräch.

Warum steckt in dem Knoten so viel Bedeutung und warum sind wir seiner Wirkung regelrecht ausgeliefert? Unser bereits etwas erschöpfter Zeitreisende würde einen Gesellschaftsexperten fragen, und der Soziologe würde ihm etwas von postmodernen Gesellschaften erzählen und komplexitätsreduzierenden Kommunikationsmitteln zur Herstellung von Autorität und Macht, sowie über die Konstitution von Rollenbildern, um das Funktionieren einer arbeitsteiligen Gesellschaft zu gewährleisten. Sollte unser Zeitreisender bis zum Ende der Antwort noch nicht eingenickt sein, wird er bezüglich der Aura verändernden Magie eines Krawattenknotens so schlau sein wie zuvor.

Krawattenknoten sind nicht nur Symbol der Glaubwürdigkeit in sensiblen Bereichen unserer Gesellschaft wie Sicherheit, Geld, Recht und Wahrheit. Sie sind Mittel und Voraussetzung, einem Anlass Respekt zu zollen und Ehre zu erweisen. Ihr Fehlen kann Beziehungen erschüttern und Geschäfte bis zum Bankrott ruinieren. Wie lange wären Bestatter wohl im Geschäft, wenn sie auf Krawattenknoten verzichteten? Es gibt Ereignisse, bei denen sich eine gewisse Lässigkeit nicht verkaufen lässt.

Der Krawattenknoten ist ein Symbol von Macht, Autorität, Respekt, Seriosität, und ja: Er sieht einfach gut aus. Aus dem Grund entkommt man ihm kaum. Die modische Wirkung eines Krawattenknotens ist am Ende zu stark, gerade für die Regelbrecher. Kaum eine rebellische Jugendbewegung des 20. Jahrhunderts ließ sich ihren Knoten nehmen: Rock 'n' Roller der Fünfziger-, Mods der Sechziger-, Hippies der Siebziger-, Punks der Achtzigerjahre. Je nach Bewegung in schmalen Leder- oder Stoffkrawatten, oder extrabreit mit quietschenden Farben und Mustern. Bevor man auf die Aura verstärkende Wirkung eines Krawattenknotens verzichtet, eignet man ihn sich lieber an, knüpft ihn anders und deutet ihn um. Anstatt des symmetrischen und dicken Windsorknotens schlägt man einen Four-in-Hand: schlank, asymmetrisch, lässig, cool.

Wenn Sie als Mann dieses Kapitel lesen, dann sind Sie zu beglückwünschen, denn unsere Welt stellt Ihnen einen einfachen Knoten zur Verfügung, dank dem Sie keine Zeit verschwenden müssen, zu überlegen, wie Sie sich passend anziehen. Sie strahlen mit diesem Knoten automatisch eine gewisse Sorgfalt aus, wodurch Sie vor allem im Job einen Vertrauensvorschuss genießen, für den Sie nichts weiter beitragen müssen. Dank dieses Knotens sind auch sehr viele Dinge von vornherein kommuniziert – Sie können sofort mit Sachthemen starten, denn keiner wird Ihre Tauglichkeit bezweifeln. Im Gegenteil, man wird Ihnen vielmehr sogar noch Dinge zutrauen, die Sie vielleicht gar nicht unbedingt zu Ihren Stärken zählen. Ein weiterer ausgesprochen positiver Effekt besteht darin, automatisch respektiert zu werden, was auch immer Sie machen. Platte Sprüche, komische Anmachen oder gar sexuelle Belästigung sind keine Unannehmlichkeiten, denen Sie sich zu stellen hätten. Sie werden auch bemerken, dass Sie dank dieses Knotens von Nichtknotenträgern gehört werden – als sei er eine Art Aufmerksamkeitsmagnet. Je nach Auftreten dient der Knoten auch als Autoritätsabzeichen. Und nun kommt das wirklich Allerbeste an diesem Knoten, denn sogar sein Weglassen ist von kaum zu entkommender Wirkung. Wenn Sie ihn nämlich zu den richtigen Anlässen weglassen, wird man Sie als dynamisch empfinden, als modern und lässig. Sie können damit sowohl zupackende Hemdsärmeligkeit ausstrahlen als auch Bodenständigkeit und Authentizität.

Der Knoten wirkt als Zugehörigkeitszeichen, als Kompetenzaccessoire, als Kommunikationsvorsprung, als Respektsbekundung, als Vertrauensvorschuss, als Sorgfaltsversprechen, und im Nichtvorhandensein wirkt er sogar noch als Authentizitätsversprechen und Innovationsgarant. Das alles bietet uns Männern im 21. Jahrhundert ein einfacher Knoten, der uns weniger als fünfzig Euro kostet und in wenigen Sekunden angelegt ist, respektvoll eng oder ein bisschen locker. Ist das nicht das großartigste Eintrittsticket, das sich ziehen lässt?

Wenn Sie als Frau dieses Kapitel lesen, dann ist es für Sie eher bedauerlich, denn Sie können dieses Ticket nicht ziehen. Es steht Ihnen nicht zur Verfügung. Sie können es versuchen, werden aber keine der oben beschriebenen Wirkungen erzielen. Alle mit dem

Krawattenknoten verbundene Wirkung ist ein rein männliches Privileg. Es ist eins der stärksten und zähesten Geschlechterprivilegien, das sich unsere Gesellschaft leistet. Bei einer Frau wird der Knoten zum modischen Accessoire, zum Spiel mit Rollenklischees, zum – ausschließlich – modischen Regelbruch. Allerhöchstens in Kombination mit einer Uniform funktioniert der Knoten bei einer Frau, beziehungsweise bewirkt er nicht geradewegs das Gegenteil: Unglaubwürdigkeit. Unser Blick erkennt keinen Autoritätszuwachs in einem Krawattenknoten, der einen weiblichen Kragen schmückt. Es ist erstaunlich, dass die größten Modegenies und Modehäuser es in den letzten hundert Jahren nicht vermochten, für Frauen ein allgemein verständliches und gültiges Kompetenzaccessoire zu kreieren. Während Männer in einer Welt aufwachsen, die für sie gemacht ist und die ihnen das älteste Werkzeug der Menschheit in die Hand drückt, um damit alles unterhalb der Sachebene bereits kommuniziert zu haben, muss jede Frau für sich ihren ganz eigenen modischen Code entwickeln, um überhaupt erst dort anfangen zu können.

Vielleicht würde es helfen, allen Männern in Banken, Versicherungen, Verwaltungen, Bildungseinrichtungen oder Parlamenten Krawattenknoten zu verbieten. Statt Frauenquote Krawattenverbot. Es wäre interessant zu sehen, wie Männer mit dem Verlust des Kompetenzvorsprungs umgingen, inwiefern er ihre Berufswahl beeinflussen würde und ob Frauen davon profitieren könnten. Wie wir aber bereits gesehen haben, liegen im Weglassen des Knotens wieder eigene Botschaften. Es ist ein Symbolspiel, dem man nicht entkommt.

Unser Zeitreisender wäre am Ende seiner Reise jedenfalls dankbar und froh, wieder zurückkehren zu können in seine Zeit mit den langsameren Rhythmen. Er würde sich bei uns höflich bedanken für all die Einsichten, die er gewann. Ein klein wenig wäre er geknickt, keine zufriedenstellende Antwort auf die sonderbare Wirkung des

Krawattenknotens gefunden zu haben. Zurück im 18. Jahrhundert würde er seinem neugierigen philosophischen Zirkel berichten, wie trotz aller Aufklärung und technologischer Entwicklung die Menschen der Zukunft immer noch an einen Zauberknoten glauben. Seine magische Wirkung wüsste keiner so recht zu erklären, man wäre ihr regelrecht ausgeliefert. Ungläubiges Staunen und ausgehüstelte Pfeifenrauchwolken erfüllten den Salon. Wie es denn sein könne, dass man im 21. Jahrhundert förmlich in einen Aberglauben an Zauberknoten zurückgefallen wäre? Ob man denn das Wetter damit beeinflusse oder so Krankheiten heilen wolle? Oder diente er etwa der Liebe? An Geister und Dämonen würden die zukünftigen Generationen doch hoffentlich nicht mehr glauben? Nein, mitnichten, würde sie unser Freund beschwichtigen. Keines dieser Ziele würde verfolgt. Immerhin handele es sich um eine Industriegesellschaft, in der alle in hierarchischen Organisationen arbeiteten. Aus diesem Grund ist das Begehrenswerteste, was ein magischer Knoten leisten könne, die Verleihung von Kompetenz und Autorität. Wie?, würden die Ersten fragen. Kompetenz, ohne etwas genau zu wissen, und Autorität, ohne etwas geleistet zu haben? Das widerspräche allen Zielen der Aufklärung!

Erste Fragen würden gestellt, was man denn jetzt vielleicht schon tun könne, um diesem Aberglauben vorzubeugen. Doch jäh, inmitten von Geräuschen der Erleichterung und Heiterkeit, verböten sie sich jeglichen Eingriff in den Lauf der Zeit, nachdem sie erführen, dass alle Magie des Knotens ein rein männliches Privileg sein werde.

Verkehrte Produkte und verkehrte Lösungen

Seit Jahrtausenden steht der Mensch vor vielfältigen Herausforderungen, die sich ihm entweder ungewollt stellen, oder die er sich bewusst sucht. In der Bewältigung von Herausforderungen wurde der Mensch immer spitzfindiger. Die Herausforderungen wurden immer komplexer und die Lösungen immer komplizierter. Bei jeder neuen Herausforderung umgab den Menschen das gesamte Repertoire an Instrumenten, die er sich bereits zulegte. Schauen wir uns an, wie dieser Überfluss an Instrumenten unser Denken geprägt hat und wie wir uns darin zurechtfinden.

Irgendwo in Österreich inmitten grüner Hügel gibt es einen Käseladen mit ein paar Tischen für Gäste. Aus einer Käsetheke kann man sich die unterschiedlichsten Spezialitäten aussuchen. Hinter dem Wirtsraum schließen sich die Reifekammern der verschiedenen Käsesorten an. Die Räumlichkeiten sind neu und den technischen Erfordernissen entsprechend in pragmatischer Stahlbetonbauweise gebaut. Die hohe Betondecke im Gastraum zeigt die typischen Fugen der Verschalung. Die unvermeidlichen Altholzbalken sind mit ihrem Auftrag, für alpenländische Gemütlichkeit zu sorgen, heillos überfordert. Am Eck der Theke gibt es eine große, ausladende gläserne Käseglocke. Sie ist meist geöffnet und hängt etwa einen halben Meter über der Käseplatte. Ein ungewöhnlicher Anblick, wie diese Glocke förmlich über dem Brett schwebt. Dabei ist sie über eine einfache Aufhängung an der Betondecke mit einer kleinen Stahlplatte als Gegengewicht hinter dem Tresen verbunden. Mit dieser kann der Verkäufer die Käseglocke heben und senken. Dank des ausbalancierten Gegengewichts bleibt die Käseglocke immer in Position, egal ob geöffnet oder geschlossen. Eine kleine elegante Konstruktion.

Zwei Gewichte werden über zwei Aufhängungen in eine Balance gebracht. In Anlehnung an Pieter van de Griend könnte man hier von einem ›rope problem‹ sprechen. Es handelt sich also um ein Seilproblem, das mit einem oder mehreren Knoten gelöst werden kann. Nicht überall sind ›rope problems‹ so eindeutig zu erkennen. Wer aber mit der Knotenbinderei beginnt, darf sich nicht wundern, wenn er sich dabei ertappt, nach Anwendungsmöglichkeiten für erlernte Knoten zu suchen. Eh' man sich versieht, trägt man die Knotenbrille und beginnt, in Leinen und Knoten zu denken. Man sucht nach Herausforderungen des Alltags, die ein ›Seilproblem‹ darstellen könnten, welches sich wiederum mit einem Knoten lösen ließe. Wir haben bereits aus der Gehirnforschung gesehen, dass der bloße Anblick eines Gegenstands eine höhere Gehirnaktivität auslöst, wenn wir etwas mit dem Gegenstand anzufangen wissen. Wer die Knotenbrille aufhat, entdeckt einfache Lösungen, wofür man zuvor Plastikverschlüsse, Kabelbinder, Drahtseilklemmen und Drähte aller Art benötigt hätte. Die Schönheit und Eleganz von Lösungen, die eine einfache Schlaufe bereithält, verändern den Blick. Die bewusste Reduktion des eigenen Instrumentariums auf eine Leine verändert auch die Denkweise.

Kehren wir zurück zur Käseglocke. Denn beim genaueren Hinsehen fällt auf, dass es sich bei der Schnur um ein dünnes Stahlseil handelt. Sicher nicht falsch, aber wohl einen Tick solider als nötig. Als Nächstes fällt der Blick auf die Befestigung des Gegengewichts. Dieses hängt an einer Schlaufe, die wiederum mit einer Drahtseilklemme und zwei Schrauben befestigt wird. Ein Knotenbinder wird es bereits jetzt bedauern, dass diese einfache Vorrichtung nicht mit einer dekorativen Leine und einer eleganten Schlaufe gelöst wurde. Sein Bedauern verwandelt sich in ungläubiges Staunen, wenn er daraufhin die Aufhängung der Käseglocke anschaut. Hier wird zwischen zwei mit Drahtseilklemmen befestigten Schlaufen zusätzlich ein Spannschloss montiert. Dieses besteht selbst wiederum aus drei Teilen, wobei zwei Schrauben von vorne und hinten in ein Gewinde laufen, um damit einem gespannten Stahlseil die nötige Restspannung zu geben.

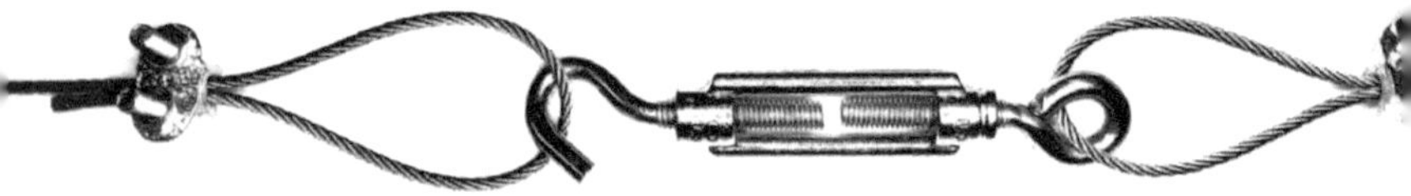

Abb. 15: Spannschloss mit Drahtseil und Drahtseilklemmen.

Die Frage nach dem Sinn des Spannschlosses in dieser Konstruktion kann nicht beantwortet werden. Im Fall einer ohnehin nach unten hängenden Käseglocke muss keine Spannung aufgebaut werden. Eine Höhenfeinjustierung kann auch ausgeschlossen werden. Vielleicht dient er als zusätzliches Gewicht, um die Balance zur Stahlplatte herzustellen. Vielleicht war er auch nur Teil eines Sets, und bevor er herumlag, verbaute ihn der Käsemeister lieber. Ebenso wie die zwei Drahtseile, vier Drahtseilklemmen mit insgesamt vier Bügelschrauben und acht Muttern, unter Zuhilfenahme eines Schraubenschlüssels. Der simple Bedarf einer Käseglockenaufhängung wird mit der Technik und dem Material für Stahlbaukonstruktionen bedient. Lösungen, die nicht mit mindestens zwei Schrauben auskommen, vertraut man nicht mehr. Der Käsemeister wüsste vielleicht gar nicht mehr um eine andere Lösung. Sie wäre ihm nicht eingefallen. Seine Konstruktion ist ein Produkt des Überflusses an Werkzeugen und Materialien. Sie ist eine Baumarktlösung, die per se geadelt ist, sobald ein Schraubenzieher zum Einsatz kommt. Die Lösungssuche hat nichts mit der Persönlichkeit des Käsemeisters zu tun. Sie ist völlig normal geworden in einer Warenwelt, die für jedes noch so kleine Problem ein passendes Produkt verspricht. Der

Käsemeister erkannte in der Herausforderung der Käseglockenaufhängung kein Seilproblem, für das es eine Knotenlösung gibt. Er erkannte darin ein Gewichtsproblem, für das es eine Stahlseil- und Schraubenlösung gibt. Diese besteht aus 21 Einzelteilen und einem Werkzeug. In Anbetracht der Möglichkeit, die einem eine einzige Leine gibt, ohne Zuhilfenahme von weiteren Werkzeugen, wirkt seine Lösung bemitleidenswert absurd. Es ist schwierig, über die Schönheit, Einfachheit und Funktionalität von Knoten zu sinnieren, ohne es gleichzeitig zu bedauern, durch welche Flut an unsinnigen eindimensionalen Produkten unsere Welt diese Knoten aus dem Alltag geschwemmt hat. Für unzählige ›Probleme‹, die sich mit einem Knoten lösen ließen, gibt es auf einmal vermeintlich bessere Lösungen mit einem scheinbar idealen Produkt.

Die Industrie für Gebrauchsgüter, die ein bequemeres Leben versprechen, ist unbeschreiblich groß. Allein der Bedarf des alltäglichen Lebens in Küche und Haushalt kennt unzählige vermeintliche Helfer aus Kunststoff und Metall. Es werden tausende Tonnen Abfall produziert für Gegenstände, die nur eine Funktion kennen und selbst diese oft nur unzureichend erfüllen. Es sind Gegenstände, zu denen uns nicht mal ein Name einfällt. Oder wie nennt man den kleinen Plastikknopf mit integriertem Federverschluss, der sich zu einer Öse aufdrücken lässt, um durch diese eine Kordel zu ziehen und sie beim Loslassen des Federverschlusses zu fixieren? Der sich zu Millionen an den Kordeln von Funktionsjacken, Winterjacken, Kapuzen aller Art befindet, überall dort, wo es darum geht, etwas zusammenzuziehen oder zu verhindern, dass die Kordel in die Kapuze eingezogen wird?

Man weiß bei der Internetrecherche kaum, wonach man suchen soll. Bei der Suche nach ›Ding an Kordel‹ kommt man schließlich auf Produkte, in deren Produktnamen sich irgendwo der Name ›Kordelstopper‹ befindet, eventuell auch ›Kordelzug‹ oder ›Kordelklemme‹, so genau wissen es die Hersteller und Verkäufer offenbar selbst nicht. Es gibt keinen konkreten Namen für ein Teil, das sich in Millionen Haushalten befindet. Deshalb flankieren Verkäufer diesen Produktnamen meist mit Krücken wie Schnur, Garn, Bande, Klemme, Schloss, ›Schlaufenenden fixieren‹, Verschluss, Schieber oder Stopper, damit Verbraucher beim begrifflichen Vorantapsen irgendwann darauf stoßen.

Diese Kordelstopper sind aus Plastik und einer Metallfeder. Sie werden unter einem hohen Aufwand an Ressourcen für Kunststoff und Federn hergestellt, mit extra dafür hergestellten Maschinen unter Energieeinsatz in Form gegossen und zusammengesteckt, in Verpackungen aus Plastiktütchen und Kartons gesteckt, um dann wohl zumeist aus Fernost unter immensem Energieeinsatz in die ganze Welt verschifft zu werden, dort auf Lkws verladen und unter weiterem Energieeinsatz zu den Produktionsstätten der Gegenstände gebracht zu werden, an denen sie befestigt werden, um dann mit diesen Gegenständen wieder unter Energieeinsatz transportiert zu werden, bis sie endlich beim Endverbraucher landen, wo dieser mit ihnen ›bequem‹ seine Kapuze zuziehen kann, was er durch einen simplen Knoten ebenso machen könnte. Unter dem Gesichtspunkt dieses unglaublichen Aufwands an Ressourcen, Arbeit, Zeit, Logistik, Treibstoff und Infrastruktur erfüllt der Kordelstopper angesichts einer im Plastikmüll erstickenden Erde alle Kriterien, um Teufelszeug geheißen zu werden.

Der Begriff Teufelszeug ist jedoch einer sachlichen Diskussion wenig dienlich. Eine bessere Bezeichnung wäre daher ›verkehrtes Produkt‹. Ein sinnvolles Produkt befindet sich nur bei denen, die es sich bewusst anschaffen, weil sie es benötigen. Man kann es klar benennen. Solange es verwendet wird, erfüllt es seinen Zweck. Es ist reparabel, solange man es braucht. Sollte es irgendwann nicht mehr benötigt werden, lässt es sich leicht entsorgen. Ein ›verkehrtes Produkt‹ ist das genaue Gegenteil davon: Keiner hat je danach gefragt und trotzdem besitzt es jeder. Jeder nimmt es unbewusst hin, keiner kennt den Namen. Es wird irgendwann nutzlos sein, das Material bleibt dafür ewig erhalten, ohne irgendetwas anderes damit tun zu können. Es bedarf eines gigantischen Herstellungsaufwands angesichts der Dürftigkeit seines Nutzens und seiner völligen Überflüssigkeit. Würde es nicht existieren, ginge keinem etwas ab.

Diese Produkte sind aber nur das Resultat des eingangs beschriebenen Prozesses der immer komplizierter werdenden Herausforderungen, in denen der Einzelne völlig überfordert ist von dem daraus erwachsenen Repertoire an Instrumenten und Lösungsmöglichkeiten. Um dem Einzelnen die Bürde der Lösungssuche abzunehmen, die oftmals in einem unseligen Bund mit handwerklicher Ungeschicklichkeit zum Scheitern verurteilt ist, wird einfach ein passendes Produkt hergestellt, das dankbar angenommen wird.

Das einstige Versprechen der Produktwelt, das Leben bequemer und einfacher zu machen durch Gerätschaften für Haushalt und Mobilität, hat sich dabei aber vollkommen verselbständigt auf der sinnentleerten Suche nach den letzten Lücken menschlich autonomen Verhaltens. Noch die letzten Handgriffe, bei denen der Mensch meint, sie selbst ausführen zu können, werden als hilfsbedürftig erkannt, wozu ein ideales Hilfsmittel produziert werden muss. Für deren Herstellung wird hochkomplexes Wissen materialisiert, nur um dem Einzelnen das einfache Wissen zu ersparen. Und wenn der Einzelne selbst nach einer Lösung sucht, wie bei der Käseglocke, dann ist er von der überbordenden Produktwelt so verführt, dass er noch die überdrehtesten Lösungen als gelungen empfindet.

Diese ›verkehrten‹ Gegenstände sind nicht nur Bestandteil unseres Lebens und Wirtschaftens. Sie sind auch Bestandteil unseres Denkens und unserer Lösungsstrategien. Es genügt nicht, sich an Beispielen abzuarbeiten, bei denen ein Knoten eine bessere Lösung bietet als ein unsinniges Produkt, wenn die wahre Motivation, Dinge auf eine bestimmte Weise zu tun, das Resultat unseres ganzen Wirtschaftssystems ist. Selbst wenn wir das Müllproblem erkennen, das durch Produkte wie den Kordelstopper entsteht, machen unsere Lösungen es nicht besser. Denn das Denken, das solche verkehrten Produkte herstellt, sucht auch nach verkehrten Lösungen.

Wir sprechen von CO_2-Emmissionsreduktionen, Umstieg auf Elektrofahrzeuge, Industrie 4.0, smarten Produktionsweisen. Gleichzeitig benötigen wir unhinterfragt riesige Industrien zur Herstellung von kleinem ewig haltbarem, begrenzt funktionierendem Müll, weil wir es selbst nicht mehr schaffen, einen einfachen Knoten zu machen. Wenn unser Denken sich danach richtet, was es umgibt, dann war das menschliche Denken noch nie von so vielen Dingen und Informationen umgeben wie heute. Nie war das Instrumentarium für Lösungsmöglichkeiten größer als jetzt. Wie prägt diese Umwelt unser Denken? Worin erkennt es Lösungen?

Zuallererst einmal bedeutet es, dass für uns die Problemlösung im Alltag in der Benutzung eines bestimmten Produkts liegt. Wir haben uns daran gewöhnt, dass es für alle kleinen alltäglichen Herausforderungen und Probleme ein Hilfsmittel gibt. Bei jeder Kleinigkeit denken wir also: Dafür muss es was geben. Schon vor fünfzig Jahren waren Supermarktregale gefüllt mit allem, was der Markt zu bieten hatte. Eine Mangelwirtschaft verglichen mit der heutigen Warenwelt, die durch das Smartphone zugänglich ist und jedes Produkt dieser Welt innerhalb kürzester Zeit liefert.

Das ist nämlich die zweite Konstante unseres Denkens: der außerordentlich hohe logistische Standard, den wir in den letzten fünfzig Jahren erreicht haben. Wir haben uns eine Infrastruktur aufgebaut, mit der wir jedes hergestellte Produkt auf dieser Welt innerhalb kürzester Zeit von einem Ort an den anderen bringen können. Wenn wir irgendetwas benötigen, dann wird es morgen geliefert, und wir sind kurz davor, dass es noch am selben Tag per Drohne zu uns kommt. Der Transport ist so günstig, dass der Produktionsort keine Rolle mehr spielt. Die Infrastruktur ist vorhanden, wird immer effizienter und ist überall bereits eingepreist. Die Einpreisung der Infrastruktur erfolgt sogar reziprok. Je mehr man von ihr Gebrauch macht, desto niedriger wird der Endpreis. Es ist wirtschaftlich sinnvoller, Dinge an Orten mit weniger Menschenrechten und geringeren Arbeitskosten herstellen zu lassen und nach Europa zu transportieren, als sie hier zu produzieren und sich dadurch den weiten Transport zu sparen. Nicht eingepreist werden dabei die gesellschaftlichen und ökologischen Kosten, was der einzige Grund ist, weshalb diese Dienstleistung derart kostengünstig angeboten werden kann. Dieser billige Transport ist mithin zur unhinterfragten Grundlage jeglichen wirtschaftlichen Denkens geworden, sowohl beim Produzenten als auch beim Konsumenten.

Die dritte Konstante unseres Denkens liegt in der Nachhaltigkeit. Wir haben unser Denken in den letzten drei Jahrzehnten um die Kategorie ›Umwelt‹ erweitert. Es gibt also drei unhinterfragte Konstanten unseres Denkens und somit unserer Lösungsfindung:

1. Für jedes Problem gibt es ein Produkt,
2. egal welches Produkt ich benötige, es ist innerhalb kürzester Zeit verfügbar,
3. Punkt eins und zwei sollten möglichst nachhaltig und umweltschonend geschehen.

Betrachten wir auf dieser Grundlage noch einmal den Kordelstopper. Welche Lösung für das Müllproblem des Kordelstoppers hielte dieses Denken bereit? Sie könnte in etwa so aussehen: Da diese Kordelstopper ganz offensichtlich zu Millionen auf der Welt benötigt werden – denn sonst gäbe es sie offensichtlich nicht –, müssten wir sie in Zukunft aus nachhaltigen Rohstoffen herstellen, zum Beispiel aus gepresstem Pflanzenmaterial, natürlich unter vollkommenem Verzicht auf giftige Chemikalien bei der Herstellung. Auf die gesonderte Verwendung von Metall für die Feder könnte man ebenso verzichten, indem man aus diesen festen gepressten Pflanzenmaterialien

Formen entwickelt, die unter Spannung gebracht werden können und beim Loslassen wieder in ihre Ursprungsform zurückkehren. Dann hätte man das Müllproblem gelöst, da diese nachhaltigen Kordelstopper in wenigen Jahrzehnten nach ihrer Nutzung komplett verrotten. Die Produktion dürfte selbstverständlich nicht teurer werden, insofern erst mal Hände weg von Arbeits- und Transportbedingungen, denn das würde kurzfristig zu Preiserhöhung führen und die Umstellung auf umweltfreundliche Materialien verhindern. Unterm Strich wäre auf jeden Fall schon einmal für mehr Nachhaltigkeit gesorgt, und die Welt hätte ein Problem weniger. Das verstehen wir unter nachhaltiger Lösung. Diese Lösungen funktionieren jedoch nur mit den Menschen, die in den Fabriken arbeiten, wo die nachhaltigen Kordelstopper hergestellt und weiterverarbeitet werden. Mit Menschen, die diese Fabriken leiten. Mit Menschen, die die Produkte entwerfen, herstellen und bewerben, an denen sich die Kordelstopper befinden. Mit Menschen, die diese Kordelstopperprodukte transportieren. Also auch mit den Menschen, die die Fahrzeuge herstellen, mit denen die Kordelstopper transportiert werden. Und zu guter Letzt mit all den Menschen, die es denjenigen beigebracht haben.

Die naheliegendste Lösung zur Müllvermeidung und Ressourcenschonung wäre es, einfach vollständig auf Kordelstopper zu verzichten, indem jeder Einzelne einen Achterknoten macht. Nichts allerdings könnte in dieser Welt abwegiger sein. Ein Mensch der Vorzeit würde fassungslos den Kopf darüber schütteln, welchen Aufwand wir betreiben, wie viele Ressourcen wir verschwenden und wie viel geistige Anstrengung wir aufbringen, nur um dem Einzelnen die Auseinandersetzung mit einem einfachen Knoten zu ersparen.

Nun kann man einwenden, dass nur ein Bruchteil der oben genannten Ressourcen bei Produktion und Transport direkt für die Kordelstopper erfunden und verwendet wurde und dass die Infrastruktur ohnehin vorhanden ist. Das ist völlig richtig. Und genau das ist das Problem. Weil alle Produktionsmöglichkeiten und Transportwege vorhanden sind, gibt es sinnlose Produkte wie den Kordelstopper. Wir sind unserer Produktionsinfrastruktur regelrecht ausgeliefert, da teure Maschinen benutzt und abgeschrieben werden wollen. Aus diesem Grund gibt es mittlerweile die meisten Produkte nicht, weil wir sie brauchen, sondern weil wir sie machen können.

Wir suchen nach betriebswirtschaftlichen Lösungen, mit denen man bestehende Produktionsmöglichkeiten nutzen kann, so lange, bis sie abgeschrieben sind. Produktion bedeutet Verbrauch. Verbrauch bedeutet Ressourcenschwund. Ressourcenschonung dagegen lässt sich immer nur als Ressourcentausch denken, weil Produktionsmöglichkeiten gegeben sind und der Transport billig ist. Der Beweis, dass wir längst alle schon so denken und handeln, zeigt sich darin, dass wir diejenigen, die am besten so denken, am meisten belohnen. Die zwei reichsten Menschen der Welt sind Jeff Bezos und Elon Musk. Der eine preist die gegenläufige Kostenkurve der Transportwege besser ein als jeder andere. Und der andere wird als Visionär gefeiert, weil er im Sinne der Nachhaltigkeit eine der wichtigsten Ressourcen der letzten hundert Jahre, nämlich Öl, gegen die Ressource Lithium austauscht.

Das Antiprodukt

Leine und Knoten spielen für den Alltag bei den meisten keine große Rolle mehr. Wer nicht in Freizeit oder Beruf als Bergsteiger, Kletterer, Segler, Baumpfleger, im Rettungsdienst oder als Survival-Instagramer davon abhängig ist, wird nur wenige Herausforderungen des Alltags als Seilproblem erkennen. Dabei verfügt die Leine grundsätzlich über eine Qualität, die den Puls eines jeden Produktdesigners höherschlagen lassen müsste: einfach in der Beschaffenheit, komplex in der Anwendung.

An diesem Punkt wird der Produktdesigner von einer entscheidenden Voraussetzung auf den nüchternen Boden der Tatsachen geholt. Der Wert einer Leine ist abhängig vom Wissen der *Anwender*. Sie ist nicht nur einfach beschaffen und vielfältig anwendbar. Sie ist schwierig zu bedienen. Die meisten Stricke dieser Welt können gar nichts, weil die Anwendenden nichts damit anzufangen wissen. Erst in ihren Händen entscheidet sich, ob er ein nutzloser Gegenstand bleibt oder zum perfekten Instrument für einen bestimmten Zweck wird. Die eigentliche Wertschöpfung des Produkts beginnt erst in den Händen der Anwender. Kein Leinenproduzent kann den Knoten in Rechnung stellen, mit dem eine kleine geniale Lösung gelingt. Er kann überhaupt keinen Knoten in Rechnung stellen, sondern nur die Leine. Die 3000 Knoten aus Ashleys Buch gibt es kostenlos obendrauf. Knoten sind per se unbezahlbar. In einer durch Geldströme angetriebenen Welt der Produktion und des Konsums, die praktisch jeden vom Menschen hergestellten Gegenstand unserer Welt umfasst, sind Knoten wie Dunkle Materie. Sie existieren zwar, aber man sieht sie nicht – sie tauchen nur in Wechselwirkung mit den sichtbaren Produkten auf.[112]

Ein Knoten entzieht sich ebenso der Kategorie Eigentum. Ein Knoten ist nur dann vorhanden, wenn man ihn braucht. Wenn man ihn nicht mehr braucht, dann verschwindet er wieder. Es wäre völlig sinnlos, einen Knoten zu besitzen, den man eigentlich nicht braucht. Knoten dienen einem unmittelbaren Zweck.

Eine Leine ist zudem wartungsarm, sofern man sie sauber und trocken hält. Sie ist oftmals zu gebrauchen und immer wieder für neue Zwecke einsetzbar. Selbst im beschädigten Zustand kann sie ihre eigene Schadstelle vorübergehend selbst überbrücken oder sie dient als Verlängerung für eine andere Leine.

Knoten haben keine Erfinder. Manche tragen einen Namen, wie der Tarbuck-Knoten. Nichts läge jedoch ferner, als Ken Tarbuck als Erfinder dieses Knotens anzusehen. Auch wenn in der Literatur immer wieder die Rede davon ist, dass der eine oder andere Knoten von jenem erdacht oder erfunden wurde, scheint der Satz von dem Forscher Charles Warner zutreffender: »Es gibt nichts Neues unter der Sonne!« Alle Knoten wurden schon einmal von jemand anderem geknotet. Es gibt keine Nationalitäten bei Knoten, wie Clifford Ashley zeigt. Namen wie Portugiesischer Palstek, Spanischer Palstek, Türkenbund, Chinesischer Knopf sind alles nur

112 Natürlich gibt es Produkte, in die Knoten eingearbeitet sind. Lobenswerte Kleidungshersteller, die auf Kordelstopper verzichten; Spielzeug für Spielplätze hat Knoten; jede Form von Netz, sei es zum Fangen von Tieren oder zum Spielen; Kauspielzeug für Hunde in Form von Knoten in dicken Tauen oder sogenannte Knotenhalfter für Pferde sind allesamt Produkte, in denen Knoten vorkommen und die käuflich erworben werden. Aber es sind alles Produkte, die nicht aufgrund ihrer Knoten gekauft werden, sondern aufgrund der Funktion des jeweiligen Produktes, für das der Knoten eine Möglichkeit zur Realisierung darstellt. Kein Mensch würde nach dem Kauf eines solchen Produktes behaupten, er habe sich Knoten gekauft.

Behelfsnamen ohne Anspruch auf Allgemeingültigkeit. Woanders auf der Welt tragen sie wiederum andere Namen oder werden anderen Kulturen zugeordnet. Was die Engländer »French Sinnet« nennen, heißt bei den Franzosen »Tresse Anglaise« (Englischer Zopf).[113] Wenn sie nicht erfunden werden, dann werden sie entdeckt. Knoten entziehen sich dem herkömmlichen Begriff der Eigentümerschaft und sind somit eines der reinsten freien Güter der Welt, oder wie man heutzutage sagt: open source.

Ein günstiges, haltbares Produkt, das schwierig zu bedienen ist und dessen Nutzen, möge er noch so groß sein, sich nie patentieren und vermarkten lässt: Mit so einem Produkt gewinnt man keinen Pitch. Es ist die Antithese zu einem lukrativen Produkt. Es ist das *Antiprodukt.*

Bei dem Begriff Antiprodukt würde der bereits vollkommen ernüchterte Produktdesigner wieder aufhorchen. Der Dualität zufolge bieten völlige Gegensätze immer den Schlüssel zum jeweils anderen. Wenn ich also weiß, wie das Antiprodukt in meiner Welt aussieht, dann müsste sich daraus das perfekte Produkt ableiten lassen.

Erfolgreiche Produkte funktionieren also genau andersherum. Sie haben Erfinder, sind durch Patente vor Nachahmung geschützt und durch Markennamen erkennbar. Sie sind kompliziert in der Herstellung, eindeutig im Nutzen, versprechen ein bequemeres Leben ohne Nachdenken, sind von begrenzter Haltbarkeit und möglichst irreparabel, sodass man sich etwas Neues zulegen muss, wenn sie kaputt sind. Die Frage, die es zu beantworten gilt, lautet: Wo müssten sich die Qualitäten einer Leine vollständig umkehren, damit wir ein perfektes Produkt erhalten?

Starten wir einen ersten Dualitätsversuch: Eine Leine ist in ihrer Beschaffenheit einfach und in ihrer Verwendbarkeit vielfältig. Das

113 Ashley (2019): *The Ashley-Book of Knots*, S. 3.

Gegenteil wären Produkte, die kompliziert in ihrer Beschaffenheit sind und nur einem Zweck dienen. Unser Alltag ist voll mit ihnen. Mit Staubsaugern lässt sich nur Staub saugen. Mit Spülmaschinen nur Geschirr reinigen. Mit Bügeleisen nur bügeln. Mit einem Auto nur Auto fahren. Dies bringt uns zwar sehr nützliche Produkte, aber nicht das Anti-Antiprodukt, nicht das perfekte Produkt. Die Umkehrung der Qualitäten einer Leine, des Antiprodukts, muss woanders erfolgen.

Das Problem der Leine ist es, dass sie für Konsumenten untauglich ist und nur für *Prosumenten*, also Konsumenten, die an der Produktion zum fertigen Produkt beteiligt sind, einen Nutzen hat. Der Verbraucher muss für die Anwendung bereits etwas können. Erst dann entfaltet die Leine ihren Nutzen und ihren Wert. Hier liegt das große Hindernis. Die Umkehrung der Qualitäten muss also beim Verbraucher geschehen. Wenn der Verbraucher etwas damit machen kann, ohne dafür etwas können zu müssen. Wenn der Konsument Konsument bleiben darf und nicht als Prosument gefordert ist.

Das perfekte Produkt, das Anti-Antiprodukt, müsste demnach eine makellose Einfachheit ausstrahlen und ebenso komplex in der Anwendung sein – mit einem großen Unterschied: Es muss intuitiv zu bedienen sein und es jedem ermöglichen, unabhängig vom Geschlecht, Alter und Bildungsgrad, Tausende von Dingen zu tun, für die es keinerlei Vorbildung bedarf. Das müsste in unserer Welt das perfekte Produkt sein. Ein solches Gerät, denkt unser aufgekratzter Produktdesigner, könnte das erfolgreichste Produkt aller Zeiten werden und seinen Hersteller zum wertvollsten Unternehmen der Welt machen. Noch während er zu seinem Smartphone greift, um seine Idee festzuhalten, blickt er auf einen angebissenen Apfel und ihm fällt auf, dass er dieses Produkt bereits in der Hand hält.

Nach Jahrtausenden, in denen der Mensch sein Leben mit einem Produkt organisierte, für das er wissen musste, wie es zu verwenden war, um etwas damit anfangen zu können, befinden wir uns nun in einer Phase, in der wir unser Leben mit einem Produkt organisieren, für das wir nichts wissen und können müssen. Was macht das mit uns?

Schauen wir, wie es unsere Wahrnehmung verändert, und wo es uns hinführen könnte. Betreten wir die folgenden Gedankengänge nicht, ohne einen Faden in die Hand zu nehmen. Wir wollen uns ja nicht darin verlieren.

Das perfekte Produkt ist die prägendste Erfindung in der digitalen Ära. Smartphone und Apps haben unser Leben und Denken stärker verändert als das Internet Mitte der 1990er Jahre. Mithilfe des Internets brauchte man sich bald nichts mehr zu merken, da man es innerhalb von Sekunden nachschlagen kann. Die Apps gehen einen Schritt weiter, vom Wissen zum Können. Indem ich dank App komponieren kann, brauche ich kein Instrument zu erlernen und muss mir nicht die Komplexität aus Bewegung, Koordination und Wohlklang aneignen, die einem Klavier, Trompete, Geige oder Ziehharmonika abverlangen. Ich muss nicht mit der rechten Hand einen Vierteltakt und mit der linken einen Halbtakt trommeln können, um Beats zu basteln, an denen die besten Jazztrommler kläglich scheitern würden. Dank Übersetzungsapps können wir uns in Echtzeit mit Menschen unterhalten, deren Sprache wir nicht beherrschen, indem wir einfach in das Smartphone reinsprechen, und eine Computerstimme übersetzt das von uns Gesagte. Dank Diktierapps können wir Texte erstellen, ohne schreiben zu müssen. Dank Social-Media-Apps können wir Freundschaften mit Menschen pflegen, ohne diese je persönlich treffen zu müssen. Dank Deepfake kann man sein Gesicht in Sekundenschnelle in das Gesicht eines Schauspielers projizieren, und so das eigene Antlitz in ikonischen Szenen der Filmgeschichte bewundern. Man muss dafür absolut nichts können, das mit Video, Schnitt oder Programmierung zu tun hat, und kann trotzdem etwas machen, das vor zehn

Jahren ganze Filmstudios wochenlang für siebenstellige Budgets beschäftigt hätte. Wir sprechen hierbei genauso von ›können‹.

›Etwas können‹ hat dadurch zwei sich völlig widersprechende Bedeutungen erhalten. Einerseits sprechen wir von ›etwas können‹, wenn wir eine bestimmte Technik beherrschen, zum Beispiel ein Instrument spielen oder im Tennis einen starken Aufschlag spielen können oder einen Türkischen Bund flechten können. Andererseits sprechen wir mittlerweile von ›etwas können‹, wenn wir mithilfe eines Gerätes, dessen genaue Funktionsweise für uns völlig irrelevant und uns in der Regel auch nicht bekannt ist, etwas machen *können*, wovon wir nicht die geringste Ahnung zu haben brauchen.

Die Möglichkeiten, die uns Smartphones und Apps bieten, sind für viele nützlich und unterhaltsam. Manches erscheint großartig und weckt Kreativität, wo zuvor keine war.

Es wäre nur eine verkürzte Ansicht, in den Apps ausschließlich Möglichkeiten zu sehen, die unseren Handlungsspielraum erweitern. Denn einiges geht auf Kosten des Denkspielraums, wobei sich Sinn und Bedeutungen verlieren. Ein einfaches Beispiel ist eine Übersetzungsapp. Mit ihr kann ich mich mit allen Menschen dieser Erde unterhalten. Es ist der Inbegriff des flachen Traums von Silicon-Valley-Gurus, die ganze Welt zu vernetzen. Dank einer solchen App brauche ich nie wieder eine andere Sprache zu lernen und muss mich nicht intensiv mit Worten, Sinn und Zusammenhängen auseinandersetzen. Für eine Kommunikation mag es genügen. Fürs Verstehen des anderen vielleicht weniger, denn Sprachen sind der ultimative Zugang zu Kulturen. Durch sie begreifen wir die Welt aus der Sicht der Muttersprachler und lernen unterschiedliche Konzepte unserer Welt kennen. Das Wort Heimat im Deutschen ist ein häufig benutztes Wort. Es ist so tiefgründig wie auch historisch belastet. Es bezeichnet viel mehr als den Geburts- oder Wohnort. Es wirkt auf manche bieder und altbacken, und doch bedauern wir alle, die keine Heimat haben. Dabei können wir sie sogar haben, ohne in ihr zu leben. Das Wort kann einen Ort ebenso wie ein Gefühl bezeichnen, eine Melodie oder das Geräusch einer Haustür. Es kann ranzig schmecken wie ein fettige Wirtshausbratensauce und es kann ein Duft sein, der einen in einen glückseligen Moment der Kindheit zurückversetzt. Es kann stickig und eng sein, wenn man zu nah dran ist. Wenn man aber nur weit genug davon entfernt ist, kann es einem die Tränen in die Augen treiben. Dieses zutiefst deutsche Wort ist kaum zu übersetzen. Andere Sprachen kennen ein Vaterland, die *patria*, das *homeland* – nichts, was annähernd die Bedeutungsfülle und Dichte des Wortes Heimat beinhalten würde. Alle Sprachen und Kulturen haben solche unübersetzbaren Begriffe. Den Deutschen fehlt beispielsweise eine Entsprechung für das, was die Engländer *enjoy yourself* nennen, um sich eine mußevolle Zeit zu wünschen. Würde man einem Deutschen ein ›Genieß dich selbst‹ empfehlen, müsste man eine Anzeige wegen sexueller Belästigung fürchten. Meist wird es mit ›sich amüsieren‹ oder ›viel Spaß‹ übersetzt. Dennoch steckt in dem *enjoy yourself* das Gegenteil vom ›amüsieren‹, nämlich als eine Art Genuss, den man aus sich selbst heraus erlebt, und nicht wie beim ›amüsieren‹ von außen als Stimulanz empfängt. Es spiegelt ein ›etwas mit sich anzufangen wissen‹ im Gegensatz zu dem ›sich unterhalten lassen‹. Ein fundamentaler Unterschied des eigenen Selbstverständnisses. Diese Bedeutungen transportiert keine Übersetzungsapp. Der Verlust dieser warmen Schwingungen von Identität und Seele ist wie das Herunterrechnen einer Musikdatei auf ein bestimmtes Format, bei dem kaum wahrnehmbare Frequenzen einfach rausgelöscht werden.

Diese Diskrepanz aus unendlichen Möglichkeiten, die jederzeit realisierbar sind, bei gleichzeitigem Fehlen jeglicher Anstrengung hat Auswirkungen auf uns. Wir träumen von einer Welt, in der wir uns wie in dem Film *Matrix* die unterschiedlichsten Fertigkeiten in unser kognitives und physisches System raufladen und innerhalb weniger Minuten einen Hubschrauber fliegen können sowie sämtliche Nahkampftechniken beherrschen. Der Prozess des Aneignens wird als zu anstrengend empfunden, um ihn durchmachen zu wollen. Das perfekte Produkt – das Smartphone – gibt bereits mehr als einen Vorgeschmack auf dieses anstrengungsarme Dasein.

Wir arbeiten an einer Welt, in der all das Wissen und die Techniken zu Grundrechten werden, die einem zustehen. Kunstvolle Fertigkeiten werden degradiert zu Grundbedürfnissen. Sich als Menschmaschine zu träumen, bereit für Chipimplantate, die unsere kognitiven und physischen Fähigkeiten potenzieren, gilt als visionär. Die Innovationshörigkeit hat einen Grad erreicht, in dem jede Skepsis demgegenüber, was solcherlei Möglichkeiten mit unserem Verstand und unserer Seele machen, als rückständig gebrandmarkt wird.

Im Knoten lässt sich wie in einem Brennglas beobachten, welchen Unterschied es macht, etwas zu können im Sinne von etwas beherrschen oder im Sinne von ermächtigt sein, etwas zu tun. Produkte wie der Kordelstopper als Sinnbild eines überflüssigen Produktes können nur existieren, weil man selbst das Einfachste auf der Welt – einen Knoten zu machen – dem Einzelnen abgenommen hat. Nichts zu können ist die ideale Voraussetzung für jene Bedürftigkeit, die gar nicht mehr danach fragt, ob man etwas braucht oder nicht, solange man damit etwas kann. Dieses ›Können‹ ist aber nur eine Vorgaukelei von Kompetenz, bei der es gefährlich wird, wenn sie vom wahren Können nicht mehr unterschieden wird. Denn alles machen zu können, ohne es je gelernt zu haben, ist die beste Voraussetzung für ein Selbstbewusstsein, das für sich beansprucht, alles erklären zu können, ohne je etwas wirklich verstanden zu haben.

In der Identität des Könnens verstärken sich bestimmte Trennlinien in unserer Gesellschaft: jene, die den technischen Fortschritt begrüßen, weil sie in ihm eine Erweiterung ihres Handlungsspielraums erkennen. Und jene, die zunehmend skeptisch auf die

Produkte des technischen Fortschritts schauen, weil sie in ihnen eine Entwertung ihrer Fähigkeiten erkennen. Dieser Konflikt spitzt sich zuweilen bei bestimmten Produkten zu. Dank eines Küchengeräts eines deutschen Elektrogeräteherstellers gelingt es selbst den größten Kochmuffeln, die feinsten Kuchen, Saucen und Aufläufe zu machen. Der Kochroboter ist dabei so durchdacht und auf einem so hohen technologischen Niveau, dass er mittlerweile fester Bestandteil vieler Sterneküchen geworden ist. Der Hersteller dieses Geräts hat sich in gewisser Weise auch die geniale Eigenschaft einer Leine zum Vorbild genommen: ein einfaches Gerät mit unzähligen Möglichkeiten. Zum genialen Produkt wird es dadurch, dass es seinem Benutzer die Bürde des Kochenkönnens abnimmt.

Das Einzige, was man sich aussuchen muss, ist das Gericht. Ab dann wird man zum fröhlichen Handlanger des Kochroboters, der einem genau sagt, wann von was wie viel in die Schüssel zu schütten ist. Irgendwann piepst der Roboter und ein wunderbares Essen ist gezaubert. Menschen verwenden dieses Produkt nicht nur einfach so, sie schwören darauf. Es ist die Möglichkeit, Mahlzeiten zu kreieren, zu deren Gelingen man ohne dieses Gerät Jahre des Probierens und Studierens hätte verwenden müssen, ohne je zu diesem Ergebnis zu kommen. Menschen ohne jegliche Kocherfahrung können sich gesundes gutes Essen frisch zubereiten und sind nicht auf Fertigprodukte angewiesen. Für sie bedeutet der Kochroboter eine Steigerung ihrer Lebensqualität. Was könnte man gegen so ein Gerät haben, das Menschen hilft, gesundes Essen zuzubereiten?

Um diese Frage zu beantworten, genügt es, bei nächster Gelegenheit den Namen des Geräts in eine fröhliche Tischrunde zu werfen, sofern man kühn genug ist, ein friedliches Ausklingen des Abends zu riskieren. Gegner des Geräts ignorieren es nicht nur, es gibt genügend, die es geradewegs verdammen. All die Erfahrungen, Kenntnisse und Fertigkeiten, die man im Laufe eines kleinen

Kochlebens erworben hat, sind zum festen Bestandteil der eigenen Identität geworden. Schneidetechniken, Garmethoden, Gespür für Lebensmittel – all das wird mit diesem Gerät überflüssig. Man muss schon mindestens einen Stern neben der Eingangstür haben, um nicht in den Verdacht zu geraten, das Ding würde für einen kochen. Für viele sternelose Hobbyköche ist das Gerät ein Angriff auf die eigene Identität. Anders lässt sich die Verachtung, die manche ihm entgegenbringen, nicht verstehen. Es ist der Stolz des Könners, der durch diese technologischen Entwicklungen seine Kunst entwertet sieht. Es ist dieselbe Quelle des Schmerzes, die den respektierten Matrosen und bewunderten Knotenbinder beim Anblick des Dampfbootes erfüllte, die Spinnerinnen beim Anblick der Spinning Jennys und den Cowboy beim Anblick des Stacheldrahtzauns. In diesem Beispiel zeigt sich mehr als die Unvereinbarkeit von unterschiedlichen Lebensstilen, die im besten Fall zu einer friedlichen Koexistenz im Freundeskreis oder gar Haushalt werden.

Die ständigen Veränderungen in unserer Umgebung durch immer wieder neue optimierte Geräte oder durch Social-Media-Angebote, dank denen wir eine erhebliche Zeit des Tages anders verbringen als noch vor einigen Jahren, sind wir gewohnt. Technische Neuerungen wurden bislang meist begrüßt als noch bessere Instrumente der Selbstentfaltung. Und doch regt sich in uns immer noch ein letztes Gefühl der, nennen wir sie ganz banal Romantik, die nicht jede Neuerung per se willkommen heißt. Die Identität der *Early Adopters* (also derjenigen, die als Erste im Besitz der neuesten Technologien sind) scheint langsam ihren Glanz zu verlieren. Wo vor fünfzehn Jahren ein gezücktes iPhone noch für Staunen und Bewunderung sorgte, erntet die neueste Generation bei den meisten wohl nur noch ein Schulterzucken. Die schnelle und unhinterfragte Adaptierung der neuesten Technologien wirkt auf viele zunehmend naiv. Google brachte vor wenigen Jahren seine Brille auf den Markt, die einem eine *Augmented Reality* bietet. Trug man sie, während man sich mit jemandem unterhielt, zeigte ein Display innerhalb der Brille all das an, was man sonst auf dem Smartphone sieht. Mit Handbewegungen oder Sprachsteuerung ließ sie sich bedienen. Als man die Brille in der Öffentlichkeit testete, kam es in Bars in San Francisco zu Übergriffen von erbosten Gästen, die ihre Privatsphäre durch Google Glass tragende Gäste gefährdet sahen. Google zog das Produkt vorsichtshalber erst einmal wieder zurück. Es geht bei der Einführung neuer Technologien nur noch in den seltensten Fällen um die Entziehung von Lebensgrundlagen durch Automatisierungen, wie es im Fall der Spinning Jennys geschehen ist. Im Gegenteil, die neuen Technologien schaffen neue Arbeitsplätze. Sehr wohl aber geht es um Identität. Mit dem ungehemmten Fortschritt der Digitalisierung wächst bei manchen ein unbehagliches Gefühl. Viele trauen diesen Versprechen nach mehr Einfachheit, hinter der so ein überkomplexes Wissens- und Techniksystem steckt, nicht mehr. Kritik an technologischen Entwicklungen, beziehungsweise an der Hörigkeit, alle Entwicklungen unhinterfragt mitzumachen, findet kaum statt. Es gibt keinen nennenswerten Diskurs in der Gesellschaft, der die Notwendigkeit oder Gefahren von technologischen Neuerungen erörtern würde. Dabei wäre dies von höchster Dringlichkeit. Im Falle der künstlichen Intelligenz sind es nämlich nicht technologiefeindliche Aluhüte, die sich zu Wort melden, sondern jene, die an der Spitze der Verbreitung dieser Technologien stehen.[114] Alles darf erst einmal verwendet werden. Und hinterher zieht man Bilanz und vielleicht Konsequenzen in Form stärkerer Regulierungen oder Verzicht auf Funktionen. Bis dahin hofft man darauf, dass irgendetwas dabei sein wird, das unsere gegenwärtigen und künftigen Probleme lösen wird.

114 Siehe: Knowles (2021): *Microsoft boss warns AI may mean Orwell's 1984 by 2024*, in: The Times. Vgl. dazu auch: o. A. (2017): *Yvonne Hofstetter über Künstliche Intelligenz*, in: Wirtschafts-Woche, o. S.

Alternativen oder Rückzugsstrategien werden so bis auf Weiteres von ideologisch unverfänglichen und soften Lifestyleangeboten abgefangen. Der ungebrochene Erfolg von Kochsendungen, Kochbüchern, Kochmagazinen, Küchen als Statussymbolen ist kein Zufall in Zeiten der Apps und Smartphones, in denen alles nur durch eine Glasscheibe hindurch erlebbar ist. Kochen ist in der Hinsicht der ultimative Gegenentwurf zur digitalen Welt, da es alle Sinne anspricht, handwerkliche Fertigkeiten erfordert, ein Spiel mit Hitze und Kälte ist und das Ergebnis auch noch genussvoll verzehrt werden kann. Das Zerschneiden von Gemüse, der Duft von angebratenen Zwiebeln, das Köcheln und Verwandeln von rohen Lebensmitteln in Genuss – all das hat große Anziehung auf digitale Menschen des 21. Jahrhunderts. Wir wollen uns mit Feuer umgeben, was zu einem Boom an Kaminöfen in deutschen Haushalten führte, und es gab wohl noch nie so viele Grills in deutschen Gärten wie heute. Das eigene Beet und die Vorratshaltung mit selbst eingelegten und haltbar gemachten Lebensmitteln ist kein Spleen von Aussteigern mehr, sondern in Hochglanzmagazinen beworbener Lifestyle. Baumärkte sind so erfolgreich, weil sie das große Versprechen dafür sind, alles selbst machen zu können, wenn man nur das richtige Werkzeug hat. Im angelsächsischen Raum erstarkt die Lifestylephilosophie des Minimalismus, in der sich das Unbehagen am Überfluss und die Suche nach Befreiung von Ballast spiegelt. 2021 verabschiedete der New Yorker Senat den *Fair Repair Act*, mit dem Verbrauchern das Recht zugestanden wird, ihre elektrischen Geräte selbst zu reparieren, und Hersteller dazu verpflichtet werden, Originalersatzteile zur Verfügung zu stellen. Auch in der EU gibt es seit 2021 eine solche Bestimmung, um weniger Müll zu produzieren. Die Tiny-House-Bewegung ist das bewusste materielle Downgrade für das spirituelle Upgrade. Die japanische Lifestyleberaterin Marie Kondo wurde reich, weil sie glaubhaft vermittelte, wie man weniger braucht. All diese Trends spiegeln die Sehnsucht des Menschen nach einfacherem Dasein, unmittelbaren Erlebnissen, mehr Selbstbestimmung und weniger Abhängigkeit von großen Konzernen wider. Auch wenn die meisten mit Leine und Knoten wenig anfangen können, finden sie Gefallen an Qualitäten, die sich in der skizzierten Handlungstheorie von Leine und Knoten wiederfinden. Eine Einfachheit, hinter der sich Wiederverwendbarkeit, Vielschichtigkeit, Unauffälligkeit, Nachhaltigkeit, Nachvollziehbarkeit und raffinierte Lösungen befinden.

Menschen unterscheiden sich nicht nur im Lebensstil, sondern in ihrer Identität des Machens. Wo die einen eine witzige und interessante Möglichkeit sehen, durch ein Produkt wie Google Glass ihren Zugriff auf die Umwelt zu vergrößern (selbstverständlich, ohne besondere Fähigkeiten zu besitzen), fühlen sich die anderen in ihrer Freiheit und Selbstbestimmung bedroht. Was für die einen eine Befähigung bedeutet, Dinge zu tun, die sie davor nicht konnten, bedeutet für die anderen Entmündigung und Verlust von Identität.

Hierin liegt eine philosophische und gesellschaftliche Herausforderung unserer Zeit, des 21. Jahrhunderts, weil sie ein direktes Resultat des technischen Fortschritts ist, den die Menschheit so bisher nicht hatte. Die künftige gesellschaftliche Aufgabe besteht in der Vereinbarkeit der zwei Identitäten. Es ist leicht, jede technische Neuerung zu begrüßen und zu verwenden. Schwieriger ist es, ein ausgewogenes Maß ihrer Verwendung zu finden. Nur selten erzeugt eine Innovation solche Gegenreaktionen wie Google Glass. Es wäre gleichzeitig fatal, die Kritikhoheit jenen zu überlassen, die sich in geschlossenen Weltbildern abkapseln und Zweifel an Sinn und Nutzen des Produktionssystems als Türöffner zu ihren kruden Vorstellungen missbrauchen. Damit wäre jede noch so berechtigte Kritik entwertet.

Es gibt drei Tendenzen, die wir in diesem und dem vorherigen Kapitel beschrieben haben: 1. die Annahme, dass es für jedes Problem eine Lösung in Form eines geeigneten Produktes gibt. 2. die schleichende Enteignung von Können und Identität durch technologische und digitale Scheinkompetenzen. Und 3. Kritiklosigkeit bis hin zur Hörigkeit gegenüber allem, was als digitale Innovation auftritt. Dabei ist es mehr als fraglich, ob die beschriebenen Tendenzen wirklich geeignet dazu sind, Menschen auf die Herausforderungen des 21. Jahrhunderts vorzubereiten. Denkt man die oben beschriebenen Tendenzen im Zusammenleben der Menschen nämlich weiter, gelangt man eher zu einer düsteren Vorlage für einen dystopischen Science-Fiction-Roman: Superreiche, die dank programmierter Implantate alles machen können, ohne es je gelernt zu haben. Arme, die alles haben, ohne es zu brauchen. Kritiker, die alles erklären können, ohne je was verstanden zu haben. Und das alles in einer Atmosphäre, in der keiner mehr dem anderen traut.

Bevor wir uns in diesem trostlosen Blick in den Abgrund verlieren, erinnern wir uns an den Faden, den wir noch in der Hand halten. Kehren wir zurück zum Antiprodukt, zu den Knoten, die nur kann, wer sie gelernt hat. Die nur besitzt, wer sie braucht. Die man einzeln verstehen kann, ohne sie in Gänze erklären zu können. Und denen man schlicht vertraut, wenn man sie verwendet.

Clevere Fäden

Wir haben festgestellt, dass Leine und Knoten in die unterbewussten Ebenen unserer Gesellschaft gesickert sind, scheinbar losgelöst von all den Errungenschaften, mit denen wir die Herausforderungen des 21. Jahrhunderts meistern wollen. Dabei werden wir in diesem Kapitel sehen, dass die Qualitäten von Leine und Knoten – Unauffälligkeit, Nachhaltigkeit, Mehrfunktionalität – genau dem Fortschrittsverständnis vieler Menschen entsprechen, unabhängig ihrer sozialen oder politischen Merkmale. Genauer gesagt bewegt sich das Fortschrittsverständnis vieler Menschen wieder hin zu den gewünschten Qualitäten, die Leine und Knoten schon immer auszeichneten.

Betrachten wir bei dieser Gelegenheit noch einmal das Grundelement von Leine und Knoten, die Faser. Sie ist seit Zehntausenden von Jahren das Ausgangsprodukt für Garne, Taue und Stoffe. Mit ihrer Hilfe, im Verlauf ihrer Verarbeitung zu Fäden und Garnen, hat die Menschheit schon mehrere Male neue Entwicklungsstufen erreicht. Im Umgang mit Fasern hat der Mensch seinen Verstand und seine Sprache vorangetrieben. In der Herstellung von Tauen, Schlingen und Netzen erweiterte der Mensch seine Jagdmethoden und seinen Ernährungsplan. Er hat sich damit eine zweite Haut geschaffen und konnte somit fast alle klimatischen Regionen der Erde besiedeln. Mit gewobenen Segeln konnte er die Welt umrunden. In der seriellen Produktion durch Maschinen stehen die Faser und der Faden am Anfang eines Industrialisierungsprozesses, in dessen Ausläufer wir uns immer noch befinden. Bei all diesen für die Menschheit bedeutenden Entwicklungsschritten entdecken wir im Hintergrund immer denselben unscheinbaren Akteur, die Faser. Was, wenn Faser, Faden und Gewebe ein weiteres Mal der Ausgangspunkt für eine neue Form des Lebens, Zusammenlebens und vielleicht sogar Überlebens sind? Wie könnte so ein Faden aussehen?

Stellen wir uns eine Person irgendwann im Verlauf des 21. Jahrhunderts vor. Sie heißt Aurelia und trägt ein scheinbar normales T-Shirt. Aber in Wirklichkeit sind auf das Gewebe des T-Shirts außen Nano-Solarzellen aufgedruckt, die unaufhörlich Strom produzieren. Außerdem sind in das Innengewebe thermoelektrische Nanogeneratoren eingewebt. Mit ihrer Hilfe wird die Körperwärme kontinuierlich ebenfalls in Strom umgewandelt. Da sich Aurelia ständig bewegt und Bewegung Reibung erzeugt, die ebenso in Strom umgewandelt werden kann, verfügt der Stoff auch über triboelektrische Nanogeneratoren (TENG). Wenn Aurelia also nur eine bequemere Position auf der Couch einnimmt, wird bereits Strom erzeugt. Ganz zu schweigen von sportlichen Aktivitäten. Denn überall, wo Druck ausgeübt wird, also vor allen Dingen auf den Schuhsohlen, sorgen piezoelektrische Nanogeneratoren, sogenannte PENG, dafür, die Druckenergie in Strom umzuwandeln. Die TENG haben noch einen anderen Vorteil. Sie messen die Körperfunktionen und erkennen sofort, wenn die Person friert oder überhitzt ist. Je nachdem wird der Stoff die ersehnte Wärmung oder Kühlung liefern. Durch Enzyme, die in das Garn mit eingesponnen wurden, verfügt das T-Shirt über eine selbstreinigende Funktion und tötet die Bakterien ab, die bei längerem Tragen unangenehme Gerüche entwickeln. Auf diese Weise kann eine Menge Wasser gespart werden, eine Wäsche alle paar Wochen genügt. Da Aurelia einen aktiven Lebensstil pflegt, unterliegt auch das T-Shirt höherer Beanspruchung. Es wird an einer Stelle reißen und ein kleines Loch verursachen. Allerdings braucht sich Aurelia nicht zu sorgen, damit einen Kurzschluss zu riskieren. Im Gegenteil, dank der PDMS-Elastomere wird das Gewebe von alleine wieder zusammenwachsen und sich schließen. Das T-Shirt ist maßgeschneidert, aber wie jedes Textil verliert es im Laufe der Zeit etwas an Form. Da es mit einem Anteil von Shape Memory Fibers gewebt ist, wird nur eine kurze geringe Erhitzung benötigt, um die neuwertige Passform wiederherzustellen. Die Vorstellung, ein einfaches T-Shirt zu tragen, das nicht über diese Funktionen verfügt, erscheint Aurelia absurd. Schließlich ist sie als menschlicher Körper ein einziges Kraftwerk elektrischer Energie. Wärme, Ausdünstung und Bewegung sind stete Energielieferanten und dank der smarten Textilien kann diese Energie ›geerntet‹ werden, weshalb auch der Begriff *Energy Harvesting* so gängig geworden ist wie Photovoltaik oder Elektromotoren. Es handelt sich zwar um geringe Mengen an Strom, aber immerhin genügend, um beispielsweise ein Smartphone damit zu betreiben. Die Möglichkeit, völlig autark Energie zu gewinnen, wird zu einem Entwicklungstreiber in der ganzen Modebranche. Das Prinzip des Textils – flexibel, leicht im Gewicht und einfach in der Handhabung – in Verbindung mit den smarten Qualitäten der Stromerzeugung wird auch in anderen Branchen interessant: der Architektur und Baubranche.

Zu Hause angekommen, leuchten an der Fußleiste kleine LEDs Aurelia den Weg zur Haustür. Angetrieben werden sie lediglich von den PENG, die auf den Druck reagieren, den sie mit ihren Schritten verursacht. Sie befinden sich auf Netzen, die in den Fußboden eingelegt wurden. Der Vorteil besteht in einer vollständig autarken Lichtversorgung, was bei dem einen oder anderen Stromausfall aufgrund von zunehmenden Stürmen von großem Nutzen ist. In das Gewebe, das fast unsichtbar über das Dach gezogen ist, sind photovoltaische Nanogeneratoren aufgedruckt, die kaum sichtbar über die gesamte Dachfläche ein Vielfaches des Sonnenstroms erzeugen können, den die schweren Paneele der Vorgängergeneration schafften. Das transparente Gewebe auf der Fassade des Hauses wiederum erfüllt dank der eingebauten thermoelektrischen Nanogeneratoren, den TEG, eine andere Funktion: Bei hoher Hitze erzeugt es nach innen zur Mauer hin Kühle. Bei Kälte erzeugt es Wärme, die es an die Mauer abgibt. Dadurch bleibt die Innentemperatur des Hauses konstant. Die Mauer selbst ist übrigens keine, wie wir sie uns vorstellen, aus Ziegel oder Stahlbeton. Sie ist gerade einmal zwei Zentimeter dick. Das reicht aber aus, um nicht nur dieselbe Dämmungs- und Wärmeeffizienz von dickeren Mauern zu erreichen. Sie benötigt auch nur noch einen Bruchteil des Zements, der für Stahlbetonbauten nötig ist. Dank eines Carbongeflechts besteht keine Gefahr des Rostens und somit ist auch kein hoher Zementaufbau erforderlich. Der CO_2-Ausstoß durch Zementherstellung, welcher immerhin sechs Prozent am weltweiten CO_2-Ausstoß zu verantworten hatte, konnte so um die Hälfte reduziert werden. Zusätzlich zum Carbongeflecht ist ein Gewebe mit eingegossen, das nicht nur die Temperatur und Feuchtigkeit misst, sondern auch Alarm bei Schädigungen meldet und punktgenau anzeigt, wo eine Reparatur nötig ist. Die dünnen photovoltaischen Gewebe sind auch auf Markisen und Raffstoren angebracht, sodass Sonnenlicht nicht nur vom Inneren der Häuser abgeschirmt wird, sondern gleichzeitig in Strom umgewandelt werden kann, wobei die flexiblen Raffstore-Lamellen immer im optimalen Winkel zur Sonneneinstrahlung ausgerichtet sind. Die Flächen, auf denen Solarstrom produziert wird, konnten so durch die leichten und flexiblen Trägermaterialien von Solarzellen vervielfacht werden.

Die Vorteile von Textilien für den architektonischen Einsatz liegen auf der Hand: Sie bieten einen großen Spielraum für Design, sie sind nicht schwer und daher leicht zu transportieren, zu installieren und auszutauschen.

Energiequellen wie Sonne, Wind und Regen können auf weitaus mehr Flächen geerntet werden, als es mit den momentanen Technologien möglich ist. Fassaden könnten beispielsweise durch smarte Textilien eine Fülle von Eigenschaften auf einmal erfüllen:

ästhetisch wandelbar, einfach zu installieren, brandsicher, wasserabweisend, selbstreinigend, wärmeisolierend, transparent, photovoltaisch bis hin zu LED-leuchtfähig. Sie sind so flexibel, dass sie noch nicht einmal auf Neubauten angewiesen sind, sondern sämtliche Bestandsbauten unauffällig optimieren können. Eine Leichtbauweise mit smarten Textilien, die hocheffizient Solarenergie gewinnen, isolieren, selbstreinigend sind, die Lichtdurchlässigkeit regeln und überdies mit 3-D-Druckverfahren leicht an fast jedem Ort der Welt herzustellen sind, könnte Antworten auf die Herausforderungen der schwierigen Lebenssituationen von Millionen von Menschen liefern, die in klimatisch extremeren Gegenden, wirtschaftlich begrenzteren Gesellschaften und mangelhafter Infrastruktur leben.

Sie werden sich vielleicht fragen, was all diese Ausführungen im Kapitel *Gegenwart* zu suchen haben. Zugegeben, ein solches T-Shirt gibt es noch nicht. Und die Person, die es trägt und in einem solchen Haus wohnt, liegt vielleicht gerade noch im Kinderwagen. Aber jede einzelne Technologie, die aufgezählt wurde, gibt es bereits. Es gibt zu jedem der angesprochenen Funktionen Prototypen oder sogar ausgereifte Produkte.[115] Die Forschung an smarten Textilien hat in den 1980er und 1990er Jahren begonnen. Den thermoelektrischen Effekt, dass also zwischen zwei unterschiedlich temperierten Metallen eine elektrische Spannung entsteht, Grundlage für

115 Vgl. Chen et al. (2020): *Smart Textiles for Electricity Generation,* in: Chemical Reviews; Dang u. Zhao (2021): *The Application of Smart Fibers and Smart Textiles,* in: Journal of Physics; Hong et al. (2019): *Wearable Thermoelectrics for Personalized Thermoregulation,* in: Science Advances; Jalil (2020): *Smart textiles for the architectural façade,* in: IOP Conference Series: Materials Science and Engineering; Jingcheng et al. (2021): *Intelligent Polymers, Fibers and Applications,* in: Polymers; Oatley et al. (2021): *Smart Textiles for Improved Quality of Life and Cognitive Assessment,* in: Sensors.

künftige Nanogeneratoren in Textilien, nennt man Seebeck-Effekt. Er wurde 1821 entdeckt. Bereits 2013 entwickelte die Universität Southampton einen thermoelektrischen Schlafsack und eine Hosentasche, die auf dem Isle-of-Wight-Festival vorgeführt wurde. Damit konnte die Laufzeit eines Smartphones auf bis zu elf Stunden im Stand-by-Modus oder um zusätzliche 24 Minuten Sprechzeit erhöht werden.[116] Natürlich gab es zu dieser Zeit noch Hürden der Benutzerfreundlichkeit, zum Beispiel bei der Faltbarkeit der Textilien. Eine italienische Firma namens Corpo Nove entwickelte ein T-Shirt mit Memoryfäden. Bei hohen Temperaturen rollen sich die Ärmel automatisch nach oben, und sobald es abkühlt, wieder nach unten. Da das T-Shirt außerdem immer wieder seine ursprüngliche Form einnimmt, wird es nie ein Bügeleisen sehen. Was sich nach einer Innovation aus dem Jahr 2035 anhört, wurde bereits 2001 vorgestellt.[117] Mittlerweile haben sich sowohl große Hersteller wie Adidas, Levi's oder Ralph Lauren als auch kleinere Modemarken wie Scough oder Pauline van Dongen der Herstellung von smarten Textilien verschrieben.

Die Verwendung dieser Textilien setzt selbstverständlich das erfinderische Denken von Unternehmern voraus, aber auch das Wissen von Konsumenten um solche Lösungen. Grundlage dieses veränderten Denkens sind Auffassungen, nach denen die Bewegungen der Natur nicht in erster Linie eine Bedrohung darstellen, vor der es sich möglichst materialintensiv zu schützen gilt und die man im Weiteren zu kontrollieren versucht. Die Bewegungen der Natur müssen als Energieformen wahrgenommen werden, die man auf vielfache Art abschöpfen kann. Sie sind nicht mehr ein notwendiges Übel, sondern der wünschenswerte Idealzustand.

116 Vgl. Donath (2013): *Energy Harvesting: Hose und Schlafsack wandeln Körperwärme in Strom um*, in: Golem.de, o. S.

117 Vgl. Marks (2001): *Shirt Rolls up Its Own Sleeves*, in: New Scientist, o. S.

Wir befinden uns längst in einer Umbruchphase, in der es außer Zweifel steht, dass erneuerbare Energien der einzige Schlüssel für eine nachhaltige Energieversorgung darstellen. Die meisten Menschen haben verstanden, dass eine autarke Energieversorgung über Photovoltaik und Solarthermie einen festen Bestandteil des künftigen Energiemixes darstellt. Aber die Verbreitung der momentanen Technologien in Form von Solarmodulen, die auf den Dächern montiert werden, oder hohen Windrädern ist noch begrenzt durch ihre sperrige Konstruktion. Selten sieht man ganze Dachflächen mit Modulen bebaut. Vor allem in Siedlungen, Ortschaften und Städten bleiben aufgrund von Dachfenstern oder Beschattungen große Flächen ungenutzt. Windräder stoßen auf mehr Widerstand in der Bevölkerung, je näher sie an Wohngegenden errichtet werden sollen. Gleichzeitig bedarf gerade diese Art der Stromerzeugung durch nachhaltige Energieformen kurze Wege der Stromleitungen, da jeder zusätzliche Kilometer Leitung Verluste bedeutet.

Eine Stromversorgung ohne zentrale große Stromerzeuger funktioniert noch lange nicht. Industrielle Stromerzeuger sind nötig. Aber diese Infrastruktur zur Ernte der nachhaltigen Energien ist noch gefangen in den Produktionsweisen einer alten Industriegesellschaft. Riesige Anlagen werden von einigen wenigen Firmen gebaut. Der Transport des Stroms über Leitungen und Stromtrassen erfordert eine regional übergreifende Infrastruktur, die die Allgemeinheit Milliarden kostet und tiefe landschaftliche Eingriffe erfordert. Die Verwaltung, der Materialverbrauch, die Transportkosten von Strom, Geräten und Material sind gigantisch, bevor ein Windrad sich zum ersten Mal dreht. Die Widerstände in der Gesellschaft gegen die Installation von Windrädern in der Nähe von Wohngebieten entspringen weniger einem Unverständnis von der Überlegenheit dieser erneuerbaren Energieform gegenüber fossilen oder atomaren Energieträgern. Sie entspringen vielmehr dem Unwillen, den eigenen Lebensbereich durch einen baulichen

Eingriff beeinträchtigt zu sehen. Jeder energiebewusste und sparwillige Mensch würde einwenden, dass es sich dabei um kleinliche Bedenken handele angesichts der prekären Lage, in der wir uns befinden, und dass man für die Energiewende Opfer bringen müsse. Man könnte aber auch sagen, dass unser Gesellschafts- und Wirtschaftssystem, unser Produktionssystem und die daraus erwachsenden Produkte dem Konsumenten bereits im frühen 21. Jahrhundert antrainiert oder ihn sogar dazu konditioniert haben, die technischen Lösungen aufgrund von geschickt verbauten Mikro- und Nanosystemen nicht mehr wahrnehmen zu müssen. Wir haben uns daran gewöhnt, dass die technologischen Hilfsmittel des Alltags aus unserem Blick verschwunden sind. Die oberste Designmaxime lautet, wenn ein Gerät schon sichtbar ist, dann möglichst schick, glatt, unaufdringlich. Wenn der heutige Konsument bereits die Auswahl hätte zwischen den sperrigen Solarmodulen und den kaum wahrnehmbaren Geweben, die über das gesamte Dach verteilt sind – im Süden mit photovoltaischer Funktion zur Gewinnung von Sonnenenergie und im Norden mit piezoelektrischer Funktion zur Gewinnung der Druckenergie durch aufprallende Regentropfen: Für was würden sich die meisten wohl entscheiden? Für einen solchermaßen konditionierten Geist erscheint ein hundert Meter hoher Stahlturm zur Gewinnung von Windenergie vor der eigenen Haustür als ein übergriffiger baulicher Gewaltakt. Das intuitive Wissen um den technologischen Standard, den wir erreicht haben, nagt im Inneren mit der bohrenden Frage: Gibt es denn nichts Besseres, Unauffälligeres zur Gewinnung nachhaltiger Energieformen?

Die Leichtigkeit und Flexibilität von Textilien und die Möglichkeiten von cleveren Fäden erscheinen zeitgemäßer und nachhaltiger als die Lösungen der industriellen Infrastruktur mit milliardenschweren Energiekonzernen. Die Umwandlung von Sonnenenergie, Windkraft und Regenfall in Strom durch eingeflochtene Solarzellen, triboelektrische und piezoelektrische Nanogeneratoren, der durch

Gewebe, Netze und Stoffe dezentral dort gewonnen, wo der Strom unmittelbar verbraucht wird, wäre eine unauffällige, ressourcenschonende und störungsresistente Lösung. Viele würden eine solche Lösung vorziehen, wenn sich dadurch der Einsatz von teuren, zentral gesteuerten, störungsanfälligen und weithin sichtbaren landschaftlichen Eingriffen minimieren ließe.

Das Bemerkenswerte daran ist, dass diese Sicht kaum mehr an sonstige politische Tendenzen oder an eine urbane oder ländliche Prägung gebunden ist. Ohne dass es die meisten Windradgegner bewusst so artikulieren würden, besteht hier beispielhaft längst ein tief wurzelndes Unbehagen am Produktionssystem. Und nicht, wie viele Befürworter der Windkrafträder unterstellen würden, an einer Energiewende generell. Denn genau genommen sind sie selbst keine Befürworter von Windrädern in erster Linie, sondern von der Windkraft und Energiewende, und sie empfinden das Windrad als bisher bestes Mittel, umso mehr, wenn sie selbst in ihrem Lebensbereich nicht davon betroffen sind. Die meisten der Windradgegner auf dem Land sind Eigenheimbesitzer mit Solarmodulen und Photovoltaikanlage auf ihren Dächern und freuen sich über jede Kilowattstunde, die sie autark gewonnen haben. Ihre Skrupel gegenüber Windrädern richtet sich gegen deren kolossale Erscheinung und beängstigende Präsenz. Die Windradgegnerschaft richtet sich damit unbewusst gegen die materialintensive Herstellung, die nur wenige leisten können, und somit gegen eine wirtschaftliche Struktur von wenigen Großunternehmen, die für solche Produktionen und Gewinne infrage kommen. Es handelt sich daher nicht nur um ein oberflächliches Unbehagen an den Kosten einer Energiewende hin zu nachhaltigerer Stromerzeugung, sondern um ein tiefgreifendes Unbehagen an einem Produktionssystem, dessen Resultate man zunehmend als Angriff auf den eigenen Lebensbereich empfindet. Das Bewusstsein für einen Lebensstil, der eine autarke Energiegewinnung begrüßt, die regionale Herstellung von Lebensmitteln unterstützt und nicht mehr jeden Eingriff in die Natur um des wirtschaftlichen Fortschritts willen duldet, ist längst gesellschaftlich auf dem Vormarsch. Diese Haltung wird nur meist mit einem woken, urbanen, sich selbst bewussten, gesellschaftlich progressiven Milieu verbunden. Aber dieselben Inhalte treffen auch im ländlich geprägten, strukturell konservativen Milieu längst auf lebhafte Zustimmung. Dissonanzen in den jeweilig Lebensstilen, die sich wahlweise in zweieinhalb Tonnen schweren SUVs genauso widerspiegeln wie in der Anlage energievernichtender Kryptowährung, können nicht darüber hinwegtäuschen, dass quer durch die demokratischen Parteilinien und über Milieugrenzen hinweg ein mehr oder weniger (nur nicht gemeinsam) artikuliertes Unbehagen an dem Produktionssystem besteht, das sich seit 150 Jahren in Form von Großunternehmen, Aktiengesellschaften und Venture-Capital-getriebener wirtschaftlicher Entwicklung etablierte. Diesem Produktionssystem wird es nicht mehr zugetraut, Lösungen für alle Probleme der Gegenwart zu bieten. Und wenn – wie in Form der Windräder – dann gibt es Widerstände. Der Fortschritt des 20. Jahrhunderts zielte vereinfacht gesagt auf ein Schneller, Weiter, Höher in allen Bereichen hin. Das Ergebnis bestand oftmals aus einem Lauter, Größer, Schmutziger. Diese Nebenkosten des Fortschritts treffen auf zunehmend mehr Widerstand in den westlichen Gesellschaften. Große und starre Apparaturen zur Ausübung einer Aufgabe empfinden die meisten als rückständig, im Gegensatz zu kleinen und flexiblen Anlagen, die eine Vielzahl von Funktionen erfüllen. Textilien aus cleveren Fäden entsprechen dieser Fortschrittsvorstellung, da sie sowohl unauffällig als auch multifunktional sind. Ihre einfache Herstellungsweise[118] und Transportmöglichkeit bedingen ein alternatives, dezentrales Produktionssystem.

118 Vgl. Kuther (2021): *Thermoelektrische Generatoren aus dem 3D-Drucker,* in: Leistungselektronik.de, o. S.

Damit schwindet jede investorenattraktive Aussicht auf Skalierbarkeit und Monopolstellung. Smarte Textilien sind kein Game Changer für Großunternehmen. Aber sie können ein Game Changer für viele kleinere oder mittelgroße Unternehmen in der Mode-, Sport-, Gesundheits-, Bau-, Architektur- und Energiebranche sein. Es wäre nur wichtig, sicherzustellen, dass diese Lösung nicht wieder am Lösungsdilemma scheitert: Dass sie nur so lange eine ist, bis sie nicht selbst zu erfolgreich wird. Eine Welt mit einem Überfluss smarter Textilien aus vielen schwer zu recycelnden Materialien würde sich umkehren in ein Müllproblem unvorstellbarer Dimension. Allerdings funktionieren Nanogeneratoren wie TENG mit vielen unterschiedlichen Materialien, sogar mit einem Zelluloseaufbau.[119] Zellulose kann unter anderem aus Holz, Baumwolle oder Flachs gewonnen werden. Die Elektroden könnten anstatt mit Gold, Kupfer oder Aluminium mit dem umweltfreundlicheren Graphen, einer Kohlenstoffmodifikation, beschichtet werden. Es gibt dazu bereits Untersuchungen und vielversprechende Ergebnisse.[120]

Smarte Textilien öffnen eine Tür zu intelligenter und autarker Stromerzeugung, sie bieten in ihrer Vielfunktionalität einfache und flexible Möglichkeiten, den Lebens- und Wohnkomfort zu erhöhen. Sie überlassen es dem Benutzer, wie sichtbar sie sein sollen. Sie können entweder in ihrer Unauffälligkeit und Bescheidenheit, die sie als Erbe des Knotens immer noch in sich tragen, aus dem Alltagsblick verschwinden. Oder aber durch spezielle Installationen als Designelement gezielt eingesetzt werden. Damit bedienen Textilien

119 Vgl. Chao et al. (2021): *Triboelectric Nanogenerator Based on Degradable Materials,* in: Ecomat, o. S.

120 Siehe dazu: Zhang et al. (2020): *Cellulose-Based Fully Green Triboelectric Nanogenerators with Output Power Density of 300 W/m2,* in: Advanced Materials, und Zhou et al. (2021): *Cellulose for Sustainable Triboelectric Nanogenerators,* in: Advanced Energy and Sustainability Research.

sogar noch individualistische Lifestylebedürfnisse und schmiegen sich passgenau an das Fortschrittsverständnis der Generationen des 21. Jahrhunderts an.

Das Seil in den Weltraum

In den letzten drei Kapiteln wurde versucht zu zeigen, dass ein Denken in Leine und Knoten, welches sich durch die Suche nach einfachen und nachhaltigen Lösungen auszeichnet, in unserer heutigen Welt nicht nur eine Berechtigung hat, sondern dass die Qualitäten von Leine und Knoten mehr und mehr gesucht werden und bereits in zahllosen Lifestyleangeboten gefunden werden. Werfen wir am Ende unserer Reise von der Vergangenheit in die Gegenwart noch einen Blick auf eine mögliche Technologie der Zukunft. Schauen wir, welche Rolle Leine und Knoten in der in diesem Zusammenhang wohl abwegigsten Branche, der Raumfahrt, spielen können. Welch größere Diskrepanz der Technologien könnte es schließlich geben als zwischen einem Knoten und der ›Rocket Science‹?

›Rocket Science‹ ist eine weitverbreitete Metapher für eine komplizierte Aufgabe. Themen, die nicht so schwierig zu begreifen oder zu bearbeiten sind, werden daher oftmals dadurch beschrieben, dass es sich bei ihnen um keine ›Rocket Science‹ handle. ›Rocket Science‹, also Raketenwissenschaft, steht synonym für ein schwieriges Fach, das nur mit viel Mühe, Verstand und Talent gemeistert werden kann. In der Tat ist es ein höchstkomplexer Vorgang, eine Rakete zu bauen und genau zu berechnen, wann sie idealerweise startet, wie viel Treibstoff sie benötigt, um die erforderliche Geschwindigkeit zu erreichen, um die Anziehungskraft der Erde zu überwinden – 11,2 Kilometer in der Sekunde – und sie so zu konstruieren, dass sie diese enormen Kräfte unbeschadet übersteht. Der Blick zum Mond lässt einen immer wieder sprachlos zurück beim Gedanken, dass wir, als Menschheit, es geschafft haben, einen Fuß darauf zu setzen. Und dass die Astronauten wieder heil zur Erde zurückkamen. Was für ein unglaublicher Gedanke vor dem Hintergrund, dass sich wohl Millionen unserer Vorfahren beim Blick zum Mond gewundert haben, ob dieser jemals zu erreichen sei – und wenn, wie? Fast noch sprachloser macht die Tatsache, dass dies bereits vor mehr als fünfzig Jahren stattfand mit weniger elektronischer Ausstattung an Bord, als ein Fünfzehnjähriger heute in der Hosentasche hat. Noch fünfzig Jahre vor der Mondlandung war es unmöglich, mit einem Flugzeug nonstop den Atlantik zu überqueren. Und heute, ein halbes Jahrhundert später? Seit den frühen 1970ern war kein Mensch mehr auf dem Mond. Wir haben seit mehr als zwanzig Jahren Gerätschaften auf dem Mars, immerhin. Allerdings mit Raketensystemen, die sich in ihrer Antriebstechnologie nicht sonderlich von jenen vor fünfzig Jahren unterscheiden.

Der Grund für diese gefühlte Stagnation einer anfänglich atemberaubenden Entwicklung liegt in ihrer Komplexität und ihrer sagenhaften Unwirtschaftlichkeit. Unsere Großeltern konnten in weniger als drei Stunden von London nach New York fliegen. Das können wir schon längst nicht mehr. Befinden wir uns also bereits in der Phase des technologischen Rückschritts? Das würde wohl niemand behaupten. Am Ende entscheidet immer die Wirtschaftlichkeit darüber, ob etwas als fortschrittlich gilt oder nicht. Technisch wäre der Transatlantikflug in drei Stunden ohne Weiteres möglich, aber er lohnt sich nicht, da der Treibstoffverbrauch zu hoch ist, die Überschallgeschwindigkeit aufgrund von Lärmschutz erst über dem Meer zum Tragen kommt, und der CO_2-Ausstoß heute nicht mehr zu rechtfertigen ist. Wir sind also längst in einer Phase unserer technologischen Entwicklung angelangt, in der wir anerkennen, dass sich nicht jeder Fortschritt, der auf ein Schneller, Höher, Weiter abzielt, lohnt. Die raketenbetriebene Raumfahrt ist daher seit wenigen Jahren zur Spielwiese von Superreichen geworden, die sich in der visionären Rolle gefallen, der Menschheit die nächsten technologischen Errungenschaften zu spendieren. Eine pragmatischere Sichtweise erkennt darin eher ein interstellares Wettrennen zur optimalen Infrastruktur für einen profitablen Weltraumtourismus, den sich nur noch andere Superreiche leisten können. Denn der Transport eines einzigen Kilogramms kostet mit Raketentechnologie immer noch 12.000 bis 80.000 US-Dollar. Und irgendwie muss es sich refinanzieren. Für das Verbrennen von Unmengen an Treibstoff zum Bewegen einer einzigen Rakete gibt es kaum skalierbare Effekte, bei denen sich durch vielfache Verwendung der Stückpreis reduzieren ließe. Außer natürlich, dass man dieselbe Rakete mehr als nur einmal verwenden könnte.

Die Tatsache, dass Privatleute mittlerweile mehr Schlagzeilen über die Raumfahrt produzieren als staatliche Institutionen wie die NASA oder ESA, ist der beste Beweis dafür, dass diese Technologie kein Sprungbrett mehr zur nächsten Entwicklungsstufe darstellt, sondern zum Geschäft geworden ist.

Kommen wir nun zu der entscheidenden Frage, was diese Ausführungen denn mit Leine und Knoten zu tun haben. Sollen wir anstatt der teuren, ressourcenverschwendenden Raketentechnologie etwa einfach ein Seil von oben auf die Erde herunterhängen lassen, an dem wir dann hochfahren? Das Erstaunliche ist, dass es mittlerweile viele seriöse Forscher gibt, die diese Frage mit Ja beantworten. Die Idee beruht auf einer sehr einfachen Überlegung. Es gibt zwei Möglichkeiten, die Anziehungskraft der Erde zu überwinden: mit einer Rakete eine so hohe Geschwindigkeit aufzunehmen, dass wir ihr entfliehen können. Oder geschwindigkeitsunabhängig aus ihr herausklettern.[121] An einen hohen Turm hatte bereits 1895 der russische Weltraumpionier Konstantin Ziolkowski gedacht. 1959 veröffentlichte der sowjetische Weltraumforscher Juri Arzutanow zum ersten Mal die Idee von einem Seil, das man herunterhängen

121 Florian Freistetter berichtet unterhaltsam über die Möglichkeit in seinem Podcast *Sternengeschichten*, Folge 85.

lassen könnte. Japan hat bereits vor einigen Jahren angekündigt, bis 2050 einen sogenannten Weltraumlift nutzen zu wollen.[122] Die NASA finanziert seit Jahren Forschungen zum Thema. Wie um alles in der Welt sollte ein Seil anzubinden sein, damit es auf die Erde ›herunterhängen‹ kann? Die Antwort darauf ist die geostationäre Umlaufbahn. Diese befindet sich in einer Höhe von 35.786 Kilometern über der Erde – also etwa drei Erdendurchmesser entfernt. In dieser Höhe kreisen Objekte synchron mit dem darunterliegenden Punkt auf der Erdoberfläche um den Erdmittelpunkt. Eine Station, die sich in dieser Umlaufbahn befindet, könnte also ein Seil in Richtung Erdmittelpunkt hängen lassen und wäre stabil mit der Station auf der Erde verbunden. Es gibt selbstverständlich jede Menge ungeklärter Fragen und Herausforderungen. Da wäre zuerst die Frage nach dem Material. Stahl ist viel zu schwer und ein Seil würde schnell unter seinem eigenen Gewicht zusammenbrechen. Diese Materialfrage war bis Ende des 20. Jahrhunderts das größte Hindernis. Im Jahr 2000 schlug David Smitherman von der NASA vor, Kohlenstoffnanoröhrchen zu verwenden. Das Verhältnis zwischen Dichte und Zugfähigkeit ist hier 135-mal besser als bei Stahl. Die Produktion solcher Kohlenstoffnanoröhrchen ist ungeheuer aufwändig, und bisher konnten gerade einmal Teile mit wenigen Zentimetern Länge hergestellt werden. Aber es wäre möglich. Die Bedingungen außerhalb der Erdatmosphäre wiederum sind sehr extrem, was Solarwinde, Elektrizität und Temperaturen angeht, weshalb das Material zusätzlich geschützt und beschichtet werden müsste. Umhertreibende Satelliten, Satellitenwracks und anderer Weltraummüll oder kleine Meteoriten stellen auch eine Gefahr für ein statisches Seil im Orbit dar. Ganz zu schweigen von der Aufgabe, aus einer Raumstation ein knapp 36.000 Kilometer langes Seil

122 Vgl. Odrich (2014): *Japaner wollen bis 2050 einen Weltraumlift bauen*, in: Ingenieur.de, o. S.

zu entrollen. Nichtsdestoweniger investieren Weltraumbehörden rund um den Globus seit Jahren in die Erforschung dieser Methode. Denn die Vorteile eines solchen Weltraumlifts würden die Möglichkeiten unserer Weltraumfahrt revolutionieren. Es sind Vorteile, die sich aus dem einfachen Denken in Knoten und Leine herleiten lassen: günstig, leistungsfähig, wirtschaftlich, nachhaltig, ressourcenschonend. Aber schauen wir sie uns genauer an.

Das International Space Elevator Consortium, eine Vereinigung von sehr enthusiastischen Ingenieuren, zählt 2020 in seinem Papier *Space Elevators are the Transportation Story of 21st Century*[123] folgende Vorteile auf: Eine konstante Verbindung zum Weltraum könnte ständig genutzt werden, wodurch sich der Preis für ein Kilogramm Gewicht, das man ins All befördert um das Hundertfache senken ließe.[124] Ein Lift könnte viel einfacher und viel öfter hin- und herfahren, weshalb weitaus mehr Masse in kürzerer Zeit transportiert werden könnte. Die Transportmöglichkeiten von mehr Material würden neue Perspektiven beim Aufbau einer Marskolonie eröffnen. Die Raumstation am Ende des Seils birgt eine hohe Zentrifugalkraft dank der kosmischen Kraft der Erdrotation, die man sich zum Abschuss von Raumschiffen zunutze machen könnte. Ähnlich wie bei einem Hammerwerfer würde das Raumschiff von der Station in die richtige Richtung weggeschleudert. Die Wartezeit zur Entsendung einer Marsmission für die ideale Stellung zwischen Erde und Mars würde sich auf wenige Stunden reduzieren, sodass man mehrmals am Tag ein Raumschiff losschicken könnte.[125] Riesige

123 Vgl. Swan (2020): *Space Elevators Are the Transportation Story of the 21st Century*, S. 1.

124 Vgl. Urban (2018): *Seil in den Orbit: Was macht eigentlich ... der Weltraumaufzug?*, in: Spektrum.de, o. S.: »Ein ins All befördertes Kilogramm würde statt heute 20.000 Dollar kaum mehr als 200 Dollar kosten.«.

125 Vgl. Karkowsky (2011): *»Man kann eigentlich optimal nur alle 18 Jahre zum Mars fliegen«*, in: Deutschlandfunk Kultur.

Solarstationen könnten dort, wo die Sonne immer scheint, genügend Strom produzieren, um nicht nur die ganze Anlage am Laufen zu halten, sondern noch Strom zur Erde zu transportieren. Manche sprechen sich sogar dafür aus, unseren ganzen Atommüll auf diese Weise zu entsorgen und in die Weiten des Weltalls zu schleudern, damit wir auf der Erde komplett auf CO_2-freie Kernenergieproduktion umstellen könnten. Bei einer bisherigen Frequenz schwerer Zwischenfälle in Atomkraftwerken und Super-GAUs von durchschnittlich alle fünfzehn Jahre innerhalb der letzten 45 Jahre kommen einem da jedoch Zweifel. Eine CO_2-freie und radioaktiv verseuchte Erde, auf der ein Lift die einzige Exitoption für die wenigen ist, die es sich leisten können, ist kein sehr einladender Gedanke. Kommen wir zu den wahren Vorteilen zurück. Denn der größte Vorteil bestünde sicherlich darin, dass die Weltraumfahrt nicht nur günstiger und leistungsfähiger würde, sondern auch ressourcenschonender und nachhaltiger.

Wir haben uns im Laufe des Buches nicht nur die Verwendung von Leinen und Knoten angeschaut, sondern auch, wie ihre Verwendung unser Denken prägte und wie unser Denken und unsere Wahrnehmung sich in den letzten 150 Jahren in eine Richtung bewegt haben, in der Leinen und Knoten keine Rolle mehr spielten. Sie wurden vom Werkzeug zur Zierde oder gerieten in Vergessenheit. Genau aus diesem Grund ist die Idee eines Weltraumseils ebenso revolutionär für unser heutiges Denken, wie sie konsequent ist für das menschliche Denken seit den Anfängen vor Zehntausenden von Jahren. Die Komplexität der Realisierung eines solchen Seils einmal außen vor gelassen, besticht die Idee mit ihrer provokanten Einfachheit. Die Ingenieure und Wissenschaftler, die sich seit Jahrzehnten mit so einer Lösung beschäftigen, sind sicherlich nicht alle Knotenliebhaber. Die relative Häufigkeit von Knotenkundigen unter ihnen dürfte sich von der in der Normalbevölkerung kaum unterscheiden, weshalb wir getrost behaupten können, dass eine intensive Auseinandersetzung mit Leine und Knoten im Alltag keine Voraussetzung dafür darstellt, an so einem Thema zu arbeiten oder sich dafür zu begeistern. Außerdem gibt es keinen Hinweis darauf, dass sich jemand von Homers *Ilias* inspirieren ließ, derzufolge Zeus im achten Gesang bereits erwog, die Erde mit einem goldenen Seil an den Olymp zu binden (wenn auch aus einem anderem Grund). Die Idee, an einem Seil der Erde zu entklettern, begeisterte gewiss auch schon antike Geister. Die Idee eines Weltraumseils ist Beweis für unser Streben nach einfachen Lösungen. Und es bahnt sich immer wieder seinen Weg. Die Idee ist zu naheliegend, um nicht erforscht zu werden.

Ein Seil, das die Erde mit dem Weltraum verbindet, erscheint visionär, revolutionär, aberwitzig, aber nicht unrealistisch. Diese Idee entspringt nicht den komplexen Berechnungen von Treibstoff, Masse, Beschleunigung und Dutzenden mehr an Variablen. Sie entspringt vielmehr einem menschlichen Urreflex, Schritte in das Dunkle nicht ohne die Vergewisserung eines festgebundenen Seils zu wagen.

Es wäre ein Gegenstand, der an einem Ende bedeckt ist von sonnengetrockneten Salzkristallen aus Meerestropfen, die von der Gischt und dem Wind dorthin getragen wurden, und der sich aus diesen von Meeresrauschen und Möwengeschrei erfüllten Tiefen ausdehnt zu seinem anderen Ende im stummen schwerelosen Nichts eines temperaturlosen Vakuums des unendlichen Weltalls. Ein Gegenstand von mythischer Dimension, der sich gleichzeitig in zwei Welten bewegt. Die Erzählung von Leine und Knoten ist noch lange nicht zu Ende, denn sie hat sich schon immer auch dort fortgesetzt, wo man sich ihrer gar nicht bewusst war. Es wäre daher nicht verwunderlich, wenn der Mensch, der mit dem Seil erst zu dem wurde, der er ist, in wenigen Jahrzehnten auch die Erweiterung seines Lebensraums in das Weltall mit einem Seil unternommen haben wird.

Teil 3

Das Wesen von Leine und Knoten

Das Knotenbinden

In diesem und den nächsten Kapiteln werden wir versuchen, den Rätseln von Leine und Knoten auf den Grund zu gehen: die vielen Optionen, die man mit einer Leine in der Hand hält; der Unberechenbarkeit eines Seils; der Nicht-Kategorisierbarkeit und Bedeutungsvielfalt von Knoten; den vielfältigen dualistischen Erscheinungen einer Leine, die zu bezeichnen uns die Worte fehlen und die wir nur umschreiben können. Keine Sorge, für all das müssen Sie keine Knoten beherrschen. Sie können getrost weiterlesen. Jedoch, wenn Sie einige Knoten können oder gelernt haben, mag das alles vielleicht noch einmal in anderem Lichte erscheinen.

Beginnen wir mit der Eigenschaft, die jeden passionierten Knotenbinder als Erstes beeindrucken wird: die unendlichen Möglichkeiten, die einem ein einfacher Gegenstand wie eine Leine zur Verfügung stellt. Für den US-Amerikaner Clifford Ashley begann mit der simplen Handlung des Knotenbindens ein Abenteuer im unendlichen Raum.[126] Kaum jemand hat sich um die Sammlung und Erklärung von Knoten mehr verdient gemacht als Ashley in der ersten Hälfte des 20. Jahrhunderts. Clifford Ashley ist für die Knotenbinderei, was Homer für die griechische Sagenwelt ist: ein Chronist von allerlei mündlichem Wissen sowie Erzählungen und Aufgezeichnetem, zusammengefasst in einem Standardwerk, an dem keiner mehr vorbeikommt, der sich mit der Materie auseinandersetzen will. Er war, wie könnte es anders sein, ein Seemann, 1881 – im

126 Siehe dazu: Ashley (2019), S. 8: »To me the simple act of tying a knot is an adventure in unlimited space.« (zu Deutsch: »Für mich ist der einfache Akt des Knotenknüpfens ein Abenteuer in einem unbegrenzten Raum.«)

chinesischen Jahr der Schlange – geboren in New Bedford, Massachusetts, jenem Ort, von dem aus Kapitän Ahab seine Jagd auf Moby Dick begann. Bereits in frühester Kindheit wurde seine Leidenschaft für die Knotenbinderei geweckt. Als Maler und Zeichner kombinierte er seine Leidenschaften und schuf in den 1940er Jahren das von ihm selbst reich bebilderte Standardwerk mit mehr als 3000 Knoten und 7000 Abbildungen. Da er alle Knoten durchnummerierte, ist sein Werk *Das Ashley-Buch der Knoten* auf so gut wie jeder Literaturliste eines wissenschaftlichen Artikels über Knoten zu finden.

Seiner Beschreibung von Tausenden von Knoten stellte er eine unterhaltsame Einleitung voran. Darin gibt er Einblicke in die Seefahrt und ihre Bedeutung für die Knotenbinderei. Ihm zufolge stammen neun von zehn Knoten aus der Seefahrerei. Eine Behauptung, die unter heutigen Knotenexperten scharf zurückgewiesen wird. Die Kunstfertigkeit und Muße des Knotenbindens können nicht über die Zumutungen des Seemannslebens hinwegtäuschen, von denen er weniger spricht. Es gibt wohl kaum ein Werk der Weltliteratur, in dem die Seefahrt nicht als das dargestellt wurde, was sie die längste Zeit war: eine harte, entbehrungsreiche Zeit unter allerlei kuriosen und dubiosen Gestalten, rauen Sitten, derben Scherzen, gefährlichen Häfen und den Gesetzen von Sturm, Wasser und dem Kapitän ausgeliefert. Figuren wie Captain Ahab oder Wolf Larsen aus Jack Londons *Der Seewolf* sind wahrlich keine Gesellschaft, mit der man auf unbestimmte Zeit die Enge eines Schiffes teilen wollte. Der deutsche Schriftsteller, Poet und Satiriker Joachim Ringelnatz träumte selbst von der Seefahrerei und war bald auf die enttäuschenden Schiffsdielen der Tatsachen zurückgeholt.[127] Er erzählte von den älteren Seefahrern, die die jungen mit teils unerbittlicher Strenge behandelten. Wo Bildung nicht das Resultat

127 Vgl. Ringelnatz (2012): *Matrosen,* in: Das große Lesebuch, S. 312.

einer formellen zertifizierten Ausbildung ist, sondern durch ganz persönliche Erfahrungen unter schwierigen und widrigen Umständen gesammelt und angehäuft ist, wird sie oft eifersüchtig gehütet. Kein Schiffsjunge konnte erwarten, etwas gezeigt zu bekommen. Die Zeit des Abschauens und Lernens war daher eine der Beschimpfungen und Demütigungen, nicht selten begleitet von Tritten und Schlägen. Die meisten Seemänner waren des Lesens und Schreibens unkundig und mochten wohl mit Argwohn auf alle blicken, die darum wussten. So gering ihre formale Bildung, so groß war ihr Aberglauben. Gleichzeitig waren sie in vielerlei Dingen abgebrühter und welterfahrener als die Landbevölkerung, da sie sich oft in mehreren Sprachen auf einfache Art verständigen konnten und ihnen Sitten und Gebräuche unterschiedlichster Kulturen nicht fremd waren. Sie teilten dieselben Probleme und machten ähnliche Erfahrungen. Herkunft spielte kaum eine Rolle, und sie bildeten eine eigene Gesellschaft mit eigener Kultur und eigenen Regeln. Das harte Leben machte sie aber auch sentimental, wie Ringelnatz schreibt, weshalb es eine ganz eigene Form des Seemannskitsches gibt mit Ankern, Herzen und Kreuz oder Schlange, Sonnen und Dolchen. In den groben Seelen gab es eben auch den Sinn für Poesie, Schönheit und Liebe. Wenn sie denn Worte für ihre Gefühle gehabt hätten, mangelte es ihnen an der Fähigkeit, sie aufzuschreiben. Um sie auszudrücken, blieb ihnen nicht viel mehr als ihre Lieder, Tattoos und eben das Knoten. Der Schwede Hjalmar Öhrvall beschreibt einen Liebesknoten, den Seemänner ihren Liebsten in Ermangelung von Worten und Schrift übergaben und den diese bis zur Rückkehr bewahren sollten. Er bestand aus zwei Knoten in einer Schnur. Waren sie bei der Ankunft zusammengezogen, so bedeutete die Liebste ihrem Seemann, treu gewesen zu sein. Wie viele dieser Seemänner mögen in banger Hoffnung zurückgekehrt sein, dass der Knoten, und damit die Liebe, festgezogen war. Denn war er gelöst, so war es auch die Liebe.[128] Insofern entdeckten die Seeleute hier zumindest eine praktische Methode, die so heikle Aufgabe des Schlussmachens in emojihafter Kürze und Prägnanz zu lösen.

In der langen und entbehrungsreichen Zeit auf See fanden sie im Knoten dann Zerstreuung vom harten Alltag, eine Herausforderung für ihren Verstand und ihre Fingerfertigkeit und Freude bei gelungenen Knüpfungen. Die kunstvollen Knoten, die sie schufen, taugen nicht zur Verklärung eines Seemannslebens. Doch oftmals war das Knoten eine der wenigen Beschäftigungen, die es erträglich machten. So wurden Seemänner zu Meistern des *fancy knotting*, also des dekorativen Knotens. Taue und Zeit waren genügend vorhanden, und Gelegenheiten gab es auf einem Schiff viele. Griffe an Kisten und Steuerrädern oder alles, was unter *small stuff* fiel, wurde mit kunstvollen Knoten aufgewertet. Die Knüpfung des Seesacktragebands – das *lanyard* – war der erste Ausweis für die Kunstfertigkeit eines Seemanns. So wie schöngeistige Runden an Land über die Eleganz der Reime eines John Keats, William Wordsworth oder Alfred Lord Tennyson sinnierten, so unterhielten sich manche an Bord über die Wohlgestalt eines Star-, Rosen- oder Manrope-Knotens.[129] Ebenso wie alle anderen Fähigkeiten, die sich ein Seemann mühsam erworben hat, war auch die Knotenbinderei eine Kunst, deren Geheimnisse schwer zugänglich waren und nur unter der Bedingung höchster Verschwiegenheit – wohl mit allerlei Schwüren abgesichert – geteilt wurden. Oftmals sogar nur im Tausch gegen einen anderen Knoten. Ashley erzählt von einem Seemann, der in seinem Seesack einen unfertigen Blackjack – einen selbst geknüpften Totschläger – jahrelang auf vielen Reisen mit sich führte, bis er endlich jemanden fand, der ihm den gewünschten Abschlussknoten

128 Vgl. Öhrvall (1916), S. 213. Ebenso erzählt Cyrus L. Day davon in seinem Aufsatz *Knots and Knot Lore*, S. 250.

129 Vgl. Ashley (2019), S. 4. Allesamt aufwändige Knopfflechtungen zum Abschluss eines Taus.

zeigte. Ashley erzählt uns nichts zu den Umständen seiner Suche. Aber welchen Widrigkeiten mag dieser Seemann auf seiner jahrelangen Suche begegnet sein? Gewiss fragte er Hunderte von Seemännern nach diesem einen Knoten, nie müde geworden ob der zahllos schüttelnden Köpfe und ratlosen Blicke. Vielleicht gab auch jemand vor, den Abschlussknoten zu beherrschen, bereit, seine Kunst gegen ein paar Schluck Rum zu teilen, und stellte sich schnell als Scharlatan heraus. Ein anderes Mal mag er jemanden getroffen haben, der es wirklich konnte. Seine freudige Ungeduld ermunterte den neuen Bekannten jedoch, den Preis für sein offenkundig so kostbares Wissen in die Höhe zu treiben, was die Möglichkeiten unseres Seemanns jedoch überstieg. Und dann eines Tages, frustriert und ohne Hoffnung, noch jemals den gewünschten Knoten zu finden, lässt ihn ein alter Seebär zu sich rufen. Vielleicht könne er ihm helfen, wenn dieser ihm sage, welchen Knoten er möchte. Nach allem, was wir von der Sentimentalität der Seemänner wissen, dürfen wir uns unseren Seemann wohl als tief gerührt und voll Dankbarkeit vorstellen, als er nach jahrelanger Suche mit bebender Brust und feuchten Augen seinen kunstvoll fertig geknoteten Totschläger endlich in der Hand hielt. Angesichts der Schwierigkeit und Kniffligkeit der Knotenbinderei, der Kreativität zur Entdeckung komplizierter Flechtungen und dem Erinnerungsvermögen, diese auch zu behalten und zu wiederholen; der Zeit, die das Entdecken und Erlernen erforderte; und der angesprochenen Hürden, neue Knoten gezeigt zu bekommen, verwundert es nicht, wenn Ashley schreibt, dass ein überragender Knotenbinder in der Mitte des 19. Jahrhunderts im Ansehen einer Mannschaft in etwa da stand, wo der Künstler der Höhlenwände in den Zeiten des Cro-Magnon-Menschen vor 20.000 Jahren stand.[130]

130 Vgl. Ashley (2019), S. 3: »A superlative knot tier, in the middle of the nineteenth century, stood in the estimation of the forecastle about where the artist of the Cavern Walls stood in the Cro-Magnon days.«

Diese Bedeutung genießen Knoten heute in der Seefahrt kaum mehr. Selbstverständlich spielen sie immer noch eine große Rolle, aber eher in Form von Netzen, wie im Kapitel *Knotenmonster* bereits angesprochen wurde. Bei Seefahrt und Knoten denken andere aber heutzutage vielleicht auch an die Geschwindigkeit, die seit Jahrhunderten in Knoten gemessen wird. Jeder weiß es, doch können die wenigsten so richtig aus dem Stand erklären, was es damit auf sich hat, wenn sie nicht gerade in der Seefahrt tätig sind. Nun, dieses Rätsel lässt sich leicht lösen. Eine Seemeile wurde auf Basis des Erdumfangs errechnet, für den man 40.000 Kilometer setzte. Nach einigen Unterteilungen dieses Umfangs in Grad und Winkelminuten ergeben sich genau 1.852 Kilometer. Ein Knoten entspricht einer Seemeile pro Stunde. Wer also bisher auf die Information, diese oder jene Yacht fahre 22 Knoten schnell, mit einem nickenden ›Aha‹ reagierte, kann künftig nach einer leichten Faustformel flugs die Landrattengeschwindigkeit ermitteln: ein Knoten mit zwei multipliziert und davon zehn Prozent abgezogen. Das bedeutet in diesem Fall: 22 Knoten mit zwei multipliziert und minus zehn Prozent ergeben knapp vierzig Kilometer pro Stunde. Die ursprüngliche Messung erfolgte durch ein bleibeschwertes Brett – das Log –, das man aus dem Boot warf, und an dem eine Knotenleine – die Logleine – befestigt war. Das Log schwamm nun im Wasser mehr oder weniger auf der Stelle und die Logleine wurde bei laufender Fahrt abgespult. Dabei wurden die in regelmäßigen Abständen geknüpften Knoten während einer Sanduhrphase – dem Logglas – gezählt. Die Methode half unter anderem dabei, die Erde in Breiten- und Längengrade einzuteilen.

So sehr die Knotenbinderei zum Staunen einlädt, sie eignet sich kaum als Smalltalk-Thema auf Partys. Wer sich nicht mit Knoten beschäftigt, wird sich ob der Begeisterung eines Knotenbinders über die Schönheit einer, sagen wir, *Trossenstekmatte*, freundlich zwinkernd schnell abwenden. Das Knotenbinden umweht das Flair des wunderlichen Zeitvertreibs alter Seemänner, dessen Ergebnisse schließlich auf ranzigen Brettern an Wänden von Fischlokalen landeten, wo man sie als Kind beim Gang vom Tisch zur Toilette mal kurz eigenartig berührt betrachtete. Wer im Netz Knotenbinderseiten aufsucht, trifft auf digitale Versionen dieser Knotenbretter. Manche wurden in Zeiten erstellt, als es noch kein Myspace gab. In der berühmtesten Gesellschaftspersiflage unserer Gegenwart, der US-amerikanischen Zeichentrickserie *Die Simpsons*, kann es dementsprechend nur einen Charakter geben, der Knoten verwendet: der verschrobene Hausmeister Willie, der mit Knoten den Schulgarten vermisst: »Altes Druidenwerkzeug!«[131] Sogar Clifford Ashley selbst, Seemann, Künstler und Knotenpapst, hatte sich der Vorhaltungen seiner Freunde zu erwehren, mit welcher Zeitverschwendung er sich beschäftige. Er kam zu dem überzeugenden und amüsanten Schluss, dass die Begründung, ein Buch zu schreiben, nicht nur jeden zufriedenstelle, sondern so gut wie jede Schandtat angemessen rechtfertige.

Erfreulicherweise gibt es immer mehr medienkundige Knotenliebhaber, die ihre Leidenschaft auf optisch sehr ansprechende Weise in diversen Instagram-Kanälen präsentieren. Die allgemeine Faszination von Knoten auf Menschen zeigt sich auch hier in kulturumspannender Weise. Tätowierte Hände bärtiger Überlebenskünstler in den Wäldern Kanadas knüpfen ebenso raffinierte Knotenlösungen wie die perfekt manikürten Finger einer arabischen Schneiderin.

Wer auf Pinterest nach Inspirationen sucht, zur Knüpfung eines Anhängers oder zum individuellen Einflechten der Schuhbänder, stößt auf so viele ansprechende Formen und Knüpfungen, dass man fast meinen könnte, es handele sich um einen weltweiten Trend. Stricken und Häkeln werden auf einmal zu einer Tätigkeit, die in

131 Anderson (2015): *Mathlete's Feat*, geschrieben von Matt Groening et. al., in: The Simpsons, Staffel 26, Episode 22.

ungeahnter Weise die Lust am Selbermachen mit avantgardistischen Designideen verbindet. Das Narrativ hat sich geändert. Stricker bezeichnen sich als Textile-Artists oder Strickdesigner. Das *New York State Sheep and Wool Festival*, das 1980 als Wollmesse für Produzenten und verarbeitendes Gewerbe startete und ein Publikum anzog, das nicht unbedingt den Coolnesscodes der letzten dreißig Jahre entsprach, verwandelte sich in den letzten zwei Jahren zu einem hippen Handwerks- und Designfestival, wo junge kreative Menschen die schier unendlichen Möglichkeiten des Garns feiern. Sie befreien das Stricken vom Image einer häuslichen Übung mit Rollenballast und deuten es kurzerhand um. Stricken erfüllt alle gewünschten Eigenschaften des nachhaltigen und sinnstiftenden Handelns im 21. Jahrhundert. Es bietet meditativen Flow bei der Herstellung eines nützlichen Gegenstandes, Freude an der eigenen Kreation, Genugtuung einer ressourcenschonenden Herstellungsweise sowie Zuspruch und Anerkennung von anderen. Im Jahr 2022 strömten mehr als 23.000 Menschen, davon viele mit eigenen auffallenden Kreationen, auf das Festival.[132] Die Künstlerin Windy Chien macht aus ihrer Knotenleidenschaft Kunst. Als ehemalige Apple-Managerin beherrscht sie die Klaviatur des Marketings, von Social Media und des Storytellings. Sie startete das Projekt *The Year of Knots* und lernte ein Jahr lang Social-Media-wirksam jeden Tag einen neuen Knoten. Ausschlaggebend dafür war ein Erweckungserlebnis, wie sie erzählt, wonach sie nicht mehr länger in der freien Wirtschaft tätig sein, sondern das tun wolle, was sie wirklich erfülle. Ihre Knoteninstallationen wurden in zahllosen Design- und Modeheften vorgestellt und als moderne Versionen der alten Knotenbretter in Ausstellungen im Silicon Valley gezeigt. Für Chien ist der Knoten Kunst, Design, Erfüllung – und ein Geschäft.

132 Vgl. Adams (2022): *Young Knitters Discover a Decades-Old Wool Festival*, in: The New York Times, o. S.

Selbst ein uraltes Hobby erlebt gerade wieder eine kleine Renaissance: Macramé. Macramé ist eine Form der Textilproduktion mit Schnüren und einfachen Knoten. Das Bemerkenswerte an Macramé ist, dass es als sehr häusliche Form des dekorativen Knotenknüpfens in all den Jahrhunderten auf keine Gesellschaftsschicht oder Klasse beschränkt war, auf kein Geschlecht, auf keine Region oder Kultur, und in immer wieder auftauchenden Moden große Verbreitung fand.[133] Fromme Nonnenhände haben es ebenso zu einem Handwerk im sakralen Kontext entwickelt, wo man es als Bordüren auf jeder Art von Leinentüchern findet, wie die schwieligen Hände von Seemännern es in eher profaneren Umgebungen wie Schiffen und Häfen zu einzigartiger Kunst entwickelten. Königin Maria II., Gattin von Wilhelm III. von Oranien, der 1689 den britischen Thron bestieg, war den Erzählungen zufolge der Lust des Knotenknüpfens so verfallen, dass ihr zeitgenössischer Biograf Gilbert Burnett es mit britischer Steiflippigkeit folgendermaßen kommentierte: »It is a strange thing to see a Queen at work so many hours a day.«[134]

Macramé dürfte eines der ersten globalisierten Hobbys gewesen sein, wie wir es später erst wieder im 19. und vor allen Dingen im 20. Jahrhundert erleben, wo sich Tänze wie der Tango oder Rock 'n' Roll weltweit verbreiteten oder das Skateboardfahren innerhalb weniger Jahre von einer kalifornischen Ersatzbeschäftigung zum Surfen zu einem weltweiten Phänomen entwickelte. Das Medium der Verbreitung im 16. Jahrhundert waren die Seeleute. Wo immer Kolonien gegründet wurden, nahmen die Ureinwohner die Macramékunst schnell an und entwickelten ihre ganz eigenen Muster. An

133 Zur genaueren Übersicht siehe Carter (1996): *The History of Macramé*, in: History and Science of Knots.

134 Ebd., S. 337. (zu Deutsch: »Es ist seltsam, eine Königin so viele Stunden am Tag arbeiten zu sehen.«)

Macraméprodukten scheiden sich die Geister, aber über Geschmack lässt sich bekanntlich nicht streiten. Die weite Verbreitung führt jedenfalls zu kuriosen Schnittmengen von Geschmack und Milieu. Denn Macramé erlebte, hauptsächlich von den USA ausgehend, in den Sechziger und Siebziger Jahren des 20. Jahrhunderts einen Boom als Protest gegen Massenproduktion und Entfremdung von Produktionsmethoden und wurde neben Lederhandwerk, Batik und Weben zu einem der charakteristischen Handwerkszweige der Gegenkultur. Die Handbücher zu Macramé erlebten eine hohe Nachfrage, 1971 verkaufte sich ein Macraméhandbuch in den USA sogar eine halbe Million Mal. Die Produkte des Macramé erfreuten bald nicht mehr nur das Hippieauge, das darin aktiven und attraktiven Protest gegen Massenkultur sah, sondern auch das Hausfrauenauge, das darin eine hübsche häusliche Dekoration erkannte; in Form von Lampenschirmen, Polsterüberzügen, Einkaufstaschen, Blumentopfaufhängungen, Decken und noch vielen weiteren Gegenständen bestimmte Macramé das Bild vieler Wohnungen in den Siebzigern, und fügte sich nahtlos in eine Geschmacks- und Wohlfühlwelt, in der der gehäkelte Klopapierhut unter der Heckscheibe von zahlreichen Autos als Ausweis vorausschauenden Handelns in schmuckem Dekor empfunden wurde. Die vollständige Unabhängigkeit von Geschlecht, Klasse, Stand, Herkunft, Generation, Kultur, Milieu, Wohnort und Zeit macht diese aus dem Orient stammende Knüpftechnik zu einer zeitlosen Essenz von Fingerfertigkeit. Da sie jedem offensteht und offenstand, lässt sich aus dieser Tätigkeit außer der Freude des Tuns kaum ein Identitätsgewinn herstellen. Darin liegt das eigentlich Subversive und Rebellische in einer Zeit, in der es kaum eine Praxis des Zeitvertreibs gibt, deren vorrangiges Ziel neben der Unterhaltung nicht auch in der identitätsstiftenden Wirkung läge.

Bevor ich selbst zum ersten Mal durch ein Buch mit Knoten bewusst in Berührung kam, wusste ich nicht im Geringsten um meine Leidenschaft für das Knoten. Ich entdeckte es durch das Phänomen, das die englische Sprache *serendipity* nennt. Es bezeichnet den Vorgang, wenn man etwas findet, wonach man gar nicht gesucht hat. Bis zu diesem Zeitpunkt gab es für mich zwei schlechte Knoten: den normalen ›doppelten‹ Knoten, der von Knotenbindern abfällig *Altweiberknoten* genannt wird. Er besteht aus zwei gleichen Überhandknoten (die Schleife beim Schnürsenkel ist der gleiche Knoten, sofern man nicht den eleganteren Kreuzknoten verwendet, nur dass beim zweiten Knoten sogenannte Buchten – also die Schleifen – stehen gelassen werden, die das Öffnen des Knotens erleichtern). Als Zweites kannte ich die Schlaufe, die mit einem Überhandknoten geschlagen wird. Sie zieht sich so fest zusammen, dass man sie nie mehr aufbekommt. Es sind wohl die beiden meistverwendeten Knoten. Jeder kann sie machen.

Eines Tages, beim Rumschlendern vor einer Buchhandlung, zog ein Buch meine Aufmerksamkeit auf sich. Es handelte sich um *Knoten: das Praxishandbuch* von Geoffrey Budworth. Es hatte ansprechende kleine Bilder von bunten Knoten auf dem Titel. Das Buch wirkte zuerst wie ein gewöhnliches Handbuch, wie es sie zu Tausenden gibt, mit vielen Bildern, Piktogrammen und Anleitungen. Auf der Rückseite versprach es 200 alte und neue Knoten für unterschiedlichste Zwecke und Bereiche in Alltag, Beruf und Freizeit. Die Aussicht darauf, mehr als zwei banale Knoten zu beherrschen, war verlockend. Ich blätterte also ein wenig darin herum. Die Bilder gefielen mir. Die einzelnen Knoten waren immer in ansprechendem Tauwerk geknüpft und in ihrer fertigen Form mit viel Fantasie und Liebe auf einem größeren Bild dargestellt, zum Beispiel um alte Holzwerkzeuge gebunden, auf grobes Leinen oder geflochtene Körbe gelegt, dann wieder auf alten Holzdielen drapiert mit ein paar Muscheln daneben. Hinzu kamen in einer klaren Schritt-für-Schritt-Anleitung meist vier bis acht kleine Bilder, auf denen Hände das Binden des Knotens verständlich zeigen. Dann erst bemerkte und las ich Namen, die ich noch nie gehört hatte, jedoch von beeindruckender Gravität waren: Trossenstek, Austernfischer-Stopperknoten, Blutknoten, Spanischer Palstek, Marlschlag, Halfterstek, Notmastknoten.

Ich war völlig ergriffen von der Wucht dieser Namen und Assoziationen, die sie in mir auslösten. Beim Gaffeltoppsegelfallstek erklangen knarzende Dielen, schlagende Segel und aufbrausende Gischt in meinem Ohr. Ich klappte das Buch zu, ging zur Kasse und kaufte es mir. Die nächsten Tage verlor ich mich förmlich darin. Der Autor Geoffrey Budworth war Mitbegründer der International Guild of Knot Tyers 1982 und schreibt anschaulich und unterhaltsam. Das Thema Knoten hat ihn ganz offenbar fasziniert, um nicht zu sagen verzaubert. In wenigen Sätzen informiert er über Herkunft, Bedeutung und Verwendung der Knoten auf eine so ansprechende Art, dass dieses reich bebilderte Buch für mich von Anfang an einen hohen literarischen Reiz hatte. Jedem Interessierten sei es an dieser Stelle wärmstens ans Herz gelegt. So schreibt er zum Beispiel über den Achterknoten:

> Von Jollenseglern hinter Leitösen und an der Großschot bevorzugt, ist dieser einfache und schnell zu machende Knoten etwas dicker als der Überhandknoten und auch leichter zu lösen – aber er wird durch Augen rauschen, die fast denselben Durchmesser haben. In seiner losen Form war dieser bekannte Knoten lange Zeit Symbol für Treue und gegenseitige Liebe.[135]

Beim Stroppknoten mag es »Kinder belustigen, mit vielfarbigen Bändern Ketten aus einer Serie dieser Knoten herzustellen. Der Knoten kann jedoch auch beim Bau und auf Werften harte Arbeit leisten.«[136]

135 Budworth (2009), S. 119.
136 Ebd., S. 57.

Er weist darauf hin, dass bei der Henkersschlinge der grausige Name nicht von der generellen Nützlichkeit ablenken sollte. Die sogenannte Katzenpfote ist in Wirklichkeit eine nicht zuziehende Schlinge, die Hafenarbeiter in dicken Tauen zum Einhaken und folgenden Heben schwerer Lasten verwenden. Die Affenfaust diente der Ummantelung eines schweren Steins, um eine Leine werfen zu können. Und der Bogensehnenknoten wurde »zum Improvisieren der gleitenden Schlinge an den Lassos der amerikanischen Cowboys benutzt; und der alte Bretone, der Lindow Man, dessen 2000 Jahre alte, mumifizierte Überreste heute im Britischen Museum in London gezeigt werden, wurde mit einem ähnlichen Knoten stranguliert«.[137]

Belustigte Kinder und harte Werftarbeit. Katzenpfoten und Affenfäuste. Schwere Lasten und ewige Liebe. Amerikanische Cowboys und strangulierte Mumien. Die Bilder, die Geoffrey Budworth mit seinen kleinen Beschreibungen malt, sind vielgestaltig, bunt, klangvoll, gruselig. Wie konnte eine einfache Leine so viele Charaktereigenschaften in sich vereinen?

Mit diesem Buch öffneten sich für mich alte, vergessene Welten. Oder besser gesagt neue, unentdeckte Welten. Wer noch nie geknotet hat und damit beginnt, kann von den ›Augen‹, ›Buchten‹, ›Arbeitsenden‹, ›stehenden Enden‹, und wie man das eine über oder unter das andere hindurchführt, schnell überfordert sein. Bedenkt man Clifford Ashleys Rechnung, wonach ein Knoten mit acht Verschlingungen bereits 256 verschiedene Varianten des ›Über-unter‹ in sich trägt, kann man gut verstehen, dass zum Knotenbinden, und noch viel mehr zum Knotenentdecken, jede Menge Konzentration, Vorstellungsvermögen, analytisches Verständnis und Geduld gehören. Die Kniffligkeit von Knoten fordert Geist und Geschick und ihre räumlichen Windungen reizen unser Vorstellungsvermögen bis an seine verwirrenden Grenzen beim Versuch, einen

137 Ebd., S. 194.

komplizierteren Knoten nachzuknüpfen – geschweige denn, ihn vor dem geistigen Auge zu rekonstruieren. Beim Erlernen von Knoten fühlen wir ein Kitzeln im Gehirn, als ob wir eine neue Sprache lernen. Laut Gehirnstrommessung handelt es sich dabei um den Unteren Parietallappen. Es ist dieselbe Region, die auch für das Lesen und Schreiben zuständig ist. Beim Knoten können wir die Anfänge des rekursiven Denkens am eigenen Gehirn erleben.

Zum Knoten empfiehlt es sich, wenigstens ein Paar Euro in ansprechendes Tauwerk zu investieren. Jeder Knoten sieht in schön gemustertem, buntem Kernmanteltauwerk oder in einem geflochtenen Baumwollseil weitaus besser aus als in einer alten, verblichenen Nylonleine, die man im Keller oder in der Garage gefunden und gerade übrig hat. Die Leine sollte nicht länger als zwei Meter sein, denn sie dient in erster Linie dem Erlernen der verschiedenen Knoten. Lange Seile wären dabei unpraktisch. Diese kurzen Leinen heißen genauso wie die Enden einer langen Leine: *Tampen*. Man benötigt zum Knotenbinden keine große Fingerfertigkeit, solange der Strick nicht zu dünn oder zu kurz ist. Es geht in erster Linie um das Verstehen des Knotens. Am Anfang scheint es, dass kein Knoten dem anderen gleicht, als seien sie allesamt unterschiedlich gebunden für unterschiedliche Funktionen. Je länger man sich damit auseinandersetzt, desto klarer erkennt man gewisse Prinzipien. Es tauchen eigene Knotenfamilien auf. Der Palstek, oder besser gesagt das Prinzip seiner Knüpfung, ist der Vater einer umfangreichen Knotenfamilie mit einer Fülle an Funktionen und Einsatzmöglichkeiten. Sein Grundprinzip bleibt dabei immer unverändert. Es ist Teil einer Grammatik des Kontenbindens. Genauso wie in der Sprache eine bestimmte Vergangenheitsform eine klare Struktur besitzt, die grundsätzlich immer gleich funktioniert und mit beliebig vielen neuen Wörtern gebildet werden kann, so ist die Grundfunktion eines Knotens wie des Palsteks eine einfache Form, die das Bilden einer Vielzahl weiterer Knoten ermöglicht. Sobald man das begriffen hat, kann man sich in kurzer Zeit rund fünf Dutzend verschiedene Knoten erschließen, die ›grammatikalisch‹ auf nicht mehr als ein halbes Dutzend verschiedener Grundformen zurückgehen. Wer noch tiefer einsteigt und andere Knoten und Flechtereien probiert, dem steht ein Ausflug bevor, der, so Ashley, nur von der eigenen Vorstellungskraft und der Länge des Seils begrenzt wird. »What can be more wonderful than that?«[138]

138 Ashley (2019), S. 8. (zu Deutsch: »Was kann wundervoller sein als das?«)

Das Geheimnis eines Seils

Die Verwunderung über fehlende Literatur und eine angemessene wissenschaftliche Untersuchung von Leinen und Knoten scheinen ein roter Faden im Knotendiskurs zu sein. 1869 wunderte sich der Autor Robert Chapman in seinem Buch über die Seilerei darüber, wie es sein kann, dass diese Kunst bisher keinerlei Aufmerksamkeit von Mathematikern, Philosophen oder Ingenieuren auf sich ziehen konnte.[139] 1891 beschreibt Lancelot J. Haslope in einem Artikel für die Zeitschrift *Work*, wie sonderbar er es finde, dass es so wenig Literatur zu Leinen und Knoten gebe.[140] Hjalmar Öhrvall, der vielleicht erste Autor, der sich in umfassender und professioneller Weise dem Knoten in seinen Erscheinungen als Werkzeug, Symbol und Magie widmete, stellte 1916 im Vorwort seines Buches *Om knutar* fest, dass er nicht eine angemessene Untersuchung und Darstellung von Knoten gefunden habe.[141] Noch 1996 schreiben Pieter van de Griend und John Turner in ihrer Einleitung zu *History and Science of Knots*, dass es ihres Wissens bis zu diesem Zeitpunkt keine umfassende Studie zur Geschichte der Knoten gab.[142] Wir kürzen es an dieser Stelle ab und springen zu dem bereits angesprochenen Philippe Petit, der in seinem Knotenbuch 2013 verwundert

139 Vgl Chapman (1869): *A treatise on ropemaking, as practised in private and public ropeyards*, S. 5.

140 Vgl. Haslope (1891): *Knotting, Splicing and Working Cordage*, in: Work Magazine, S. 6

141 Vgl. Öhrvall (1916), S. 2.

142 Vgl. Turner u. van de Griend (1996): *History and Science of Knots*, S. XI.

die Frage stellt, weshalb es keine Wissenschaft zu Seilen gebe, in der die unterschiedlichen Materialien, Herstellungsmethoden, Eigenschaften, Verwendungen und Zuglastexperimente untersucht werden.[143] Es gibt also durchaus viele *Hammatologen*, aber keine *Hammatologie*. Es wird noch rätselhafter, je genauer wir darauf schauen.

Unsere Vorfahren verdrillen seit mindestens 50.000 Jahren Fasern zu Fäden. Seither ist der Mensch unentwegt auf der Suche nach geeigneten Materialien zur Weiterverarbeitung zu Schnüren, Seilen und Geweben. Angefangen bei Hunderten verschiedener Pflanzenfasern oder Wurzeln über geflochtenes Leder hin zu den Kunstfasern der heutigen Zeit wie Polyamid, Polyester, Polyäthylen, Poly propylen oder Kevlar. Für Willemina Wendrich begann mit der Textilarbeit vor Zehntausenden von Jahren ein menschlicher Innovationsprozess, der bis heute, unter anderem in Form von smarten Textilien, nahtlos fortgeführt wird. Damit dürfte die Herstellung von Garnen und seinen Folgeprodukten das älteste durchgehend praktizierte Handwerk und Forschungsgebiet der Menschheit sein – an dem im Übrigen beide Geschlechter seit jeher gleichermaßen teilhaben. Unsere Vorfahren haben das Verdrillungsprinzip zur Herstellung eines Seils nicht erfunden, sondern nur entdeckt. Die Helixstruktur ist der älteste und wichtigste Bauplan für Seile. Ihre Praktikabilität wird in vielfältiger Form in der Natur bewiesen, indem sie sie als Prinzip immer wieder auf unterschiedlichsten Entwicklungsstufen von Fauna bis Flora verwendet und sogar ihren wertvollsten Schatz, nämlich die Nukleinsäure, Trägerin und Hüterin der Erbinformationen aller Lebewesen, nach diesem Prinzip formiert. Die Herstellung von Leinen sowie der Umgang und die Verwendung von Knoten scheint uns also gewissermaßen genetisch eingeschrieben zu sein.

143 Vgl. Petit (2013), S. 28.

Abb. 16–18: Helixstrukturen bei Pflanzen, Schnecken und Seilen.

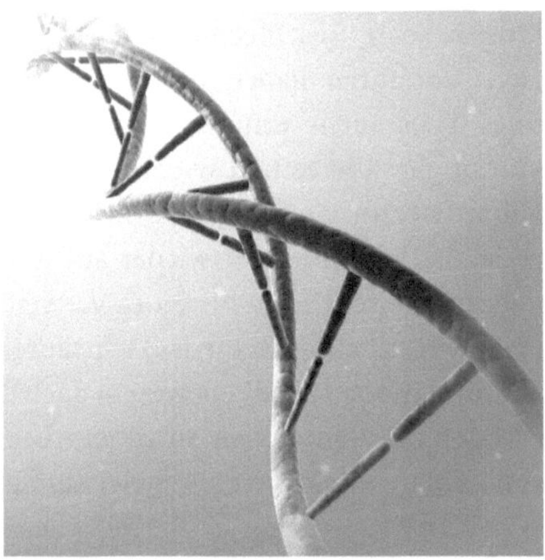

Abb. 19: DNA-Helixstruktur.

Es sind viel Wissen und Erfahrung nötig, um einen Gegenstand herzustellen, der gleichermaßen flexibel, strapazierfähig, haltbar und wiederverwendbar ist. Nichts anderes erwartet man von einem Tauwerk. Die Herstellung von guten Medien war somit die längste Zeit der Menschheit eines der zentralsten technologischen Erfordernisse.

Vor dem Hintergrund gegenwärtiger Genderdiskussionen ist es interessant zu sehen, dass das Spinnen einige Jahrtausende lang ein Arbeitsprozess war, der hauptsächlich von Frauen ausgeübt wurde. Im Grimm'schen Wörterbuch wird es als »die den frauen eigenthümlichste art sich zu beschäftigen und zu erwerben« beschrieben.[144] Herkules wird von Ophelia ein Jahr lang gedemütigt, indem er Frauenkleider tragen und Garne spinnen muss. Noch weiter zurückgehend in der Mythologie sind es zwei Frauen, die sich einen Wettkampf im Spinnen und Weben liefern, nämlich Arachne und Athene. Es muss schon eine tief verwurzelte Arbeitsteilung gewesen sein, wenn sie bereits so früh als klar weibliche Arbeit überliefert wird.

Da dies nur der erste Prozess der Seilherstellung ist und das Verdrillen von Garnen zu Kardeelen und Tauwerk ein hohes Maß an Zug- und Verdrillungskraft benötigt und daher eher eine Männerarbeit war, kann man vermuten, dass die Herstellung des Werkzeugs Seil seit jeher eine geschlechterübergreifende Arbeit war.

Die wichtigste Eigenschaft einer Leine ist ihre Knotenfestigkeit. Diese bezeichnet den Grad an Reißfestigkeit, der einer Leine mit Knoten verbleibt. Knoten bedeuten grundsätzlich immer eine Schwächung der Belastbarkeit einer Leine. Meistens bricht die Leine kurz vor dem Knoten, beziehungsweise mit Eingang in den Knoten.

144 *Deutsches Wörterbuch von Jacob Grimm und Wilhelm Grimm*, digitalisierte Fassung im Wörterbuchnetz des Trier Center for Digital Humanities, Version 01/23, Bd. 16, Sp. 2515.

Knotenfestigkeit war in früheren Zeiten eine Frage von Erfahrung, gutem Blick und Ahnung. Eine solche Pi-mal-Daumen-Erkenntnis genügt den Standards unserer heutigen wissenschaftlichen Methoden nicht mehr. Mit diesen sollten die Belastungseigenschaften von Leinen und Knoten genau erforscht werden können. Für welche Lasten ist ein bestimmter Knoten in einem bestimmten Tauwerk geeignet? Es gibt viele Listen über Knotenfestigkeit, in denen nachzulesen ist, um wie viel Prozent welcher Knoten welche Leine schwächt. So setzt der Kreuzknoten etwa die Festigkeit eines Manilaseils um fünfzig Prozent herab. Ein Palstek in einem Flachsseil wiederum bringt es auf 78 Prozent der eigentlichen Festigkeit. Vor allen Dingen für Bergsteiger sind das essenzielle Daten. Knotenfestigkeit lässt sich im Prinzip sehr einfach überprüfen. Versuchsanordnungen sind schnell konstruiert. Man wählt verschiedene Medien, fertigt verschiedene Knoten und Steks an und bringt eine Last zum Einsatz. Die Lasterhöhung erfolgt entweder ruckartig oder im Verlauf von Tagen. Eine weitere Belastungsmethode besteht darin, das Seil einer konstant hohen Last auszusetzen und zu beobachten, wie lange es hält, bevor es bricht. Nach mehreren Versuchswiederholungen lässt sich dann mit einer signifikanten Wahrscheinlichkeit sagen, wo ein Knoten ab welcher Kraft brechen wird. Wie Charles Warner zeigte, ist Knotenfestigkeit nicht nur eine Funktion des Knotens an sich, sondern eine Funktion genau des einen Knotens, die davon abhängt, wie er gebunden ist, in welcher Größe und mit welcher Leine. Es gibt Forscherteams, die regelrecht daran verzweifelten, den gleichen Knoten zweimal auf identische Weise zu knüpfen.[145] Erinnern wir uns noch einmal kurz daran, dass Leinen etwas Lebendiges haben, für manche wie Wendrich und auch Petit lebendig sind. Sie besitzen einen Charakter, der sich im Laufe ihres Lebens auf erstaunliche Weise ändert,

145 Vgl. Warner (1996c): *Studies on the Behaviour of Knots*, S. 187.

wie Budworth anschaulich schreibt: »Es ist bekannt, dass Leinen mit Eigensinn, die schwer zu handhaben und ein bisschen ungehorsam sind, auf der Höhe ihrer Kraft stehen. Dagegen sollte Tauwerk, das weich, angenehm und fügsam ist, misstraut und ausgemustert werden.«[146] Zusätzlich beeinflussen äußere Faktoren wie das Alter der Leine, Luftfeuchtigkeit, Kälte oder Wärme die Eigenschaften des Mediums. Als ob das nicht schon genügend Variablen wären, treten in der Natur beim praktischen Einsatz – und nur dort interessiert die Knotenfestigkeit – weitere Einflüsse auf Griffigkeit und Reibungsfestigkeit einer Leine auf, wie etwa Salz durch Meerwasser, Licht durch Sonneneinstrahlung oder Fette und Öle, die durch Hände aufgetragen werden. Jeder dieser willkürlichen Einflüsse besitzt endlos viele Wirkungsgrade. Wurde das Seil nur eine Woche hoher Hitze ausgesetzt oder ein Jahr? Wie viel Salzwasser ist auf dem Seil getrocknet? Wie viele Hände haben es schon gezogen? Und schließlich das entscheidendste Kriterium für den praktischen Einsatz: Ist die Leine nass oder trocken? Bedenkt man nun noch das Zusammenspiel dieser unterschiedlichen Faktoren, kapituliert jede wissenschaftliche Versuchsanordnung. Warner kommt schließlich zu dem für Wissenschaftler frustrierenden Schluss, dass es keine schlüssige Erklärung dafür zu geben scheint, wo ein Knoten bricht.[147]

Wir haben damit wieder einmal die Welt des Erklärlichen, Vorhersagbaren und Kalkulierbaren verlassen. Vergegenwärtigen wir uns den technologischen und wissenschaftlichen Stand unserer Zeit: Von Menschenhand gebaute Objekte erkunden in diesem Moment die Marsoberfläche und schicken ihre Daten an die Erde;

146 Budworth (2009), S. 23.

147 Vgl. Warner (1996c), S. 194: »There seems to be no consistent explanation of where the break occurs at a knot.« (zu Deutsch: »Es scheint keine kohärente Erklärung dafür zu geben, wo der Bruch bei einem Knoten auftritt.«)

wir experimentieren bereits mit Kleinstobjekten, die wir durch die Blutbahnen unserer Körper steuern können; wir durchdringen mit milliardenteuren Versuchsanordnungen Materie bis zum Atom, spalten dieses und können Zerstörungskräfte erzielen, die ausreichen, um unseren Planeten mehrmals zu vernichten; wir können mit Genscheren die DNA von Lebewesen zurechtstutzen und so Krankheiten oder Gendefekte heilen; wir schießen einzelne Photonen auf Plättchen und messen dabei Zeiteinheiten, die so klein sind, dass die nächste Verkleinerung eine Umkehrung der Zeit bedeuten würde; es gibt bereits künstliche Intelligenz und es dürfte nicht mehr allzu lange dauern, bis diese künstliche Intelligenz selbst wieder ohne menschliches Zutun weitere künstliche Intelligenz erzeugen kann.

Das ist unsere Welt. Und in dieser Welt können wir nicht genau vorhersagen, wo und wann genau eine Leine brechen wird. Es bleibt ein Rätsel. Wo wir uns nicht auf kalkulierbare Eigenschaften stützen können, bleibt nur Vertrauen.

Der unbeschreibliche Charakter von Leine und Knoten

Wir haben uns nun schon mit vielen außergewöhnlichen Eigenschaften von Leinen und Knoten beschäftigt, doch eine der außergewöhnlichsten besteht in ihrem fluiden Wesen. Knoten sind nicht auf eine Wesensform beschränkt, also darauf, entweder Werkzeug oder Symbol oder Zeichen zu sein. Sie sind auf keine Kategorie festgelegt, sie können sowohl als auch sein – oder alles zusammen in einer Form.

Ein Beispiel für die Mehrfunktionalität von Knoten liefert das Müllerhandwerk. Müller hierzulande verwendeten früher Knoten nicht nur zum Zubinden der Säcke mit dem Mahlgut. Die Art der Knotenbindung diente gleichzeitig als Vorgabe für den Mahlgrad des Korns (s. Abb. 20).

Die Bewohner der Riukiu im Pazifik, einer Inselgruppe südlich von Japan, verwendeten Knoten in ähnlicher Weise als präzise Arbeitsanweisung. Das Blatt eines zu fällenden Baumes wurde in eine Leine eingeknotet. Aus dem Knoten selbst konnten die Baumfäller wiederum lesen, wie viele Bäume und mit welcher Stammesdicke sie zu fällen hatten. Knoten halten physisch das Blatt fest und artikulieren über ihre Knüpfung den Arbeitsauftrag.[148]

Knoten sind uns auch von alten Urkunden bekannt, wo die Anfangsbuchstaben kunstvoll verschnörkelt sind und der Text oftmals mit ausladenden Verzierungen abgeschlossen ist. Diese verschnörkelten Zierden wirken auf unser modernes Auge wie die künstlerische Verspieltheit früher Graphologen, um dem Dokument

148 Vgl. Day (1957), S. 17.

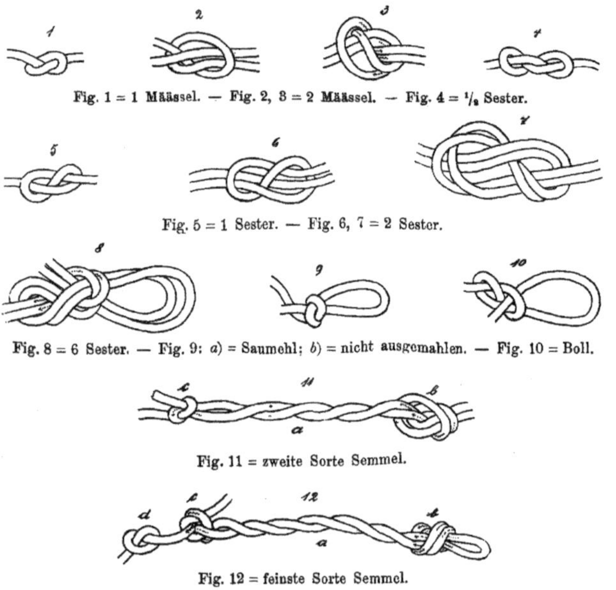

Abb. 20: Müller verwendeten diese Knoten, um sich in der Fülle der unterschiedlichen Aufträge zurechtzufinden. Määssel und Sester sind dabei Mengenangaben. Saumehl, Boll und Semmel wiederum bezeichnen einen Mahlgrad.[149]

Würde zu verleihen. Nichts läge ferner, denn diese Verschnörkelungen hatten pragmatische Funktionen. Sie mussten in einem Zug perfekt ausgeführt werden und waren damit ein Echtheitszertifikat. Denn was uns heute als eine geradezu beängstigend perfekte Linienführung erscheint, galt als weiser Brauch, den nur sehr wenige Menschen beherrschten. Außerdem füllten die Verschnörkelungen die Leerräume des Papiers und wappneten das Dokument auf direkte Art gegen spätere Hinzufügungen und Fälschungen. Die sogenannten Zweifelsstricke (leitet sich von der

149 Zeitschrift für Ethnologie (1897), 29.1897, S. 716.

Zahl zwei ab und nicht von ›Zweifel‹, im Sinne von doppelt geschlungener Strick oder Knoten) waren somit nichts anderes als eine zweckmäßige Methode, ein Dokument zu verschließen und zuzuknoten.[150] Knoten können sogar noch mehr in sich vereinen. Clifford Ashley beobachtete, wie bei manchen Schiffen die Nullstellung des Steuerrads mit einem Türkenbund *bekleedet*, also umflochten, wurde. Der Türkenbund ist eine der schönsten und nützlichsten einfachen Flechtungen, die es gibt. Mit dieser Nutzung verschmolzen sogar drei Eigenschaften von Knoten. Erstens war die Flechtung ein Werkzeug zur Griffigkeit am Steuerrad, zweitens zeigte sie durch ihre Verortung die neutrale Stellung des Steuerrads an und war somit ein Verständigungszeichen, und drittens war sie als Türkenbund geflochten dort ein Ausweis der Kunstfertigkeit ihrer Mannschaft, wo es eine einfache Einkerbung genauso getan hätte.

Kaum haben wir einen Knoten einer Kategorie zugeordnet, müssen wir feststellen, dass er noch eine ganz andere Bedeutung hat oder haben kann. Wir können uns nie sicher sein, einen Knoten in seiner Gesamtheit zu greifen und begreifen. Er lässt sich nicht einordnen. Er rebelliert gegen jede Form der Kategorisierung.

Leine und Knoten sind niemals etwas Statisches. Sie können sich verändern, auflösen, neu knüpfen, Bedeutungen erhalten und verlieren. Es ist daher kaum möglich, ihren Charakter mit sprachlichen Mitteln einzufangen – noch dazu in ihrem dualistischen Wesen, da sie für uns üblicherweise entgegengesetzte, zum Teil sich widersprechende, Eigenschaften zu einer Qualität miteinander vereinen. Sie zwingen uns förmlich dazu, zwei entgegengesetzte Eigenschaften als eine Qualität zu denken.

Ihnen gelingt zum Beispiel ein Kunststück, das für Bürgerrechtsbewegungen, Datenschützer und Sicherheitsorgane in dieser Kompromisslosigkeit unerreichbar ist. Sie vereinbaren Sicherheit und

150 Vgl. Zischka (1977), S. 83.

Freiheit im höchsten Maße, das sich denken lässt. Oder warum sonst sollte jemand freiwillig den Sprung in eine 300 Meter tiefe Schlucht wagen? Die Freiheit, so etwas erleben zu dürfen, wird nur durch die Sicherheit gewährleistet, die das Seil bietet.

Außerdem sind Knoten in ihrem Resultat zwar kategorisch, aber undogmatisch in ihrer Machart. Der Knoten weiß genau, wie er auszusehen hat, und duldet keine Abweichung. »A knot is never ›nearly right‹; it is either exactly right or it is hopelessly wrong, one or the other; there is nothing in between. This is not the impossibly high standard of the idealist, it is a mere fact for the realist to face.«[151] Andererseits interessiert es ihn nicht, wie er gemacht wird. Er kennt viele Wege zu sich und belohnt alle mit dem gleichen Resultat. Es gibt auch nicht *den einen* Knoten für eine bestimmte Anforderung. Es gibt das, was wir im Neudeutschen ›best practice‹ nennen, also den Knoten, der sich bisher am besten bewährt hat. Doch es steht jedem frei, eine andere Lösung zu finden oder den gleichen Knoten anders zu binden. Kein Knotenliebhaber dieser Welt wird wie ein religiöser Fanatiker den *einen* Weg zu einem Knoten beschwören. Im Gegenteil: Sollte er einen alternativen Weg entdecken oder gezeigt bekommen, wird er sich freuen und ihn als Bereicherung seines Repertoires begrüßen. Es gibt gleichwohl Marineschulen, in denen die Machart eines Knoten sehr dogmatisch gelehrt wird. Das liegt aber weniger am Knoten selbst als an der Notwendigkeit für klar definierte Arbeitsabläufe in Organisationen. Vor allem in so hierarchischen wie einer Marine.

Ebenfalls kennen Leinen und Knoten keinen Widerspruch zwischen Geschmeidigkeit und Festigkeit. Einer Leine ist die Form des

151 Ashley (2019), S. 18. (zu Deutsch: »Ein Knoten ist niemals ›fast richtig‹; er ist entweder genau richtig oder er ist hoffnungslos falsch, das eine oder das andere; dazwischen gibt es nichts. Das ist nicht der unerreichbar hohe Anspruch des Idealisten, sondern eine Tatsache, der sich der Realist zu stellen hat.«)

Gegenstands, den sie umschließt, egal. Mag der Gegenstand auch noch so sperrig sein, die Weichheit der Leine findet ihren Zugriff. Im Knoten wiederum erfährt der Gegenstand seine Festigkeit. Sportartikelhersteller wie Nike oder Adidas geben jährlich Millionen für die Forschung und Entwicklung des idealen Schuhwerks für Sportler aus. Die Materialien werden immer leichter und steifer, ihre Formen werden per Computersimulationen optimiert und in enger Zusammenarbeit mit Sportlern perfektioniert. Alle paar Jahre werden neuartige Verschlüsse vorgestellt. Und dennoch wird man keinen Profi im Fußball oder auf der Tartanbahn sehen, der nicht auf die einzigartige Qualität eines einfachen Schnürsenkels vertraut. Auf die Geschmeidigkeit, die es erlaubt, den gewünschten Druck präzise über den gesamten Spann zu verteilen, und auf die Festigkeit des Knotens, der die optimale Passung fixiert.

Wo sich also die Eigenschaften in unserer Welt oft konträr entgegenstehen und es uns kaum gelingt, sie als eine Einheit zu begreifen, existieren sie in der Welt der Knoten noch als *eine Qualität*, die mit *einem Wort* zu bezeichnen uns unsere Sprache keine Begriffe mehr gibt. Frei *und* sicher. Kategorisch *und* undogmatisch. Einfach *und* vielgestaltig. Nützlich *und* schön. Geschmeidig *und* fest. Wir können mit dem Vokabular unserer modernen Sprache das wahre Wesen von Leine und Knoten gar nicht begreifen. Um ihren wahren Charakter zu erfassen, müssen wir nicht nur einen Gedanken fassen, für den wir kein Wort haben, sondern auch noch Eigenschaften als Einheit denken, die uns unsere Sprache als Gegensätze vorgibt. Wenn unsere Vorfahren, deren Leben, Begreifen und Denken sich um Leine und Knoten organisierte, noch *einen* Ausdruck dafür kannten, um diese für uns jeweils so unterschiedlichen Qualitäten mit einem Wort zu fassen – was mögen es für Persönlichkeiten gewesen sein, die sich mit diesen Begriffen auch selbst beschrieben?

Der Grund für diesen vollkommenen Dualismus liegt in einem besonderen Wesensmerkmal. Denn bei einer Leine haben wir es mit *einem* Gegenstand zu tun, der in *zwei* Erscheinungsformen auftritt: als Leine und als Knoten. Beide könnten sich vor Gericht gut verteidigen, sollten sie sich für eine Strangulation verantworten müssen. Der Knoten würde sagen, dass es ihn ohne das Seil gar nicht gäbe. Und das Seil würde sagen, dass es völlig harmlos und nutzlos sei, weil erst der Knoten die Wirkung erziele. In einer Leine erkennen wir üblicherweise ein Werkzeug. Aber schon an diesem Punkt entzieht sich die Leine unseren üblichen sprachlichen Kategorisierungen. Denn wann beginnt eine Leine, Werkzeug zu sein? Wenn man beispielsweise eine Leine benutzt, um sie aufzuspannen und darauf etwas aufzuhängen, was ist dann das Werkzeug: die Leine oder der Knoten? Denn eine Leine ohne Knoten und ohne das Wissen um einen richtigen Knoten ist nutzlos. Insofern ist eher der Knoten das Werkzeug. Was ist der Knoten aber anderes als eine um sich geschlungene Leine?

Vielleicht kommt man der Antwort auf diese Fragen näher, wenn man erst einmal feststellt, was Werkzeuge sind. Den meisten fallen dabei Hammer oder Schraubenzieher ein. Ein Handwerksunternehmen würde sie in seiner Bilanz unter ›Betriebsstoffe‹ aufführen. Allerdings benötigt man auch Nägel oder Schrauben. Diese würden unter ›Werkstoffe‹ bilanziert. Werkzeuge sind immer nur ein Mittel für eine Lösung, nie Teil davon. Wenn man mit dem Hammer einen Nagel versenkt, kann man ihn weglegen, da man ihn nicht mehr braucht. Betriebsstoff und Werkstoff sind voneinander getrennt: Hammer und Nagel; Schraubenzieher und Schraube. Immer können wir mit dem einen am anderen etwas verrichten. Stellen wir uns eine Leine vor, die wir aufspannen, um darüber Wäsche aufzuhängen. Die Leine ist der Werkstoff zur Erreichung des Ziels ›Wäsche aufhängen‹ – ebenso wie der Nagel den Werkstoff für das Ziel ›Bild aufhängen‹ darstellt. Den Nagel befördert man mittels Betriebsstoff Hammer in die Wand. Der Leine genügt es, wenn man sie mithilfe ihrer selbst in Form eines Knotens an beiden

Enden, zum Beispiel an zwei Bäumen im Garten, befestigt. Sie ist nun sowohl das Mittel zur als auch Teil der Lösung. Sie ist Betriebsstoff und Werkstoff zugleich. Wenn man sie nicht mehr benötigt, löst man den Knoten auf. Er verschwindet wieder, als ob er nie existiert hätte, und man kann die Leine für etwas völlig anderes verwenden. Wenn man den Nagel nicht mehr benötigt, zieht man ihn aus der Wand, es bleibt ein Loch und der Nagel ist normalerweise nicht mehr zu gebrauchen. Im Gegensatz zum Nagel erschöpft sich der Zweck der Leine nicht in der einen Funktion. Sie hat Potenzial für Hunderte mehr, bei denen sie jedes Mal ihr eigener Betriebsstoff und sich selbst der Werkstoff ist. Diese fließenden Eigenschaften, die Verschmelzung von Werkzeug und Werkstoff, die Gleichzeitigkeit aus Mittel zur Lösung und Teil der Lösung, entzieht sich unseren sprachlichen Mitteln. Sie ist beides zugleich und keines für sich.

Die Transformation einer Leine in tausend verschiedene Gestalten aus Knoten, Schlingen, Schlaufen, Steks, Taljen, Plattingen, Zierden, Zöpfen und Zurrings, was man eben gerade benötigt, ist, als ob man mit der bloßen Hand aus einem Hammer einen Nagel zieht, ihn zu einem scharfen Beil umformen könnte, dann wieder zu einem Schraubenzieher oder einem Messer, je nachdem, was man gerade benötigt. Was in dieser Form bisher nur einem T2000, dem aus flüssigem Metall bestehenden Bösewicht aus *Terminator 2*, vorbehalten war, gelingt uns Normalsterblichen mit Leinen und Knoten bereits jetzt mühelos.

Eine Eigenschaft des Knotens, die wir gerade angesprochen haben – nämlich wieder zu verschwinden, wenn wir ihn nicht brauchen –, verdient in diesem Zusammenhang noch einmal eine besondere Aufmerksamkeit. Sie ist so selbstverständlich, dass wir beim Knotenknüpfen und -lösen gar nicht wahrnehmen, was in Wirklichkeit passiert. Ein Knoten ist ein räumliches Gebilde mit Umfang und Gewicht – genauso wie jedes andere stoffliche Objekt auf dieser Erde, das wir sehen und anfassen können. Er ist mehr als nur die Leine, er ist ein Objekt mit Konsequenzen. Er hebt etwas Schweres, er hält etwas zusammen, er tut etwas, bis hin zur letzten Konsequenz, in der ein Knoten sowohl töten als auch Leben retten kann. Der Knoten ist in jeder Hinsicht, physikalisch und sozial, ein reales Objekt. Alle stofflichen Objekte dieser Erde sind dem physikalischen Masseerhaltungsgesetz unterworfen. Sie können sich nicht einfach in Luft auflösen, sondern höchstens einen anderen Aggregatszustand annehmen oder sich mit anderen Stoffen verbinden. Unser Knoten allerdings kann spurlos verschwinden. Er kann in dem einen Moment noch den lebensnotwendigen Halt geboten haben und im anderen Moment bereits wieder aufgelöst sein, als ob es ihn nie gegeben hätte. Natürlich ist die Leine noch vorhanden, aber der Knoten in seiner Plastizität mit all seinen messbaren Stoffeigenschaften wie Dichte, Ausdehnung, Festigkeit, Elastizität, Farbe, Schallabsorption und seiner realen Funktion und Konsequenz ist weg und nicht mehr Teil unseres physikalisch messbaren Universums. Man könnte allerhöchstens sagen, dass er in der Leine verschwunden sei, als wäre sie ein Gefäß. Aber ein Gefäß, dem wir durch passende Berührungen einen nützlichen Helfer entlocken, damit dieser uns gewünschte Lösungen für die unterschiedlichsten Situationen bietet und der nach Erfüllung seines Zwecks wieder in ebenjenem Gefäß verschwindet – wer denkt da nicht an eine Wunderlampe und einen Flaschengeist?

Beginnen wir also, an den Wunderlampen zu reiben, und entlocken ihnen nützliche Geister. Die folgenden Knoten vereinen in sich sehr viele der bisher gerühmten Eigenschaften. Wer sich noch nie mit Knoten auseinandersetzte und nun eine innere Bereitschaft spürt, wenigstens ein paar zu lernen, wird diese Auswahl als Bereicherung empfinden. Mit ihnen verknüpfen sich die angesprochenen erstaunlichen Eigenheiten und mit dem Nachknüpfen dieser Knoten kann jeder in diese ebenso schöne wie rätselhafte Welt eintauchen. Knotenbinden kann nicht nur nützlich sein, sondern auch meditativ.

Andere Formen des Knüpfens, wie das bereits thematisierte Stricken, werden schon lange ob ihrer beruhigenden Wirkung auf Seele und Geist gerühmt. Das Knüpfen und der Anblick einer *Trossenstekmatte* mit ihren ineinander verschlungenen Achten und unendlichen Windungen erstaunt und beruhigt. Wer sich darauf einlässt, den Wegen der Leine zu folgen, die nie ein Ende oder einen Anfang haben; wer die unterschiedlichen Formen darin entdeckt und einmal diese sieht, und dann wieder jene; der wird sich auf angenehme Weise darin verlieren und kaum bemerken, wie sein vom Alltag und Berufsleben unaufhörlich getriebener Verstand für einige Momente in sprachlose Ruhe verfällt.

An einem nebligen Wintertag einen chinesischen Knopf binden, während vielleicht der Duft von schwarzem Tee und Rum in der Luft liegt und man einem Hörbuch von Jack London lauscht – es wäre nicht verwunderlich, damit noch die schlimmsten Burn-out-Symptome zu kurieren. Die Angelsachsen sprechen treffend von *to work a knot*, also einen Knoten zu erarbeiten, da es nicht nur darum geht, den Knoten richtig zu knüpfen, sondern darum, ihn gleichmäßig zuzuziehen, was Geduld und Zeit erfordert.

Leinen und Knoten haben einen unergründlichen, aber sympathischen Charakter. Bei Gebrauch sind Leinen und Knoten belastbar, strapazierfähig, einfach zu warten, offen für alles, hilfreich und treu. Außerdem sind sie schön, nützlich und ehrlich. Mit ihnen wird einem nie langweilig.

Und bei Verstauung ist die Genügsamkeit einer Leine unübertroffen. Wenn man sie nämlich *aufschießt* – so nennt sich das ordentliche Aufwickeln in gleichgroße Buchten –, kann sie sich selbst noch fest umschließen und einen Tampen übriglassen, um sich in Form einer kleinen Schlaufe egal wo aufhängen zu lassen, ohne kostbaren Stauraum zu beanspruchen. Sie nimmt keinen großen Platz weg, sie bedarf keiner weiteren Hilfsmittel zum Verstauen und ist jederzeit zur Hilfe bereit, wenn man sie benötigt. Diese Eigenschaften machen Leine und Knoten bei Verwendung zu den besten Freunden – und böse Zungen würden anfügen, bei Verstauung zu den liebsten Verwandten.

Der Kreuzknoten

Der Kreuzknoten, oder auch Reffknoten genannt, ist sicherlich einer der ältesten und bedeutendsten Knoten. Im Pecos Rio Grande Museum of Early Man in Arizona, USA, gibt es einen Kreuzknoten zu sehen, der vermutlich 9000 Jahre alt ist.[152] Im Prinzip ist er nur ein doppelter Überhandknoten, allerdings wird der zweite in die entgegengesetzte Richtung geschlagen. Das Resultat ist eine wunderschöne Form zweier sich umschlingender Schlaufen. Bei den alten Griechen und Römern war er als Herkulesknoten bekannt. Er sollte seinem Träger gleichsam herkulische Kräfte verleihen.

Abb. 21: Kreuzknoten.

Plinius der Ältere war der Überzeugung, dass Wunden schneller heilen, wenn man die Naht mit ihm verschließt. Auch heute wird er noch in der Medizin verwendet. Aufgrund seiner Formschönheit findet er sich bei antikem edlen Schmuck und Geschmeide ebenso wie bei modernen Skulpturen. Bei den Ägyptern bedeutete die gleichgeformte Hieroglyphe ›Schutz‹.[153] Wer das nächste Mal archäologische Sammlungen besucht, antike Stätten oder Skulpturen begutachtet oder Bildbände zum Thema betrachtet, wird auf der

152 Vgl. Petit (2013), S. 74.
153 Vgl. Zischka (1977), S. 43.

Abb. 22: Kaiserstatue im Augustustempel in Pula, Kroatien, mit dem Kreuzknoten.

Suche nach diesem Knoten bald fündig werden. Die Vorstellung, dass in dem Kreuzknoten besondere Kräfte liegen, mag daher rühren, dass seine Verschränkung zwei auseinanderdriftende und sich abstoßende Kräfte zu halten weiß. Zwei biegsame Äste könnten je zu einem U gebogen und als Kreuzknoten miteinander verschränkt werden. Obwohl beide Äste von ihrer Mitte ausgehend mit ihrer Spannungskraft nach außen und voneinander weg drücken, halten sie sich gegenseitig zusammen. Die beiden Enden des einen Astes werden durch den Bogen des anderen Astes gehalten. Der Knoten baut ein Kraftfeld auf, indem er die Wirkung der einzelnen Kräfte umkehrt. Je stärker sie nach außen drängen und voneinander weg, desto stärker hält der Knoten sie zusammen. Diese sehr reale Funktion des Kreuzknotens, Kraft zu bündeln, mag ein Grund dafür sein, weshalb ihm in der Antike in unterschiedlichen Kulturen positive Eigenschaften wie Stärke und Schutz zugeschrieben wurden.

In der Praxis sind dem Kreuzknoten Grenzen gesetzt. Er ist ausschließlich zu verwenden, wenn der Knoten aufliegt und etwas zugeschnürt werden soll. Clifford Ashley warnt davor, diesen Knoten jemals als Verbindungsknoten zweier Leinen zu verwenden, da er sich bei großer Last lösen könnte. Abgesehen von seinem einfachen Zweck und seiner Formschönheit sollte man ihn in der Praxis daher meiden.

Der Palstek

Der Palstek ist der unbestrittene König der Knoten. Sein Prinzip ist so einfach wie genial. Er ist eine feste Schlaufe, zieht sich also im Gegensatz zur Schlinge nicht zusammen. Er hält sicher und kann jederzeit einfach gelöst werden. Die Beschreibung bei Budworth über seine Herkunft liest sich folgendermaßen: »Einst wurde dieser Knoten gebraucht, um vom Bug des Schiffes zum Luvliek eines Rahsegels eine Leine zu spannen, die es dichter in den Wind holte und verhinderte, dass es backschlug.«[154]

Abb. 23: Palstek.

Der Palstek ist die vielleicht wichtigste grammatikalische Grundform eines Knotens. Seine Art des Bindens findet sich in unzähligen weiteren Knoten wieder. Er ist eine hervorragende Methode, zwei Leinen zu verbinden, dann heißt er Schotstek. Wer ihn verstanden hat, der versteht außerdem den doppelten Palstek, den Portugiesischen Palstek, den Portugiesischen Palstek mit gespreizten Buchten, das Lasso, den Brummycham Palstek und den dreifachen Palstek – um nur ein paar zu nennen. Philippe Petit empfiehlt, ihn auch einhändig knüpfen zu können – für den Fall, dass man sich mit der anderen Hand gerade lebensnotwendig festzuhalten hat.[155]

154 Budworth (2009), S. 178.
155 Vgl. Petit (2013), S. 132.

Der Pfahlstek

Der Pfahlstek ist auf den ersten Blick so unscheinbar, dass man ihn kaum für einen Knoten hält. Man nimmt eine Schlaufe um einen Pfahl herum, holt sie unter die stehende Part – also sich selbst – hindurch und steckt die Schlaufe von oben über den Pfahl. Er ist somit der ideale Knoten, um ein Seil über mehrere Pfosten oder Pfähle zu spannen und damit Absperrungen zu markieren. Ein zylinderförmiger Gegenstand ließe sich mit diesem Knoten ohne Weiteres in vertikaler Stellung hochziehen, aufgrund eines Mechanismus, der in einem alten *Brockhaus* folgendermaßen lapidar erklärt wird: Je stärker man an einem Stek zieht, desto fester hält er. In diesem kleinen Satz liegt schon der ganze Zauber der Knotenbinderei, welche so scheinbar widersprüchliche Wirkungen erzielt. Als ob ein Auto sicherer würde, je schneller man es führe. Oder ein Handyakku länger hielte, je mehr man es verwende.

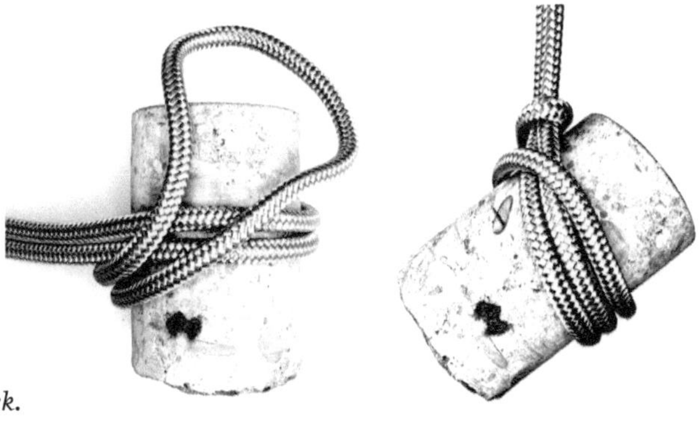

Abb. 24: Pfahlstek.

Mit dieser Grundform lassen sich jede Menge weiterer Knoten bilden. Ein Spross dieser Familie ist besonders beeindruckend. Es ist der Eiszapfenstek. John Smith, ein Mitglied der International Guild of Knot Tyers, führte ihn 1990 seinen Freunden der Knotengilde vor, indem er sich an einen Marlspieker hängte, dessen Spitze nach unten zeigte. Ein Marlspieker ist ein kegelförmiges Werkzeug zum Spleißen von Tauwerk. Bei sorgfältiger Anordnung des Seils wäre somit das Abseilen an einem Eiszapfen möglich. John Smith meinte, gäbe es nur einen Knoten auf der Welt, dann sollte es der Pfahlstek sein.

Der Tarbuck-Knoten

Der Tarbuck-Knoten ist einer der erstaunlichsten und nützlichsten Knoten. Budworth weist darauf hin, dass bereits 1946 Baumtrimmer diesen Knoten verwendeten und ihn schlicht ›den Knoten‹ nannten. Zu Recht. Ken Tarbuck machte auf diesen Knoten Mitte des letzten Jahrhunderts aufmerksam, als Bergsteiger noch mit Nylonseilen unterwegs waren. Seine verblüffende Eigenschaft besteht darin, als Schlaufe auf Zug fest zu sitzen und gleichzeitig in seiner Schlaufengröße leicht verstellbar zu sein. Stellen Sie es sich so vor: Läge diese Schlaufe festgezogen um Ihren Oberkörper mit beiden Armen innerhalb der Schlaufe, wäre es Ihnen unmöglich, durch Ihre Muskelkraft selbst bei größter Anstrengung die Schlaufe zu weiten, geschweige denn, sich aus ihr zu befreien. Gleichzeitig könnte ein Kind den Knoten von außen in die Hand nehmen und ihn mühelos aufziehen.

Abb. 25: Tarbuck-Knoten. Er muss erst sorgfältig zusammengezogen werden, bevor er angewendet werden kann und seine Wirkung entfaltet.

Bei großer ruckartiger Krafteinwirkung kann die Schlaufe tatsächlich etwas nachgeben. Die Last eines stürzenden Bergsteigers auf das Seil wird somit reduziert. Als sich im Laufe des 20. Jahrhunderts bei Bergsteigern allerdings das Kernmanteltauwerk durchsetzte, verlor der Knoten an Bedeutung, da er bei ruckartiger Krafteinwirkung den *Mantel* von der *Seele*[156] reißt und das Tauwerk irreparabel beschädigt. Das ändert aber nichts an der Schönheit und Nützlichkeit des Knotens.

Er stellt Einfachheit und Komplexität in Reinform dar. Wenn man ihn erst einmal beherrscht, wird man ihn als idealen Helfer im Garten zu schätzen wissen, wo es über die Jahreszeiten hinweg unterschiedlichste Anforderungen gibt, Dinge zusammenzubinden. Zum Beispiel Planen, mit denen man Geräte oder Brennholz abdeckt und für die man einen festen Zug wünscht. Man legt die Leine um die Abdeckung und betrachtet beim Zusammenbinden der beiden Enden das Ganze als große Schlaufe. Als Tarbuck-Knoten geknüpft lässt sich die Schlaufe nun mühelos festziehen. Nach einigen Monaten lässt er sich leicht wieder lösen.

Egal, ob man Sonnenschirme vor Wind und Stürmen am Stiel festbindet, Segel damit spannt, ein Zelt aufstellt oder bei einer alten Arbeitshose ein Strick als Ad-hoc-Gürtel dient. Überall, wo ein Strick auf Spannung gebracht werden muss, leistet dieser einfache Knoten wertvolle Dienste.

156 Eine Seele bezeichnet das Innere eines Tauwerks, zum Beispiel dünne, strapazierfähige Fäden, die von einem geflochtenen Mantel umhüllt sind.

Der Kettenplatting

Besitzen Sie einen Saugroboter? Wenn ja, dann haben Sie unter Umständen schon einmal die Erfahrung gemacht, dass sich Saugroboter mit am Boden liegenden Kabeln nicht gut vertragen. Der Kettenplatting ist eine wunderbare Methode, Leinen zu verkürzen und solcherlei Missgeschicken auf dekorative Weise vorzubeugen.

Ein Platting ist eine Flechtung aus einer oder mehreren Leinen. Der Name Kettenplatting ist sehr zutreffend, da das Gebilde aussieht wie eine klassische Kette mit ihren einzelnen Gliedern. Der Knoten wirkt außergewöhnlich kompliziert, ist dabei aber schnell und einfach zu knüpfen. Er besteht nämlich nur aus aneinandergereihten *Slipsteks*. Ein Slipstek entsteht, wenn man einen einfachen

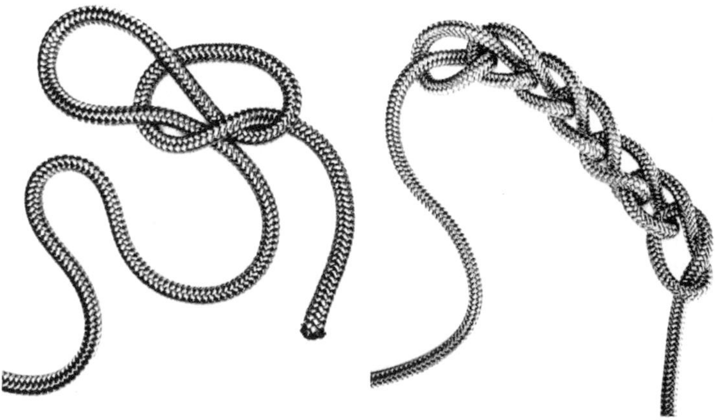

Abb. 26: Kettenplatting.

Überhandknoten in ein Seil macht und dabei das laufende Ende nicht ganz hindurchzieht, sondern es davor als Schlaufe stehen lässt (Abb. 26 links). Es ist das, was man beim Stricken unter Masche versteht. Beim Kettenplatting benötigt man aber keine Nadeln, man kann ihn leicht mit den Fingern knüpfen, indem man immer jeweils eine neue Masche durch die bestehende zieht. So entsteht eine Kette aus Maschen. Am Schluss wird einfach das Arbeitsende durch die letzte Masche gezogen und so das ganze Platting fixiert.

Ihn zu knüpfen, versetzt einen unmittelbar in einen semi-meditativen Zustand. Je nach Länge des Plattings ist er, sobald man die einfache Verknotung am Ende löst, bei kräftigem Zug innerhalb eines Augenblicks komplett aufgelöst. Man kennt ihn in goldener Kordel geflochten als Achselschnüre an Uniformen. Eine Reminiszenz an die Schnüre, die einzelne Teile der Ritterrüstung miteinander verbanden. Dabei ist er eine dekorative und zugleich effektive Art, eine Leine zu verkürzen, was ihn zum idealen Helfer bei den endlosen Kabelsalaten macht, die der moderne Haushalt mit sich bringt.

Der Konstriktor

Im Laufe des Lebens entwickeln wir ein gewisses Verständnis und Empfinden für die grundsätzlichen physikalischen Mechanismen. Bereits in frühem Kindesalter machen wir die Erfahrung, dass Dinge, die man loslässt, zu Boden fallen und brechen können. Wenn es kalt ist, reiben wir uns die Hände und entdecken, dass Reibung Hitze erzeugt. Auf der Wippe am Spielplatz wurden wir mit der Hebelwirkung vertraut. Und wenn nicht dort, dann spätestens, wenn wir einem Onkel eine Bierflasche öffnen durften. Die Wirkung

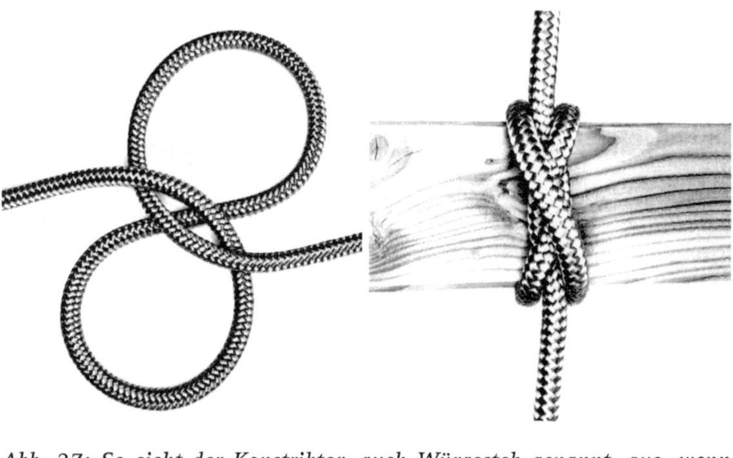

Abb. 27: So sieht der Konstriktor, auch Würgestek genannt, aus, wenn man ihn aufklappt. Entsprechend können die beiden Schlaufen, so wie sie auf dem Bild zu sehen sind, wieder nach oben geklappt werden. Auf diese Weise lässt sich der Würgestek ebenso knoten und anschließend über den zu befestigenden Gegenstand stülpen.

von Magneten hat sicherlich schon viele für Stunden beschäftigt. All diese Mechanismen sind uns vertraut. Dieses Gespür für Naturgesetze entwickelt sich durch Erfahrung und festigte sich durch erfüllte Erwartungen – oder auch nicht erfüllte Erwartungen. Wie der berühmte Knoten, den wir machen, um etwas festzuziehen, und wofür wir immer den gerade nicht vorhandenen Finger zum Drauflegen benötigen, bevor wir den zweiten Knoten machen. Wir können so fest ziehen, wie wir wollen, die Leine gibt immer etwas nach, bevor wir den Knoten schließen.

Der Konstriktor hebelt diese angelernte und konditionierte Erfahrung aus. Man legt eine Leine zweimal um einen Gegenstand, zieht den Knoten an beiden Enden an und egal, wie fest man daran zieht – er hält und gibt nicht mehr nach. Je nach Reibungsfähigkeit der Leine und dem Gegenstand des Zubindens entfaltet dieser Stek eine Kraft, über die man nur staunen kann. Für Ashley gehört der *Constrictor Hitch* zu den nützlichsten Knoten überhaupt. Windy Chien nennt ihn respektvoll »the mighty Constrictor!«.[157]

Auf einem lückenlosen Untergrund bewirkt der Zug an den jeweiligen Enden nun mit steigender Kraft eine umso strengere *Bekneifung* der Leinen miteinander. Das bedeutet, je mehr man zieht, desto mehr Kraft üben die übereinanderliegenden Leinen auf sich gegenseitig aus und desto mehr erhöhen sie ihre Festigkeit. Man fühlt sich an eine Boa Constrictor erinnert. Die Erwartung, man müsste einen Knoten machen und einen Finger irgendwo drauflegen, um das Festgezogene zu fixieren, löst sich in Luft auf. Man zieht, wartet – und es sitzt. Mit einfacher und billiger Schnur gebunden ist der Würgestek am besten zu lösen, indem man die aufliegende Part einfach durchschneidet. Pieter van de Griend schrieb einmal, dass für die Urmenschen die oftmals unverständlichen und irreführenden

157 Chien (2019): *The Year of Knots*, S. 78. (zu Deutsch: »der mächtige Würger!«)

Funktionsweisen von Knoten Resultat göttlichen Eingriffs waren.[158] Der Konstriktor kann einem dieses Gefühl auch heute noch geben. Aufgrund seiner kompromisslosen Einfachheit und einfachen Kompromisslosigkeit mag er schon in Vorzeiten dazu gedient haben, die in großzügiger Menge angebrachten Umwicklungen an einem Beil oder Speer zu fixieren.

158 Vgl. van de Griend (1996): *A History Of Topological Knot Theory*, in: History and Science of Knots, S. 208.

Der Trossenstek

Er ist symmetrisch und schön anzusehen, einfach zu handhaben, rutscht bei Nässe nicht weg, hat eine enorme Festigkeit und lässt sich leicht wieder lösen. Was sich liest wie das perfekte Tinder-Profil ist in Wirklichkeit Clifford Ashleys Beschreibung des Trossensteks. Er ist nicht nur ein hochdekorativer Knoten, sondern auch eine hervorragende Verbindung zweier Leinen. Er wirkt auf das moderne Auge wie ein Sinnbild des heraldischen Knotens. Budworth zufolge war er das Abzeichen des Sachsenführers Hereward the Wake, der sich 1071 gegen William the Conqueror auflehnte.[159] Es wird vermutet, dass einige von Herewards Geschichten sich wiederum in der Erzählung zu Robin Hood niederschlugen. In Skandinavien weist der Trossenstek eine alte Verbindung zur isländischen Kultur auf. Die Nachfahren der Wikinger in Grönland nutzten diese Verbindung für ihre Fischernetze. In skandinavischer Literatur wird er daher als *Grønland Stik* bezeichnet, wie Pieter van de Griend erläutert.[160] Er vermutet, dass die Wikinger, welche um 1000 nach Christus Grönland besiedelten, diesen Knoten bereits kannten, denn bei den Inuit war er auf jeden Fall bekannt. In Japan wurde er als Gürtelknoten verwendet. Man kennt den Knoten auch in China. Dort allerdings symbolisiert er zwei Münzen und steht für Prosperität. Chinesische Händler zierten die Eingänge ihrer Geschäfte mit diesem Motiv.[161] Für Clifford Ashley ist er das, was einer perfekten

159 Vgl. Budworth (2009), S. 61.

160 Vgl. van de Griend (1996): *On True Love Knot*, in: History and Science of Knots, S. 414.

161 Vgl. van de Griend (1993): *Notes on Knots*, S. 53.

Verbindung zweier Leinen am nächsten kommt. Sogar bei eisigen Temperaturen, in denen andere Knoten zu unlösbaren Gebilden gefrieren, lässt er sich mithilfe leichter Schläge, etwa durch einen Hammer, öffnen.

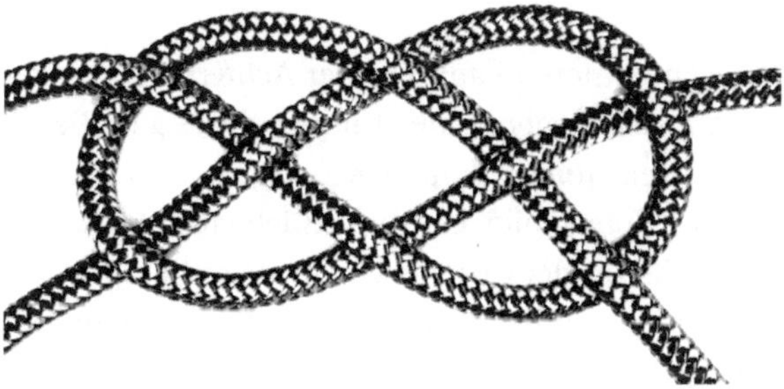

28: Trossenstek.

Der Achterknoten

Der achte Knoten kann nur der Achterknoten sein. Er ist einer der wichtigsten symbolischen Knoten, die es gibt. Das liegt auch daran, dass er ein *amphichiraler* Knoten ist. Das bedeutet, dass er sein eigenes Spiegelbild ist. Knotenliebhaber bedienen sich dabei der Nomenklatur der Chemie, wo die Anordnung von Molekülen unter anderem damit beschrieben werden, ob sie chiral oder amphichiral sind. Er gilt als einer der reinen Liebesknoten, in Frankreich weit verbreitet als *Lac d'Amour*. Auch als Freundschaftsknoten fand er oft Verwendung. Hjalmar Öhrvall berichtet von einer Inschrift unter einem Achterknoten, bezogen auf die Freundschaft zweier Menschen, die sich für eine Zeit trennen mussten, auf der die kitschig schönen Worte zu lesen sind: »Je weiter sich die Enden der Leine voneinander entfernen, desto enger wird der Knoten.«[162] Bei den alten Skandinaviern knüpfte man diesen Knoten vor der Ehe als Versprechen der gegenseitigen Treue. Der englische Geistliche und Gelehrte George Hickes veröffentlichte 1705 ein Wörterbuch über die alten nordischen Sprachen und schrieb darin, dass diese Knoten Trulofa-Knoten hießen.[163] Dabei bedeutet im Dänischen *tru* Treue und *lofa* stammt von *at lofa*, versprechen. Also der Treue-versprechen-Knoten. Die Angelsachsen allerdings hörten und lasen das *Trulofa* als ein nahezu lautgleiches *True-Love*. Und somit gibt es heute die True Love Knots und im Deutschen die Wahre-Liebe-Knoten. Es erscheint überflüssig, einem Liebesknoten noch das Attribut

162 Öhrvall (1916), S. 214.

163 Siehe dazu: Hickes (1705): *Linguarum veterum septentrionalium thesaurus grammatico-criticus et archaeologicus.*

›wahr‹ verleihen zu müssen, als ob die Liebe selbst noch etwas Vages oder Unklares sei. Wie eine kleine zusätzliche Überhandschlaufe, die ängstlich den perfekten Knoten noch einmal sichern will. Jedenfalls führte dieses Missverständnis in vielen Sprachen zu dem heute gebräuchlichen Namen.

In der Heraldik ist der Achterknoten einer der am häufigsten anzutreffenden Knoten. Horizontal dargestellt wurde er seit dem 13. Jahrhundert zum Beispiel vom Hause Savoyen verwendet. Jahrhundertelang ziert er dessen Wappen bis zum letzten König von Italien, Umberto II., der 1983 starb.

Er eignet sich als Stopperknoten weit besser als der einfache Überhandknoten, da er sich besser lösen lässt. Vor allem die unselige Überhandschlaufe, die sich nie mehr öffnen lässt, wird dank eines Achterknotens zu einer dekorativen und leicht lösbaren Schlaufe. Da sie zudem sehr belastbar ist, ist sie ein beliebter Bergsteigerknoten. Diese optisch ansprechende Schlaufe hat zudem den Vorteil, dass die Richtigkeit ihrer Knüpfung und damit ihr lebenswichtiges Funktionieren von Bergsteigern und -führern auf Sicht kontrolliert werden kann.

Knüpft man den Achterknoten an das Ende einer Leine, so kann man eine zweite Leine entgegengesetzt hinzuknoten und erhält einen hübschen Verbindungsknoten, den sogenannten Flämischen Knoten.

Und nicht zuletzt ist er in einer wertigen und stärkeren Leine gebunden einfach nur wunderschön. Die liegende Acht steht für Unendlichkeit. Die beiden Buchten strahlen Gleichgewicht und Harmonie aus. Bedürfte es eines Symbols für einfaches und elegantes Denken, wäre es dieser Knoten.

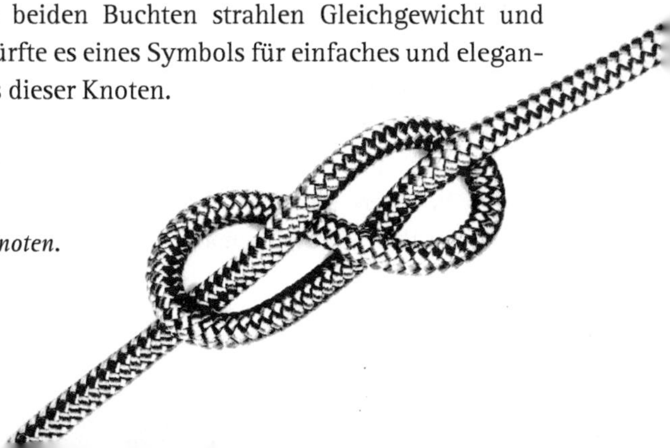

Abb. 29: Achterknoten.

Verbindungen

Knoten sind Verbindungen. Als verbindendes Element hat der Knoten eine qualitätsverändernde – und im besten Fall eine qualitätssteigernde – Wirkung: auf die Leine selbst, auf die zu verbindenden Objekte und Subjekte und damit auf das Ganze, sogar auf das, was er metaphorisch verbindet.

Verbindungen sind das Dazwischen in unserer Welt, das Darunter, das Unscheinbare, das Übersehene, das nicht Messbare, das oft nur Fühlbare, aber auch das unweigerlich Vorhandene. Diese Aufwertung des Ganzen ist das, was den Knoten – ihn selbst, aber auch als Sinnbild der Verbindungen – auszeichnet. Knoten, also Verbindungen, sind die Ermöglicher, Aufwerter, Sinnstifter und Bewusstseinserweiterer. Sie lassen sich ebenso wenig messen wie kontrollieren. Ebenso wie Knoten kommen, wirken und verschwinden auch Verbindungen.

Es gibt einen sehr berühmten Satz von Aristoteles zum Wesen von Verbindungen: »Das Ganze ist mehr als die Summe seiner Teile.« Was hier explizit nicht erwähnt wird, sind die Verbindungen. Sie verbergen sich in diesem Satz genauso wie in der Wirklichkeit. Die Verbindungen erscheinen als etwas Magisches, das die nicht korrumpierbaren Gesetze der Mathematik außer Kraft setzt. In Wirklichkeit ist dieser Satz so treffend und eingängig, dass ihn jeder begreift. Wie können wir von diesem Satz überzeugt sein und gleichzeitig davon, dass eins plus eins gleich zwei ist? Beides widerspricht sich, und beides ist doch wahr. Es liegt daran, dass beides in jeweils unterschiedlichen Welten seine Gültigkeit besitzt. In der stofflosen Welt der Mathematik gilt eins plus eins gleich zwei. In der wirklichen Welt gibt es keinen stofflosen Nominator Plus als genau einen Gegenstand, der sich auflöst. In der wirklichen Welt ist das Plus der Knoten, der nicht einfach verschwindet, sondern mit eingerechnet werden muss, sodass die Gleichung lauten muss: eins plus eins ist größer als zwei. Eine Knotenwissenschaft, die bereits erwähnte *Hammatologie*, müsste in sich nicht nur eine Vielzahl von Disziplinen vereinen, ihr wichtigster Gegenstand bestünde im Wesen von Verbindungen: diese kommenden, unvorhersagbar wirkenden und wieder verschwindenden Kräfte, die zu allem Überfluss auch noch ewigen mathematischen Gewissheiten widersprechen. Welch ein aussichtsloses Unterfangen!

Qualitäten von Gegenständen und von Personen sind keine offenen Portfolios, die man mit anderen zusammenlegen und deren Resultat man mathematisch errechnen kann. Dinge, Menschen, Tiere, Pflanzen haben offensichtlich Qualitäten, die erst durch Verbindungen zum Vorschein kommen; die erst durch eine Verbindung zu anderen Qualitäten sich entfalten können. Der Knoten verwandelt den Stock und den Stein in etwas Neues, in ein Beil. Damit verleiht der Knoten beiden Gegenständen die Qualität des jeweils anderen, indem er dem Stock die Härte und Schärfe des Steines gibt und indem er dem Stein den Hebel und Griff des Stockes verleiht. Beide erweitern dadurch ihre eigenen Qualitäten. Das eben ist das Wesen von Verbindungen, von Knoten. Wir können die Wirkung von Verbindungen nicht vorausberechnen. Sie können positiv sein, negativ oder kaum vorhanden. Von dieser magischen Wirkung der Verbindungen waren die alten Japaner so ergriffen, dass sie ihr einen eigenen Gott widmeten, den *Musubi-me*.

Um zu verstehen, wo die Verbindungen wirken und wie wir sie greifbar machen, müssen wir uns vor Augen führen, inwiefern Verbindungen in unserer Sicht auf die Welt eine Rolle spielen. Die Welt über Verbindungen zu sehen, wirkt zunächst ungewohnt für uns, denn wir unterteilen die Welt in Funktionsbereiche und in

Disziplinen. Bereits in unserer schulischen Ausbildung lernen wir getrennt voneinander Fächer wie Biologie, Chemie, Physik, Mathematik, Sprachen, Kunst, Musik und Sport. Und so sind wir darauf geeicht, alles immer getrennt zu halten und so zu denken, dass wir den Blick auf die Verbindungen herausrationalisiert haben. Wir versuchen, unsere stoffliche Welt über Gleichungen aus der nichtstofflichen Welt zu verstehen und sie danach zu formen. Zu verdanken haben wir diese Sichtweise dem Materialismus, einer philosophischen Position, nach der alles für sich einzeln existiert. Der Materialismus erfasst die Natur als eine Sammlung berechenbarer Objekte, die vom Subjekt gesteuert werden können. Damit unterscheidet er sich vom Spiritualismus, der behauptet, alles stehe in Verbindung zueinander. Der Materialismus hat sich in den letzten 300 Jahren etabliert. Er schuf eine Welt kalkulierbarer Finanz- und Produktströme und kontrollierbarer Technologien. Unser Verstand hat sich angepasst und sucht seitdem nach Eindeutigkeiten, nach abgrenzbaren Wissensbereichen, nach Expertise von immer engeren Ausschnitten der Wirklichkeit. Die Spezialisierung beschert der Menschheit eine nie dagewesene Lebensqualität, deren Kehrseite jedoch die Fachidiotie ist, die sich um ihre klar abgesteckten Bereiche kümmern und sich auf das große Ganze schwer verständigen kann. Der Drang des materialistischen Menschen, immer mehr spezialisiertes Wissen anzuhäufen, wird bestraft durch ein undurchdringliches Gewirr aus unzähligen Fachsprachen und in sich schlüssigen, aber untereinander unvereinbaren Logiken. Angesichts der Herausforderungen des 21. Jahrhunderts fragt man sich, wie der Mensch inmitten der Koexistenz aller möglichen Fachidiotien zu einem gemeinsamen Handeln finden soll. Und noch mehr drängt die Frage, wie lange man sich die Ausbildung von Kindern und Jugendlichen zur Fachidiotie noch leisten will.

Die Fachidiotie ist denkbar ungeeignet, gemeinsame Lösungen zu entwickeln und sich zu verständigen, um damit die Fragen der Zukunft zu beantworten. Wir stellen gerade fest, wie all unser Handeln Konsequenzen hat – hier ist es in Reinform, das materialistische Denken: Konsequenzen haben Ursache und Wirkung. Nein, es müsste vielmehr heißen, alles steht mit allem in Verbindung. Wird hier etwas unterworfen, ausgebeutet, kontrolliert, fliegt einem irgendwann etwas anderes um die Ohren. Aber wir nehmen Verbindungen ebenso wenig wahr wie Knoten. Da wir bei ihnen wie bei ihm an einer sauberen Trennung von Qualitäten und Begriffen scheitern, ignorieren wir sie wie ihn in unserer materialisierten, technologisierten, funktionalisierten, kategorisierenden und kausalorientierten Sichtweise. Eine der Maximen wissenschaftlichen Arbeitens liegt in der sogenannten Reliabilität. Das bedeutet, dass eine Versuchsanordnung jedes Mal wieder aufs Neue mit den gleichen Variablen von anderen Forschern nachvollzogen werden kann, um so bereits durchgeführte Messungen zu bestätigen oder zu verwerfen. Wir erinnern uns an die Forschenden, die bereits daran verzweifelt sind, den gleichen Knoten zweimal identisch nachzuknüpfen. Seine Rätselhaftigkeit bleibt ein Affront gegen den modernen Geist. Er ist zu anarchisch. Das macht ihn aber nicht zu einem vormodernen Objekt. Im Gegenteil handelt es sich bei ihm um ein überzeitliches Objekt. Als solches kennt er auch keine Geradlinigkeit, weder bei sich selbst noch im Lauf der Zeit. Er symbolisiert die kreisförmige und zyklische Zeit, die Adriano Sofri der »pfeilschnellen«[164] Zeit des Nagels gegenüberstellt. In seiner endlosen Wiederverwendung, im sich wiederholenden Kommen, Wirken und Verschwinden, schon nur in einer Leine, symbolisiert er den Kreislauf der Dinge.

Das ist einer der Hauptgründe, warum die wissenschaftliche Forschung den Knoten immer nur bis zu einem bestimmten Punkt erfasst. Er verschließt sich zwar ab einem bestimmten Punkt den

164 Sofri (1998), S. 155 u. S. 196.

wissenschaftlichen Methoden, öffnet aber damit auch den Zugang zu einer anderen Wahrnehmung. Die US-amerikanische Pflanzenökologin Robin Wall Kimmerer erzählt in ihrem Buch *Geflochtenes Süßgras* von den ›drei Schwestern‹, jener klugen Symbiose aus Bohnenpflanze, Mais und Kürbis, die von den Ureinwohnern Amerikas schon seit Jahrhunderten zusammen angebaut werden. Jede der drei Pflanzen unterstützt die anderen beiden.[165] Die Bohne versorgt den Boden mit Stickstoff, der den anderen beiden Pflanzen zugutekommt. Die großen Kürbisblätter schützen den Boden vor zu viel Regen und Sonne, halten ihn gleichzeitig feucht und verhindern das Wachstum anderer Wildkräuter. Der hochwachsende Mais ist wiederum eine Rankhilfe für die Bohnen. Hier zeigt sich sinnbildlich eine Haltung, die ihre Welt über Verbindungen wahrnimmt und nicht über einzelne kontrollierbare Objekte. Es wird auch ersichtlich, dass gemeinhin materialistisch wahrgenommene Qualitäten wie Zweckmäßigkeit und Praktikabilität in keinerlei Widerspruch zu einer anti-materialistischen Lebensweise stehen. Die ›drei Schwestern‹ sind nichts anderes als eine zielgerichtete Vorsorge zur maximalen nachhaltigen Ernte. Genauso wenig haltbar ist der materialistische Alleinvertretungsanspruch auf rationales Wissen. Um Pflanzen in dieser Symbiose gedeihen zu lassen, bedarf es intensiver Beobachtung, Erfahrung und logischen Verstehens. Alles unabdingbare Eigenschaften wissenschaftlichen Arbeitens. Und doch gibt es einen entscheidenden Unterschied. Dieser liegt in der inneren Haltung zur Welt. Er liegt darin, ob man die Welt in Verbindungen wahrnimmt oder nur als Ansammlung kontrollierbarer Objekte. Es liegt im Vertrauen auf das Funktionieren von Verbindungen, im Bewusstsein um die gegenseitige Qualitätssteigerung von symbiotischen Beziehungen, im Verstehen um eine

165 Vgl. Kimmerer (2021): *Geflochtenes Süßgras: die Weisheit der Pflanzen*, S. 148 f.

ideale Konstellation, innerhalb derer man den Dingen ihren Lauf lassen kann, und in der Haltung, Dinge geschehen zu lassen. An der Angst davor, Kontrolle abzugeben, wenn wir uns auf Verbindungen verlassen und wir etwas geschehen lassen, scheitern viele.

Dabei haben wir sicherlich die meiste Zeit unseres menschlichen Daseins in Verbindungen gedacht. Es gibt die Gärtner, die die idealen Verbindungen zwischen Pflanzen und Insekten kennen und diese nutzen. Köche auf der ganzen Welt kombinieren Zutaten und verwandeln diese unter Veränderung der Temperatur in sinnliche Genüsse. Winzer wissen um den Einfluss der Mineralien auf ihre Böden, und mit welchen Reben diese am besten harmonieren. Musiker verstehen es, Töne und Geräusche so in Verbindung zu setzen, dass manche Menschen ihre Tränen nicht zurückhalten können, wenn sie erklingen. Menschen erschaffen Räume, verbinden Formen und Farben, und hinterher entstehen Atmosphären, die nervöse Seelen unmittelbar in einen Zustand der Gelassenheit versetzen. Das alles sind reale Wirkungen von Verbindungen, weil es Menschen gibt, die es verstehen zu verbinden, zu knoten. Wo immer wir das Prinzip ›Knoten‹ anwenden, vertrauen wir auf die qualitätssteigernde Wirkung der Verbindung. Das Ergebnis entspricht keiner zuvor aufgestellten Rechnung, sondern Intuition, Erfahrung und Ahnung. Es gibt den Zauber des Gelingens. Dass wir in der Lage waren, eine Konstellation zu erdenken und einzurichten, eine Mischung zu finden, aus der heraus sich die Dinge, Dynamiken, Geschmäcker entwickeln und entfalten.

Verbindungen sind meist unsichtbar, nicht greifbar, sie kommen, wirken und verschwinden. Der Knoten aber ist die vergegenständlichte Form der Verbindung. Er ist daher auch ein sprachliches Instrument, um Verbindungen zu veranschaulichen. Wir bedienen uns ohnehin schon seit Langem der Semantik des Knotens, um die meist unsichtbaren Verbindungen zu begreifen. Wir ›vernetzen‹ uns, sprechen von ›Seilschaften‹, wir kennen den ›Erzählstrang‹, und der

›Leitfaden‹ verbindet Gedanken zu einem sinnvollen Ablauf. Daran können andere wiederum mit ihren Überlegungen ›anknüpfen‹, wobei sie hoffentlich nicht ›den Faden verlieren‹. Wenn wir Zusammenhänge erkennen, dann können wir die einzelnen Teile zu einem Ganzen ›verweben‹. Die ›Richtschnur‹ gibt uns Werte vor, die unser Handeln bestimmen. Wir ›umgarnen‹ jemanden, zu dem wir eine tiefere Verbindung suchen, und ›geben jemandem einen Korb‹, zu dem wir gerade keine Beziehung unterhalten wollen oder können. Das ›Netzwerk‹ bezeichnet den Zusammenschluss unterschiedlicher Akteure. Der ›Geduldsfaden‹ wird uns überhaupt erst bewusst, wenn er reißt. All dies bezeichnet etwas, das wir weder sehen, riechen, hören oder schmecken können und doch unweigerlich vorhanden ist.

Wir haben ein nahezu angeborenes Verständnis für die Sprachbilder des Knotens. Dieses macht sich der norwegische Professor Knut Omholt, der zur Pädagogik, Kunsterziehung und Kunsttherapie forscht, zunutze, um Menschen sprachliche Werkzeuge an die Hand zu geben, um ihre nicht immer leicht zu erfassenden Beziehungen zu beschreiben.[166] Mithilfe dieser Werkzeuge gibt Omholt Beispielfragen vor, die sich Menschen in Beziehungen stellen können. Man muss kein raffinierter Knotenbinder sein, um sie gleich zu verstehen: Ist der Knoten, der uns verbindet, ein konventioneller oder ein einzigartiger? Sitzt der Knoten gut oder geht er zu leicht wieder auf? Hat sich ein Ende des Knotens gelöst, und wenn ja, sollen wir ihn wieder festmachen, oder war er vielleicht gar nicht nötig? Ist der Knoten zu fest angezogen? Wurde der Knoten mit einer Schleife vollendet, die bei Bedarf ein schnelles Lösen des Knotens ermöglicht? Besitzt die Leine etwas Dehnungsspielraum für plötzliche Krafteinwirkung?

166 Vgl. Omholt (2019): *Tying Knots – Creating Metaphors for Interpersonal Relationships*, in: Research in Arts and Education.

Der Knoten ist nach all seinen bisherigen Erscheinungen als Werkzeug, Symbol, Zeichen, Zierde zuletzt noch ein sprachliches Instrument, um Verbindungen zu begreifen. Wir können mit ihm Verbindungen aufspüren, Verbindungen erkennen, Gelegenheiten für Verbindungen schaffen, Verbindungen hinterfragen.

Dass selbst die Philosophie den Knoten mit seinen Eigenschaften der Vieldeutigkeit, der Komplexität, der Verschmelzung dualer Prinzipien, seiner realen und zugleich metaphorischen Eigenschaft des Verbindens ignoriert, kann nur daran liegen, dass die bisherigen Philosophen keine Knotenbinder waren. Er war nie Teil ihres Erlebens, Begreifens und Verstehens. Zugegeben, eine Knotenphilosophie taugt nicht als philosophisches System mit einem eindeutigen Theorem und klar definierten Begrifflichkeiten. Das wäre ein Widerspruch in sich. Denn einen Knoten in so ein System zu zwängen, hieße ja, den Knoten überhaupt nicht verstanden zu haben. Trotzdem taucht er immer wieder einmal auf oder verbirgt sich in Sätzen, wie in dem zuvor zitierten von Aristoteles. Es wäre zu interessant gewesen, was einem Freigeist wie Laurence Sterne zum Knoten eingefallen wäre, aber er lässt seine Hauptfigur in *Leben und Ansichten des Tristram Shandy, Gentleman* nur seufzen: »Hab ich der Welt nicht ein Kapitel über Knoten versprochen?« Friedrich Nietzsche verwendet das Bild von Leine und Knoten in der Vorrede von *Also sprach Zarathustra.* Dort vergleicht er den Menschen mit einem Seil, das zwischen dem Tier und dem Übermenschen gespannt ist. Der Mensch als Seil, als Verbindung, also als etwas Kommendes, Wirkendes und Verschwindendes. Der Mensch als Hochseilakt, als riskanter Weg zum Übermenschen. Und wenig später schreibt Nietzsche: »Ich liebe den, welcher nicht zu viele Tugenden haben will. Eine Tugend ist mehr Tugend als zwei, weil sie mehr Knoten ist, an den sich das Verhängnis hängt.« Seil und Knoten sind Nietzsche willkommene Metaphern seiner Philosophie. Aber wie so oft war es auch hier das Schicksal des Knotens, selbst übersehen zu werden und Metapher zu bleiben. Ansonsten hätte sich Nietzsche wohl eher mit dem Knotenzertrümmerer Alexander dem Großen identifiziert, als er mit seinem Werk *Götzen-Dämmerung oder Wie man mit dem Hammer philosophiert* die Umwertung aller Werte propagierte. Adorno und Horkheimer erkannten im Seil, wie wir bereits im Kapitel *Mythologie und die Vergrößerung des Raums* bemerkten, einen evolutionären Entwicklungsschritt, der den Menschen mehr Optionen im Umgang mit den Besiegten bot, die sie nun nicht mehr zwangsläufig töten mussten. Die darin implizierte Rolle von Leine und Knoten als Bewusstseinserweiterer, Herrschaftsmittel, ja sogar als ein Mittel zur Herstellung sozialer Hierarchien (Herr und Knecht), bleibt unerwähnt und wird nicht weiterverfolgt.

Mir ist nur ein Buch bekannt, in dem der Knoten bewusst als philosophisches Werkzeug eingesetzt wird, als Erkenntnismethode. Es ist vom bereits erwähnten Adriano Sofri. Sofri stellt dem Knoten den Nagel gegenüber als Teil eines dualistischen Prinzips wie hell/dunkel, männlich/weiblich, rechts/links, geradlinige Zeit/zyklische Zeit. Seine Überlegungen sind Reflexionen, Inspirationen, eine Schatzkammer historischer und mythologischer Anekdoten, Vergleiche, Zitate und scharfsinniger Gedanken. Viele derjenigen, die den Knoten zu ergründen suchen, seien es Wissenschaftler, Literaten, Handwerker, Segler oder Künstler, und ihre Befunde in Form von Artikeln und Büchern oder in persönlichen Gesprächen mitteilen, äußern irgendwann unabhängig voneinander Erstaunen, Ergriffenheit, sogar Ehrfurcht vor diesem vermeintlich einfachen Gegenstand, mit dem man die Unendlichkeit in der Hand hält.

Wer die Knotenbücher von Clifford Ashley, Geoffrey Budworth, Philippe Petit oder Windy Chien liest, begegnet in ihnen nicht nur Knotenkundigen, sondern – im sehr positiven Sinne – vom Knoten Besessenen. Selbst Physiker vermag der Knoten so zu verzaubern, dass sie versucht sind, den Trefoil-Knoten aufgrund seiner universell identifizierbaren Dreidimensionalität zum ›Symbol des Universums‹[167] zu erklären. Man könnte sagen, wo der Knoten sich einer rationalen Erfassung entzieht, weckt er romantische Gefühle. In der romantischen Vorstellung gibt es nicht die unbeseelten, voneinander getrennten Dinge. Sie fasst die Welt als ein Kontinuum auf, in dem alles mit allem irgendwie vernetzt und verbunden ist. Nur so ergäbe alles Sinn.

Abb. 33: Trefoil-Knoten.

Der deutsche Dichter Novalis forderte schon in den Anfängen der Industrialisierung kämpferisch: »Die Welt muß romantisiert werden«, um den ursprünglichen Sinn wiederzufinden. Und er liefert gleich noch eine Anleitung mit: »Indem ich dem Gemeinen einen hohen Sinn, dem Gewöhnlichen ein geheimnisvolles Ansehn, dem Bekannten die Würde des Unbekannten, dem Endlichen einen unendlichen Schein gebe, so romantisiere ich es.«[168] Wir müssen dabei nichts in den Knoten hineinprojizieren. Im Gegenteil, er ist es, der auf diese Weisen romantisiert: Er gibt einem Dutzend loser Äste einen höheren Sinn, indem er sie zu einem Floß verknotet, als welches sie uns in fremde Länder tragen. Er ziert als Ornament auf einem Blatt gezeichnet nicht nur den Inhalt eines

167 Burde und Zieschang (2014): *Knots*, S. V. Im Vorwort der ersten Ausgabe heißt es: »a trefoil knot will be universally recognizable wherever the basic geometric conditions of our world exist. (One is tempted to propose it as an emblem of our universe.)« (Zu Deutsch: »Ein Trefoil-Knoten wird universell erkennbar sein, wo immer die geometrischen Grundbedingungen unserer Welt bestehen. (Man ist versucht, ihn als Emblem für unser Universum vorzuschlagen.«)

168 Novalis (2001): *Novalis Werke*, S. 384 f.

Schriftstücks aus dem 9. Jahrhundert, sondern gibt ihm erst das »geheimnisvolle Ansehn«, das dieses Blatt von einem Protokoll aus der gleichen Zeit abhebt. Er ist als steinerne Ornamentik auf Portalen, die wir ein Leben lang passieren, eine ewige Unbekannte, die dem tausendmal Gesehenen nie aufhört, Würde zu verleihen. Und er gibt der endlichen Leine den unendlichen Schein, da er tatsächlich in unbegrenzter Form in ihr angelegt ist. In seiner Funktion der Verknüpfung, in der Erhöhung zweier unabhängiger Gegenstände zu einem neuen Ganzen ist der Knoten, ob physisch oder symbolisch, ein ›Romantisierer‹.

Welch eine charmante Fügung, dass der ›Romantisierer‹ und Sinnhersteller der Gleiche ist, mit dem alles begann. Das also haben uns Knoten heute noch zu sagen. Wohlan, so könnten wir wie Nietzsche rufen: Fangen wir an, mit dem *hamma* zu philosophieren!

Anhang

Verwendete Literatur

Adams, Rose: *Young Knitters Discover a Decades-Old Wool Festival*, in: The York Times (2022), https://www.nytimes.com/2022/10/22/style/ny-sheep-wool-festival.html (zuletzt aufgerufen am 22. Oktober 2022).

Adovasio, J. M. et al.: *Perishable Fiber Artifacts and Paleoindians: New Implications*, in: North American Archaeologist 35 (2014), S. 331–352.

Anderson, M. B. (Regie); Groening, Matt et al. (Drehbuch): *Mathelete's Feast* (2015), Staffel 26, Episode 22 (TV-Serie), in: A. Jean (Showrunner): The Simpsons. FOX.

Ashley, Clifford W.: *The Ashley-Book of Knots* (Erstveröffentlichung in London durch Faber and Faber Limited 1944). Neapel: Albatross Publishers 2019.

Aström, Alexander; Aström, Christoffer: *Art and Science of Rope*, in: B. Sriraman (Hrsg.): Handbook of the Mathematics of the Arts and Sciences. Cham: Springer 2018, S. 1–34.

Bakewell, Sarah: *Wie soll ich leben? oder Das Leben Montaignes in einer Frage und zwanzig Antworten*. Übersetzt von Rita Seuß. 3. Aufl. München: Beck 2013.

Barceló-Coblijn, Lluís; Gomila, Antoni: *Evidence of Recursion in Tool Use*, in: Behavioral and Brain Sciences 35 (2012), S. 219–220.

Bar-Oz, G.; Bar-Yosef, Ofer et al.: *Dzudzuana: an Upper Palaeolithic cave site in the Caucasus foothills (Georgia)*, in: Antiquity Journal 85 (2011), S. 331–349.

Boucherat, Toomaï: *Threads and Ropes. Technical approaches and tools during the Upper Paleolithic and Mesolithic* (o. V. 2009). Als PDF vom Autor zur Verfügung gestellt.

Boucherat, Toomaï: *Funktionelle Studie eines archäologischen Stückes aus Mammut-Elfenbein, das von vier Spirallöchern durchbohrt ist*

(O. V. 2020). Übersetzt von E. Penzel. Als PDF vom Autor zur Verfügung gestellt.
Brauer, Markus: *40 000 Jahre altes Werkzeug: Hightech-Fund aus der Steinzeit*, in: Stuttgarter Nachrichten (2016), http://bitly.ws/Ao2Z (zuletzt aufgerufen am 2. Januar 2023).
Budworth, Geoffrey: *Knoten: das Praxishandbuch*. Übersetzt von Helmut Pätz. Bielefeld: Delius Klasing 2009.
Burde, Gerhard; Zieschang, Heiner: *Knots*. Berlin/Boston: de Gruyter 2002.
Bushby, Henry North Grant: *Notes on Knots* (o. V. März 2015). Teilweise editierte Version der International Guild of Knot Tyers. War nur als temporärer Download erhältlich.
Butler, Samuel: *The Authoress Of The Odyssey*. London: Jonathan Cape 1925.
Caillet, Laurence: *Nœuds japonaise*, in: Gilbert Lascault, Marie-Claude Volfin (Hrsg.): *Noeuds et ligatures. Exposition réalisée par le Centre National des Arts Plastiques*. Paris: Fondation Nationale des Arts Graphiques et Plastiques 1983, S. 48–49.
Calasso, Roberto: *Die Hochzeit von Kadmos und Harmonia*. Übersetzt von Moshe Kahn. München: Goldmann 2001.
Calvino, Italo: *Gesammelter Sand: Essays*. Übersetzt von Burkhart Kroeber. Frankfurt am Main: Fischer Taschenbuch 2016.
Carter, Roger: *The History of Macramé*, in: John Turner, Pieter van de Griend (Hrsg.): Series on Knots and Everything Vol. 11, History and Science of Knots. Singapur: World Scientific 1996, S. 335–345.
Chao, Denise: *The Snake in Chinese Belief*, in: Folklore 90 (1979), S. 193–203.
Chao, S. et al.: *Triboelectric Nanogenerator Based on Degradable Materials*, in: EcoMat 3 (2021), https://onlinelibrary.wiley.com/doi/10.1002/eom2.12072 (zuletzt aufgerufen am 28. Dezember 2020).
Chapman, Robert: *A Treatise on Ropemaking, as Practised in Private and Public Ropeyards*. Philadelphia: H.C. Baird 1869.
Chen, G. et al.: *Smart Textiles for Electricity Generation*, in: Chemical Reviews 120 (2020), S. 3668–3720.
Chen, Lydia H. S.: *The Art Of Chinese Knotwork: A Short History*, in: John Turner; Pieter van de Griend (Hrsg.): Series on Knots and Everything

Vol. 11, History and Science of Knots. Singapur: World Scientific 1996, S. 89–106.

Chien, Windy: *The Year of Knots.* New York: Abrams 2019.

Chisnall, Robert Charles: *Analysing Knot Evidence: Associating Innate Habits with Sophisticated Tying Tasks*, in: Scandinavian Journal of Forensic Science 22 (2016), S. 21–32.

Christensen, Antje: *The Peruvian Quipu*, in: John Turner, Pieter van de Griend (Hrsg.): Series on Knots and Everything Vol. 11, History and Science of Knots. Singapur: World Scientific 1996, S. 71–88.

Coomaraswamy, Ananda K: *The Iconography of Dürer's* Knots *and Leonardo's* Concatenation, in: Eye of the Heart 3 (2009), S. 1–24.

Cross, E. S. et al.: *Physical Experience Leads to Enhanced Object Perception in Parietal Cortex: Insights from Knot Tying*, in: Neuropsychologia 50 (2012), S. 3207–3217.

Cross, E. S. et al.: *Learning to tie the knot: The Acquisition of Functional Object Representations by Physical and Observational Experience*, in: Plos One 12 (2017), o. S., http://bitly.ws/AB8V (zuletzt aufgerufen am 21. Februar 2022).

Dang, T.; Zhao, M.: *The Application of Smart Fibers and Smart Textiles*, in: Journal of Physics: Conference Series 1790 (2021), o. S., http://bitly.ws/BcSy (zuletzt aufgerufen am 21. Februar 2023).

Day, Cyrus L.: *Knots and Knot Lore*, in: Western Folklore 9 (1950), S. 229–256.

Day, Cyrus L.: *Knots and Knot Lore: Quipus and Other Mnemonic Knots*, in: Western Folklore 16 (1957), S. 8–26.

Devlin, Keith: *Unravelling the Myth*, in: The Guardian (2001), http://bitly.ws/BcSG (zuletzt aufgerufen am 21. Februar 2023).

Donath, Andreas: *Energy Harvesting: Hose und Schlafsack wandeln Körperwärme in Strom um*, in: Golem.de (2013), http://bitly.ws/Ao6i (zuletzt aufgerufen am 21. Februar 2023).

Freistetter, Florian: *Ein Fahrstuhl zu den Sternen*, in: Sternengeschichten (2014), Folge 85 (Podcast), https://sternengeschichten.podigee.io/ (zuletzt aufgerufen am 6. Februar 2023).

Gandz, Solomon: *The Knot in Hebrew Literature, or from the Knot to the Alphabet*, in: Isis 14 (1930), S. 189–214.

Gandz, Solomon: *The Dawn of Literature: Prolegomena to a History of Unwritten Literature*, in: Osiris 7 (1939), S. 261–522.

Gard, Wayne: *The Fence-Cutters*, in: The Southwestern Historical Quarterly 51 (1947/48), S. 1–15.

Griend, Pieter van de: *A History Of Topological Knot Theory*, in: John Turner, Pieter van de Griend (Hrsg.): Series on Knots and Everything Vol. 11, History and Science of Knots. Singapur: World Scientific 1996, S. 205–260.

Griend, Pieter van de: *Inuit Knots*, in: John Turner, Pieter van de Griend (Hrsg.): Series on Knots and Everything Vol. 11, History and Science of Knots. Singapur: World Scientific 1996, S. 107–132.

Griend, Pieter van de: *Knots At Sea*, in: John Turner, Pieter van de Griend (Hrsg.): Series on Knots and Everything Vol. 11, History and Science of Knots. Singapur: World Scientific 1996, S. 135–148.

Griend, Pieter van de: *On The True Love Knot*, in: John Turner, Pieter van de Griend (Hrsg.): Series on Knots and Everything Vol. 11, History and Science of Knots. Singapur: World Scientific 1996, S. 397–417.

Griend, Pieter van de: *Notes on Knots*. Århus: P. van de Griend 1993.

Grimm, Jacob; Grimm, Wilhelm: *Deutsches Wörterbuch von Jacob Grimm und Wilhelm Grimm*. Digitalisierte Fassung im Wörterbuchnetz des Trier Center for Digital Humanities (Version 01/23), https://www.woerterbuchnetz.de/DWB, (zuletzt aufgerufen am 7. Februar 2023.)

Harari, Yuval Noah: *Eine kurze Geschichte der Menschheit*. Übersetzt von Jürgen Neubauer. 31. Aufl. München: Pantheon 2019.

Hardy, Bruce et al.: *Direct evidence of Neanderthal fibre technology and its cognitive and behavioral implications*, in: Scientific Reports 10 (2020), o. S., http://bitly.ws/ABaD (zuletzt aufgerufen 21. Februar 2023).

Hardy, Karen: *Where would we be without string? Ethnographic and prehistoric evidence for the use, manufacture and role of string in the Upper Palaeolithic and Mesolithic of Northern Europe*, in: Valérie Beugnier, Philippe Crombé (Hrsg.): Plant Processing from a Prehistoric and Ethnographic Perspective. Oxford: BAR Publishing 2007, o. S.

Harford, Tim: *The devil's rope: How barbed wire changed America*, in: BBC News (2017), https://www.bbc.com/news/business-40448594 (zuletzt aufgerufen am 22. Februar 2023).

Harvard-University: *Archaeologists discover oldest-known fiber materials used by early humans*, in: EurekAlert! Science News (2009), http://bitly.ws/Aobw (zuletzt aufgerufen am 6. Februar 2023).

Haslope, Lancelot J.: *Knotting, Splicing and Working Cordage*, in: Work Magazine (erstmals veröffentlicht 18. April 1891). Reprint von IGKT (24. Januar 2021), o. S., http://bitly.ws/Aocb (zuletzt aufgerufen am 18. Februar 2023).

Hickes, George: *Linguarum veterum septentrionalium thesaurus grammatico-criticus et archaeologicus*. Oxford: E Theatro Sheldoniano 1705.

Hong, Sahngki et al.: *Wearable Thermoelectrics for Personalized Thermoregulation*, in: Science Advances (Mai 2019), S. 1–11.

Horkheimer, Max; Adorno, Theodor W.: *Dialektik der Aufklärung: philosophische Fragmente*. Ungekürzte Ausg. Frankfurt am Main: Fischer Taschenbuch 1994.

Humboldt, Wilhelm: *Über die Verschiedenheit des menschlichen Sprachbaues und ihren Einfluss auf die geistige Entwicklung des Menschengeschlechts* (Faksimiledruck nach der Originalausgabe von 1836), Bonn: F. Dümmler 1968.

Jabr, Ferris: *The Long, Knotty, World-Spanning Story of String*, in: Hakai Magazine (6. März 2018), http://bitly.ws/AodH (zuletzt aufgerufen am 6. Februar 2023).

Jalil, W. D. Abdul: *Smart textiles for the architectural façade*, in: IOP Conference Series: Materials Science and Engineering 737 (2020), S. 1–10.

Jingcheng, Li et al.: *Intelligent Polymers, Fibers and Applications*, in: Polymers 13 (2021), S. 1–20.

Karkowsky, Stephan: »*Man kann eigentlich optimal nur alle 18 Jahre zum Mars fliegen*«, in: Deutschlandfunk Kultur (20. Juli 2011), http://bitly.ws/Aoep (zuletzt aufgerufen am 8. Januar 2023).

Kimmerer, Robin Wall: *Geflochtenes Süßgras: die Weisheit der Pflanzen*. Übersetzt von Elsbeth Ranke. Berlin: Aufbau Verlag 2021.

Knowles, Tom: *Microsoft boss warns AI may mean Orwell's 1984 by 2024*, in: The Times, Abschn. News (27. Mai 2021), http://bitly.ws/AoeM (zuletzt aufgerufen am 8. Januar 2023).

Kuther, Thomas: *Thermoelektrische Generatoren aus dem 3D-Drucker*, in: Leistungselektronik.de (21. Januar 2021), http://bitly.ws/Aofb (zuletzt aufgerufen am 22. Februar 2023).

Leder, Dirk et al.: *A 51,000-Year-Old Engraved Bone Reveals Neanderthals' Capacity for Symbolic Behaviour*, in: Nature Ecology & Evolution 5 (2021), S. 1273–1282.

Mahmoud, Rania: *The Knot in Examples of Religious Texts*, in: Shedet 6 (2019), S. 58–73.

Maré, Estelle Alma: *Leonardo Da Vinci's Architectural Designs as Thought Experiments*, in: *Sajah* 27 (2012), S. 53–82.

Marks, Paul: *Shirt Rolls up Its Own Sleeves*, in: New Scientist (25. Juli 2001), http://bitly.ws/AogB (zuletzt aufgerufen am 2. Februar 2022).

Merkel, Wolfgang W.: *Evolution: Am Anfang war das Bier – und nicht der Hunger*, in: Die Welt (5. September 2008), http://bitly.ws/AogT (zuletzt aufgerufen am 6. Februar 2023).

Novalis: *Novalis Werke*. Herausgegeben und kommentiert von Gerhard Schulz. 4. Aufl. auf der Grundlage der 2., neubearb. Aufl. 1981. München: Beck 2001.

Montaigne, Michel Eyquem de: *Essais*. 8. korrigierte Aufl. Die Andere Bibliothek, Sonderband. Frankfurt am Main: Eichborn 2011.

o. A.: *Yvonne Hofstetter über Künstliche Intelligenz: »Wir haben eine neue Form des Kapitalismus«*, in: Wirtschafts-Woche (4. September 2017), http://bitly.ws/Ao8A (zuletzt aufgerufen am 22. Februar 2023).

Oatley, Giles; Choudhury, Tanveer; Buckman, Paul: *Smart Textiles for Improved Quality of Life and Cognitive Assessment*, in: Sensors 21 (2021), o. S., https://doi.org/10.3390/s21238008 (zuletzt aufgerufen am 21. Februar 2023).

Odrich, Peter: *Japaner wollen bis 2050 einen Weltraumlift bauen*, in: ingenieur.de (1. Oktober 2014), http://bitly.ws/AvtF (zuletzt aufgerufen am 6. Februar 2023).

Öhrvall, Hjalmar: *Om knutar*. Stockholm: Albert Bonniers Verlag 1916.

Omholt, Knut: *Tying Knots – Creating Metaphors for Interpersonal Relationships*, in: Research in Arts and Education 3 (2019), S. 1–13.

Page, Michael Le: *Oldest Ever Piece of String Was Made by Neanderthals 50,000 Years Ago*, in: New Scientist (9. April 2020), http://bitly.ws/Avu5 (zuletzt aufgerufen am 6. Februar 2023).

Petit, Philippe: *Why knot? How to tie more than sixty ingenious, useful, beautiful, lifesaving, and secure knots!* New York: Abrams Image 2013.

Piper, Edwin Ford: *Barbed Wire, and Other Poems.* Chicago: The Midland press 1917.

Ren, Guangpeng et al.: *Large-scale whole-genome resequencing unravels the domestication history of Cannabis sativa,* in: Science Advances 7 (2021), S. 1–12.

Ringelnatz, Joachim: *Das große Lesebuch.* Herausgegeben von Mirjam Neusius. Fischer-Taschen Bibliothek. Frankfurt am Main: Fischer Taschenbuch Verlag 2012.

Santos, Paulo; Cabalar, Pedro; Casati, Robert: *The knowledge of knots: an interdisciplinary literature review,* in: Spatial Cognition & Computation 19 (2019), S. 1–25, http://bitly.ws/AvuR (zuletzt aufgerufen am 22. Februar 2023).

Scheer, Brigitte: *Selbstgestaltung, Perfektion und Würde des Menschen im Denken der Renaissance,* in: Zeitschrift für Ästhetik und Allgemeine Kunstwissenschaft 53 (2008), S. 59–69.

Scheftelowitz, Isidor: *Das Schlingen- und Netzmotiv im Glauben und Brauch der Völker.* Gießen: Alfred Töpelmann Verlag 1912.

Schumacher, Michael (Regie): *Das Erbe der Inka – Die Brücke aus Gras – Die ganze Doku.* Dokumentation, in: ARTE (2022), http://bitly.ws/AvvL (zuletzt aufgerufen am 22. Februar 2023).

Shaw, George Russell: *Knots: Useful and Ornamental.* Boston/New York: Houghton Mifflin Company – The Riverside Press Cambridge 1924.

Slot, Owen: *Roger Federer: Don't Ask Me If I'm OK – This Is a Celebration, Not a Commiseration,* in: The Times (21. September 2021), http://bitly.ws/AvvW (zuletzt aufgerufen am 22. September 2022).

Sofri, Adriano: *Der Knoten und der Nagel: ein Buch zur linken Hand.* Limitierte Erstausg., 1.–8. Taus. Die Andere Bibliothek 160. Frankfurt am Main: Eichborn 1998.

Stockner, Eva: *Ein Henkersknoten wurde ihm zum Verhängnis,* in: Kronen Zeitung (6. März 2022), https://www.krone.at/2645958 (zuletzt aufgerufen am 6. Februar 2023).

Strohecker, Carol: *Why knot?* Doctoral dissertation, Epistemology & Learning Group, in: Media Laboratory, Massachusetts Institute of Technology (1991), http://bitly.ws/Avw5 (zuletzt aufgerufen am 22. Februar 2023).

Swan, Peter et al.: *Space Elevators Are the Transportation Story of the 21st Century*, in: S. l.: LULU COM (2020), http://bitly.ws/Avwm (zuletzt aufgerufen am 22. Februar 2023).

Tercatin, Rossella: *Oldest Woven Basket in the World Found in Israel, Dates Back 10,000 Years*, in: The Jerusalem Post (16. März 2021), http://bitly.ws/AvwA (zuletzt aufgerufen am 6. Februar 2023).

Tetzner, Reiner; Wittmeyer, Uwe (Hrsg.): *Griechische Götter- und Heldensagen*. Reihe Reclam. Stuttgart: Reclam 2003.

Turner, J. C.; Griend, Pieter van de (Hrsg.): *History and science of knots*. K&E series on knots and everything, Vol. 11. Singapore: World Scientific 1996.

Urban, Karl: *Seil in den Orbit: Was macht eigentlich ... der Weltraumaufzug?*, in: Spektrum.de (21. September 2018), http://bitly.ws/Avx2 (zuletzt aufgerufen am 6. Februar 2023).

Vaesen, Krist: *The Cognitive Bases of Human Tool Use*, in: Behavioral and Brain Sciences 35 (2012), S. 203–218.

Vats, Madho Sarup: *Excavations at Harappa. Being an account of archaeological excavations at Harappa carried out between the years 1920–21 and 1933–34. Vol. 1*. Delhi: Manager of Publications 1940.

Vitkine, Antoine (Regie): *Der letzte Da Vinci – Das teuerste Kunstwerk der Welt* (Dokumentation). mk2 Films (2021).

Warner, Charles: *Heraldic Knots*, in: John Turner, Pieter van de Griend (Hrsg.): Series on Knots and Everything Vol. 11, History and Science of Knots. Singapur: World Scientific 1996(b), S. 381–396.

Warner, Charles: *Studies On The Behaviour Of Knots*, in: John Turner, Pieter van de Griend (Hrsg.): Series on Knots and Everything Vol. 11, History and Science of Knots. World Scientific 1996(c), S. 181–203.

Warner, Charles: *Why knot? – some speculations on the earliest knots*, in: John Turner, Pieter van de Griend (Hrsg.): Series on Knots and Everything Vol. 11, History and Science of Knots. Singapur: World Scientific 1996(a), S. 19–29.

Warner, Charles, und Robert G. Bednarik: *Pleistocene knotting*, in: John Turner, Pieter van de Griend (Hrsg.): Series on Knots and Everything Vol. 11, History and Science of Knots. World Scientific 1996, S. 3–18.

Weingartner, Maximilian: *Oben ohne: Geständnisse eines Krawattenträgers*, in: FAZ.net (2016), http://bitly.ws/Avzm (zuletzt aufgerufen am 28. Oktober 2021).

Wendrich, Willemina: *Ancient Egyptian rope and knots*, in: John Turner, Pieter van de Griend (Hrsg.): Series on Knots and Everything Vol. 11, History and Science of Knots. Singapur: World Scientific 1996, S. 43–68.

Wendt, Lloyd; Kogan, Herman: *Bet a million! The story of John W. Gates*. Indianapolis: Bobbs-Merrill Co. 1948.

Wenger, Paul Wilhelm: *Irische Miniaturen. Farbige Buchmalerei aus dem Frühen Mittelalter*. Hamburg: Friedrich Wittig Verlag 1957.

Zhang, Renyun et al.: *Cellulose-Based Fully Green Triboelectric Nanogenerators with Output Power Density of 300 W/m2*, in: Advanced Materials 32 (2020), https://doi.org/10.1002/adma.202002824 (zuletzt aufgerufen am 22. Februar 2023).

Zhou, Jiahui et al.: *Cellulose for Sustainable Triboelectric Nanogenerators*, in: Advanced Energy and Sustainability Research 2 (2021), o. S., https://doi.org/10.1002/aesr.202100161 (zuletzt aufgerufen am 22. Februar 2023).

Zischka, Ulrike: *Zur sakralen und profanen Anwendung des Knotenmotivs als magisches Mittel, Symbol oder Dekor: eine vergleichend-volkskundliche Untersuchung*. Tuduv-Studien; Bd. 7: Reihe Kulturwissenschaften. München: Tuduv-Verlagsgesellschaft (in Komm.) 1977.

Empfohlene Literatur

Geoffrey Budworth (2009), *Knoten: das Praxishandbuch:* wunderbares, hervorragend editiertes und hübsch bebildertes Knotenhandbuch. Mit mehr als 200 Knoten hört es nie auf zu unterhalten.

Philippe Petit (2013), *Why knot? How to tie more than sixty ingenious, useful, beautiful, lifesaving, and secure knots!*: ein liebevoll gestaltetes und durchdachtes Knotenbuch eines wahren Tausendsassas. Aus seiner ganz besonderen Sicht – er ist u. a. Seiltänzer, Magier, Straßenkünstler, Autor – werden etwa sechzig Knoten hoch unterhaltsam mit eigener Bebilderung clever strukturiert aufbereitet. Petit behandelt weniger Knoten als Budworth, stellt sie dafür aber ausführlicher vor und gibt nützliche Tipps, wie z. B. den Hinweis, nie den Kreuzknoten zu verwenden, um zwei Laken miteinander zu verbinden, wenn man aus einem brennenden Hotelzimmer flüchten muss. Leider nur auf Englisch erhältlich.

Clifford Ashley (2019), *The Ashley-Book of Knots*: die Knotenbibel. Für jeden ambitionierten und versierten Knotenbinder unverzichtbar. Auf keinen Fall für Anfänger geeignet, da es ein schlicht überwältigendes Kompendium ist mit nur sehr wenigen Anleitungszeichnungen je Knoten.

Windy Chien (2019), *The Year of Knots*: Die Künstlerin unter den Knotenbindern verewigte ihr Projekt »The Year of Knots« in diesem Buch. Stylish, ansprechend, inspirierend, mit witzigen Texten bietet dieses Buch dekorative Knoten mit guten Anleitungen. Es ist eine Anregung für jeden, der mehr als nur funktionale Knoten beherrschen, aber sich nicht mit Macramératgebern beschäftigen will. Eigentlich geht es in diesem Buch auch darum, sich selbst zu finden – was Chien mit den Knoten zweifelsohne gelungen ist. Daher finden sich in dem Buch auch Tipps zur Selbstfindung, wie z. B. in dem kurzen Kapitel *Practical advice for quitting a job*. Ebenfalls nur auf Englisch erhältlich.

Abbildungsverzeichnis

Abb. 1: Teppichseite, keltisch, Trinity College Dublin © Interfoto
Abb. 2: Überhandknoten © Michael Karg
Abb. 3: Lochstab © Universität Tübingen
Abb. 4: Nu-Wa und Fuxi, Tang-Dynastie, Bild von 1964 vom Astana Cemetery, Wikimedia commons
Abb. 5: Salomonsknoten, Basilica Patriarcale (Aquileia), Wikimedia commons
Abb. 6: Attische antike Vasenmalerei © Interfoto
Abb. 7: Gravierter Hirschknochen, Einhornhöhle © Volker Minkus, Niedersächsisches Landesamt für Denkmalpflege (Inventarnummer 46999448-423)
Abb. 8: Gürtelschnalle aus Suffolk, 7. Jh., Bild aus dem British Museum, Wikimedia commons, https://commons.wikimedia.org/wiki/File:Belt_buckle.jpg, Michael Wal
Abb. 9: Runenstein, Historisches Museum Stockholm © Interfoto
Abb. 10: Discibulos, römisch © Interfoto
Abb. 11: Teppichseite, keltisch, Trinity College Dublin © Interfoto
Abb. 12: Da Vincis *Concatenation*, Bild aus dem Louvre, https://commons.wikimedia.org/wiki/File:Leonardo-da-vinci-early-16th-cent-bodleian-library.jpg
Abb. 13: *Salvator Mundi* © Interfoto
Abb. 14: Turners *The Fighting* Temeraire © Interfoto
Abb. 15: Spannschloss © Michael Karg
Abb. 16–18: Helixstrukturen, © Michael Karg
Abb. 19: DNA-Helix, © Interfoto
Abb. 20: Müllerknoten, *Zeitschrift für Ethnologie* (1897), gemeinfrei
Abb. 21–29: Knoten und Statue © Michael Karg

Danksagung

Ein besonderer Dank gilt folgenden Personen, vor allen Dingen für ihren Rückhalt und ihre Ermunterung zu jedem Zeitpunkt meines Projekts:

Ali Konrad, der mir als Freund und Lektor von den Anfängen bis zur Endfassung des Manuskripts immer mit sorgfältigen Korrekturen, wertvoller Kritik und anregendem Austausch half.

Pieter van de Griend, der mein Manuskript nicht nur zweimal knotentechnisch überprüfte, sondern mir in Korrespondenzen und Gesprächen tiefe Einblicke verschaffte.

Alexander und Christoffer Aström, die mein Manuskript ebenfalls lektoriert haben, und als Seilspezialisten vor allen Dingen im Kapitel *Am Anfang war das Knoten* wichtige Informationen lieferten.

Patrick Baumgärtel, mein Agent, für sein Interesse an dem ungewöhnlichen Thema meines Buches und seine Hilfe, es so schnell zu realisieren.

Regina Derr und Miriam Hirschauer, meinen Lektorinnen, für die professionelle, fachkundige und hochangenehme Zusammenarbeit und Hilfe.

Meinem Bruder Uli und meinem Freund Hamoud Gahl, für ihre Bestärkung und Inspirationen.

Außerdem meinem Onkel Paul Eichinger und seinem endlosen Fundus an Antiquitäten und Kuriositäten, der stets einen offenen Blick auf knotenrelevante Gegenstände und Themen hat.

Zutiefst dankbar bin ich meinen Eltern – für alles, und im Besonderen für ihre Unterstützung, Anteilnahme und den einzigartigen Austausch, wie nur sie ihn leisten können.

Am meisten von all der uneingeschränkt positiven Energie gibt mir aber meine Frau Bianca. Ihr Glaube und Vertrauen in mich, nicht nur beim Buch, sondern bei allem, erfüllen mich mit unbeschreiblicher Dankbarkeit.

Der Autor

© Jay Groh

Michael Simon Karg, geboren 1977, unternahm nach dem Abitur ausgedehnte Reisen nach Amerika, Afrika, Asien und in Europa. Nach dem Studium der Soziologie in München ist er als Unternehmer tätig. Seine Leidenschaft für Knoten entdeckte er vergleichsweise spät und nur durch Zufall. Die frühen Reiseerlebnisse wurden nun für ihn in überraschender Weise zu einer kulturgeschichtlichen Fundgrube.

Kulturgeschichtliche Titel bei zuKlampen!

Gerhard Staguhn

Der Penis-Komplex

Eine Analyse: biologisch, geschichtlich, psychologisch, persönlich

336 Seiten, 12,5 × 20,5 cm
Hardcover mit Schutzumschlag
ISBN 978-3-86674-546-9

Von der biblischen Penis-Genese zur Denaturalisierung von Sexualität: die erste Monografie über das beste Stück des Mannes und seine kulturgeschichtlichen Vermittlungen.

»Dieses Werk sollte in jeder Bibliothek stehen.« *Die Welt*

Gerhard Staguhn

Und ewig lockt das Haar

Was es bedeutet, wie es wächst und warum es uns so anzieht

184 Seiten, 12,5 × 20,5 cm
Hardcover mit Schutzumschlag
ISBN 978-3-86674-591-9

Mal erotisiert es, mal stößt es ab: das Haar. Ob kurz oder lang, üppig oder schütter, glatt oder gelockt, gefärbt oder »natur«, stets weckt es Assoziationen – selbst wenn es fehlt.

»Ein sehr munteres Buch.« *Die Zeit*